陈建山 著

Lengzhan Hou Yinmian Guanxi Yanjiu

冷战后印缅关系研究

暨南大学出版社
JINAN UNIVERSITY PRESS

中国·广州

图书在版编目（CIP）数据

冷战后印缅关系研究/陈建山著. —广州：暨南大学出版社，2018.7
ISBN 978 - 7 - 5668 - 1391 - 6

Ⅰ.①冷…　Ⅱ.①陈　Ⅲ.①印度—对外关系—研究—缅甸　Ⅳ.①D835.12
②D833.72

中国版本图书馆 CIP 数据核字（2015）第 072754 号

冷战后印缅关系研究
LENGZHAN HOU YINMIAN GUANXI YANJIU
著者：陈建山

出 版 人：徐义雄
策划编辑：黄圣英
责任编辑：华文杰　徐晓俊
责任校对：周优绚
责任印制：汤慧君　周一丹

出版发行：暨南大学出版社（510630）
电　　话：总编室（8620）85221601
　　　　　营销部（8620）85225284　85228291　85228292（邮购）
传　　真：（8620）85221583（办公室）　85223774（营销部）
网　　址：http://www.jnupress.com
排　　版：广州市天河星辰文化发展部照排中心
印　　刷：佛山市浩文彩色印刷有限公司
开　　本：787mm×1092mm　1/16
印　　张：10.5
字　　数：196 千
版　　次：2018 年 7 月第 1 版
印　　次：2018 年 7 月第 1 次
定　　价：32.00 元

（暨大版图书如有印装质量问题，请与出版社总编室联系调换）

目　录

导　论 /1

第一章　印缅交往的历史 /14

    第一节　11 世纪前的印缅关系 /14

    第二节　11—19 世纪印度与缅甸的关系 /20

    第三节　英国殖民统治时期的印缅关系 /23

    第四节　缅甸独立后的印缅关系 /29

第二章　冷战后印缅关系的新变化 /32

    第一节　冷战后印缅关系的历史过程 /32

    第二节　印缅交往与合作的主要领域 /39

    第三节　两国关系的现状与问题 /51

第三章　冷战后印度的地缘战略与对缅政策的影响 /60

    第一节　冷战后初期印度的国情和国际环境 /61

    第二节　1998 年以来印度的外交战略和地缘战略 /67

    第三节　印度对缅政策的调整及主要目标 /74

第四章　缅甸的地缘战略与对印外交的新变化 /79

    第一节　缅甸的外交困局及其地缘战略选择 /79

    第二节　缅甸对印外交的新变化 /94

    第三节　缅甸对印政策调整的原因 /108

第五章　影响印缅关系的外部因素及印缅关系的前景 /118

    第一节　国家及地区组织因素对印缅关系的影响 /119

    第二节　中国因素对印缅关系的影响 /125

    第三节　东盟对印缅关系的影响 /129

    第四节　印缅关系的前景分析 /138

结　论　/144

参考文献　/148

后　记　/159

导　论

一、研究目的

随着缅甸民主化进程的推进以及外交战略的调整，这个昔日被冷落孤立的"边缘"角色重回世界舞台，并显现出日益重要的地缘战略价值。而缅甸的新变化也为它与周边国家的关系带来新机遇。

印度——南亚区域最有影响力的"金砖国家"，是和缅甸分享 1 600 多千米长的陆地边界和在孟加拉湾的海上边界的睦邻大国。印缅关系源远流长，公元 11 世纪前伴随着古印度文明向外传播，双方在贸易、宗教、文化、科学等多个领域便有了往来。冷战时期的印缅关系纷繁复杂，经历了很长一段时间的对立冲突与疏远，但随着冷战的结束以及国际关系中主要势力的重新洗牌，印度国内对缅甸重要性的认知得到了提升：缅甸具有极其重要的战略地缘价值，它是唯一连接南亚、东亚和东南亚的陆上交通枢纽，是印度进入东南亚腹地的重要门户，也是印度实施"东向政策"（也译作"东进政策"）不可或缺的一部分。因此印度对缅甸的外交政策发生了积极转变，全面加强了与缅甸在军事、安全、经贸、社会文化等方面的交流合作。

印缅关系的全面调整必将对两国的对外关系发展以及南亚和东南亚的地缘政治及格局产生深远影响，故本书选取印缅关系作为研究重点，阐述和分析不同历史阶段印缅两国关系互动发展背后主要的影响因素——国际环境、具体国情和国家核心利益，以及在这些因素作用和指导下，印缅两国提出的不同外交战略和周边战略，最后将视线拉到全球范围，讨论外部国家和地区组织对印缅关系变化产生的影响，由此形成对印缅关系历史、现在以及未来的全面性、综合性的研究。

二、研究意义

（一）理论意义

国内学界已经有一些研究印缅关系的文献可供参考，其研究的时间段多为 2010 年缅甸民主化改革之前，研究 2010 年后印缅关系发展的文献较少。本书在回顾印缅两国历史关系的前提下，重点研究和分析印度在国内外环境影响下的外交战略对其对缅政策的影响，提出以下观点：印度的整体外交战略——"向东看"战略和"经济外交"战略为印度的对缅政策做出了整体的战略布局；印度地区战略——"古吉拉尔主义"（也译作"古杰拉尔主义"）的不干涉邻国内政政策为印缅两国关系的发展扫除了原则性的障碍；人民党政府在核试验后面临着被制裁的情况下采取了主动恢复对缅甸高层进行访问的策略，曼莫汉·辛格政府延续了人民党政府的对缅友好政策，但并未突破美国画出的框架；2011 年，继美国国务卿希拉里访问缅甸后，辛格总理也访问了缅甸，这反映了印度对美国干涉印缅关系的顾忌。

本书对其他观点做了详细的补充：缅甸军政府上台后，在面临西方国家经济制裁的情况下，其对外政策从向中国"一边倒"到引入印度搞大国平衡战略，主要目的不是与印度发展经贸合作，而是通过赢得印度的民主政治和外交认可来增强其合法性。

（二）现实意义

中国和印度在 20 世纪晚期先后走上了对内改革、对外开放的道路，经济发展成就举世瞩目，双双成为具有重要影响力的国家。缅甸是中、印两国的重要邻国，梳理冷战后的印缅关系有利于我们更加清楚地认识冷战后印度的整体外交策略和地区外交战略对缅甸以及其他东南亚邻国的影响，也有利于分析冷战后缅甸政府整体的外交政策和对印政策发展变化背后的主动性一面。

缅甸对中、印而言都具有非常重要的地缘经济和政治意义。冷战后，缅甸先是遭到西方国家和印度的孤立与制裁，于是缅甸采取了倒向中国的"一边倒"外交政策。但是，缅甸在内外交困的情况下仍试图通过加强与周边邻国的关系来实现外交突破，逐渐打破西方国家的"孤立"政策。印度是缅甸的重要邻国，而且印度是民主国家，与印度建立外交关系，获得印度对军政府合法性的承认，这对缅甸军政府而言是一个巨大的外交成就。正是基于这样一种地缘政治的考虑，在印度主动与缅甸改善双边关系的情况下，缅甸在政治和外交领域做出了积极响应，但两国在经贸领域进展缓慢。印度不顾西方国家反对，主动与缅甸改善关系的主要原因是印度整体外交战略指导下的地缘战略。一方面，在印度对中国缺乏战略互信的情况下，为了平衡中国在缅甸日益扩大的影响力，防止中国从缅甸"战略包围"印度；另一方面，印度的"向东看"战略也需要打通作为东北亚、东南亚和南亚之间"陆桥"的缅甸的过境通道，进而加强印度同东南亚腹地国家的联系。

在缅甸进行民主改革之后，印度、美国和欧盟等也纷纷调整其对缅政策，缅

甸开始采取大国平衡的外交策略。同样，以印度为个案，中国可以更好地判读缅甸的外交政策，了解东西方国家在缅甸的博弈竞争，总结对缅外交工作的得失，从而在新的政治经济格局下不断巩固中缅关系快速发展的势头，建立更为稳固的双边战略合作伙伴关系。

在缅甸民选政府上台和西方国家积极介入缅甸事务的形势下，印缅关系的走向直接影响着中缅关系的发展。在缅甸事务上，中、印两国同样面临着来自美国等西方国家的竞争压力；在战略互信增强的基础上，中、印两国已经在缅甸事务上展开了部分初级阶段的合作，有较好的发展前景。

三、相关理论介绍

一个国家（无论大小、强弱）发展战略和外交政策的制定很大程度上受该国所处的地缘政治环境的影响，因此地缘政治理论也成为本书分析印缅两国国家战略、双边关系互动、影响印缅关系的外部因素的重要依据。

地缘政治理论属于探讨国际关系的现实主义学派的一种重要理论，历史悠久。早期由德国学者倡导并引领了这一领域的研究热潮。之后，由于希特勒歪曲地缘政治理论说中的观点作为德国对外侵略扩张的理论工具，该理论一度声名狼藉，被世人遗弃，其代表的进步意义也被世人所误解和遗忘。[1]冷战后，国际权力结构重组，世界格局向着多极化方向演进，国家及国家集团之间的实力分配出现新的分化与组合，曾经几乎消亡的以研究国际政治与地理环境关系为中心的地缘政治理论重新进入大众视野并备受青睐，成为分析国际关系现象的热门工具。

地缘政治理论的研究内容是政治行为体通过对地理环境的控制和利用来实现以权力、利益、安全为核心的特定权利，并借助地理环境展开相互竞争与协调的过程及形成的空间关系。[2]而影响国际政治的地缘政治要素按照定义不同主要归为三个层次：第一个层次是国家地缘政治要素，包括该国的国土面积、地理位置、气候条件、地形特征和自然资源储备等；第二个层次是该国所处的区域地缘政治因素，主要包括邻国是强是弱以及与邻国之间的战略关系等；第三个层次是全球地缘政治因素，主要指全球地缘政治格局中具有主导作用的大国或地区组织等重要力量在一定历史时期内相互之间的力量均势状态。[3]

---

① 沈默：《地缘政治》，台北：中央图书出版社 1967 年版，第 15 页。
② 倪世雄、潜旭明：《新地缘政治与和谐世界》，《清华大学学报（哲学社会科学版）》2008 年第 23 期，第 123 页。
③ 孔小惠：《地缘政治的涵义、主要理论及其影响国家安全战略的途径分析》，《世界地理研究》2010 年第 19 期，第 21 页。

从现实主义的观点出发，无政府状态下的国际政治见证了行为体特别是民族国家之间以地缘政治为基础的权力竞争。而地缘政治竞争的主要焦点为：一是通过对地理空间的控制实现政治影响力和军事控制力等，谋求霸权或国际关系主导权，包括统治或领导世界的能力；二是通过对资源、领土、市场、贸易、运输线、海洋等关键地理要素的控制或占有，既获得现实利益，又加强国际政治权力；三是通过构建地域安全框架，如建立真空缓冲地带、势力范围或做出均势格局安排，谋求有利于自身安全及发展的地缘环境。①

四、研究现状和发展趋势

（一）国内研究现状

中国关于印度的研究机构主要分布在北京、上海、四川、云南和广东等地。其中，分布在北京的有中国社会科学院亚太与全球战略研究院、北京大学国际关系学院和历史学系、清华大学国际关系学系、北京外国语大学国际关系学院、中共中央党校国际战略研究所、中国人民解放军国防大学、中国人民解放军军事科学院、中国国际问题研究院以及中国现代国际关系研究院。分布在上海的有复旦大学国际问题研究院、上海国际问题研究院、上海社会科学院等。分布在四川的有四川大学南亚研究所。分布在云南的有云南社会科学院、云南大学和云南财经大学。分布在广东的有暨南大学中印比较研究所和深圳大学印度研究中心。

中国关于缅甸的研究机构主要分布在北京、云南、广东和福建。其中，分布在北京的是中国现代国际关系研究院，分布在云南的是云南社会科学院和云南大学，分布在广东的是暨南大学国际关系学院，分布在福建的是厦门大学南洋研究院。关于具体研究到或者涉及研究到印度和缅甸关系的学者有吴永年、赵干城、马孆、林承节、李晨阳、林锡星、毕世鸿、潘忠岐、孙士海、于时语、李益波、王琛、钟智翔、段学品、马燕冰、龚明、陈铁军、任佳、阮金之和李昕等。

上述学者关于印度和缅甸关系，特别是关于冷战后印缅关系的学术成果，有的以学术专著的形式出版，有的以论文的形式发表。根据他们的研究视角，我们可以把他们的研究成果分为以下几个类别：一是从印度的角度来描述和分析冷战后的印缅关系；二是从印缅关系的角度来研究两国关系；三是从中、印、缅三国的角度来研究三国的互动关系。

（1）从印度的角度来描述和分析冷战后的印缅关系。马孆和林承节均认为印度和缅甸发展关系出现好转的原因是印度推行"向东看"政策。马孆所著的

---

① 陆俊元：《地缘政治的本质与规律》，北京：时事出版社2005年版，第70~71页。

《当代印度外交》①　认为，冷战结束后，印度实施"向东看"政策的目的有三：一是将与东盟的联系机制化，二是加强与东盟国家的双边关系，三是扩大自己在东南亚的影响。林承节所著《印度史》②　认为，冷战结束之后，国际格局发生了巨大变化，以经济外交代替政治外交，拉奥经济外交和全方位外交的一个重要环节是"向东看"的政策。潘忠岐和孙士海认为印度和缅甸关系发展出现好转的原因是印度崛起后想成为亚太大国的国家意志。潘忠岐的著作《从"随势"到"谋势"：中国的国际取向与战略选择》③　认为，印度的崛起使它成为亚太地区一股重要的力量；印度已经不满足于其力量仅仅限制在南亚次大陆，其向东扩展的国家意图非常明显。孙士海主编的《印度的发展及其对外战略》④　认为，当今的印度，实现大国地位已经上升为一种国家意志。李昕和马燕冰均认为，冷战后印缅关系出现好转是因为印度考虑到其东北部经济的发展和社会的安全。马燕冰还认为印度是为了获取缅甸的石油和天然气而加强与缅甸的外交的。由吴永年、赵干城和马嬿合著的《21 世纪印度外交新论》⑤　则认为，冷战结束之后，印度对缅甸表示善意，是因为缅甸民主化出现了权力真空。

（2）从印缅关系的角度来研究两国关系。从印缅两国政府角度来写的有张贵洪等主编的《亚洲的多边主义》一书和李晨阳的《中国与印度对缅甸政策的比较（1988—2010）》一文。《亚洲的多边主义》认为，印度与缅甸双边关系的全面发展主要是由军事合作拉动的。印度非常积极主动地与缅甸发展全方位的关系。缅印两国的军事合作已经迈出了实质性的一步，缅甸现代化的武器装备主要由印度供应。李晨阳发表的《中国与印度对缅甸政策的比较（1988—2010）》⑥中比较研究了中、印两国对缅甸的政策，发现中、印两国在处理缅甸关系时既有共同点，也有不同点。共同点如中、印两国的中央政府在对缅政策中起着决定性作用，中、印两国都在努力发展与缅甸在经济、政治、文化、社会和安全等方面的合作；不同点如中国的地方政府在缅甸的影响力超过了印度的地方政府。其他论文还有李益波的《冷战后印缅关系的变化及原因分析》⑦　和钟智翔的《略论印

①　马嬿：《当代印度外交》，上海：上海人民出版社 2007 年版。

②　林承节：《印度史》，北京：人民出版社 2004 年版。

③　潘忠岐：《从"随势"到"谋势"：中国的国际取向与战略选择》，上海：复旦大学出版社 2012 年版。

④　孙士海主编：《印度的发展及其对外战略》，北京：中国社会科学出版社 2000 年版。

⑤　吴永年、赵干城、马嬿：《21 世纪印度外交新论》，上海：上海译文出版社 2004 年版。

⑥　李晨阳：《中国与印度对缅甸政策的比较（1988—2010）》，汪戎、万广华主编：《印度洋地区研究（2012/1）》，北京：社会科学文献出版社 2012 年版。

⑦　李益波：《冷战后印缅关系的变化及原因分析》，《国际论坛》2005 年第 6 期。

度文化对缅甸文化的影响》①，均认为印度文化对缅甸文化产生了深刻的影响。缅甸文化在保存自己优秀文化传统的同时，吸收了先进的印度文化，从而形成了具有自身特色的缅甸民族文化。李益波还认为印度对缅政策转变主要是出于地缘经济和地缘政治的考虑。缅甸积极回应的深层次原因有巩固政权、改善国际环境、发挥区位优势、促进经济发展、在其他国家之间寻求平衡和谋求安全保障。

（3）从中、印、缅三国的角度来研究三国的互动关系。龚明和赵洪都认为中国和印度在缅甸是一种竞争关系。龚明的《在石油天然气地缘政治角力中的中印缅甸关系研究》② 一文，讨论了中、印两国围绕缅甸的石油和天然气而展开的竞争。赵洪的《中印两国在缅甸关系中的竞争》认为："中国自 20 世纪 80 年代末期，就在战略和经济上发展与缅甸的关系。印度对此非常担忧，也努力发展与缅甸的关系，还讨论了未来印度是否会超过中国在缅甸的影响。"③ 而暨南大学阮金之的博士学位论文《冷战后中缅印三边关系研究》，运用三边关系理论和SWOT 理论分析中国、印度和缅甸三国之间的关系，认为这是一种合作大于竞争的关系。

（二）国外研究现状

相对于国内，国外对印缅关系的关注会比较多。根据作者的研究视角可以分为以下几类：一是从印度角度来研究；二是从缅甸角度来研究；三是从印缅角度来研究；四是从中印缅角度来研究；五是从美缅角度来研究。

（1）从印度角度来研究。贾斯万特·辛格和赛代斯都认为缅甸深受印度文明的影响。贾斯万特·辛格在《印度的战略思考：在千变万化的世界里怎么保持国家安全》一书中，重新界定印度周边地区的概念，东南亚作为一个对印度具有战略意义的地区，被定位为"延伸的周边地区"。法国学者赛代斯所著的《东南亚的印度化国家》一书认为，除了越南北部、菲律宾南部之外的东南亚地区，在古代都受到印度文明的影响。

米拉·坎达和 Medha Chaturvedi 都认为印度为了获取石油和天然气而改变对缅政策。米拉·坎达所著的《印度冲击》，记录了印度不顾美国和欧盟对缅甸人权记录的批评和对缅甸维持的经济制裁，与缅甸签署了石油和天然气协议的过程。Medha Chaturvedi 的《印度在缅甸的战略利益：对 Shyam Saran 的采访》认为："印度迫切需要缅甸的石油和天然气等，通过缅甸来制衡中国，进行双边贸

---

① 钟智翔：《略论印度文化对缅甸文化的影响》，《南亚研究季刊》2002 年第 3 期。

② 龚明：《在石油天然气地缘政治角力中的中印缅甸关系研究》，《当代经济》2011 年第 4 期。

③ Zhao Hong, "China and India's Competitive Relations with Myanmar", Working Paper Series, *ICS Working Paper*, July 2008.

易，共同打击印度东北部的恐怖主义活动等。"①

　　Haokam Vaiphei 和 Medha Chaturvedi 都认为印度的对缅政策含有中国因素。Haokam Vaiphei 的《试析印度对缅政策的变化》认为："印度的对缅政策从理想主义转向现实主义，但是仍有理想主义的成分。印度在战略和安全方面的考虑比道德更重要。这主要是考虑到中国因素以及缅甸对于印度推行'东向政策'的重要性等。假如印度不采取一个强有力的和清晰的对缅政策，就会在该区域失去长期有效的战略和经济上的影响力。"② 此外，Medha Chaturvedi 还认为冷战后印缅关系出现好转是因为印度需要打击其东北部的恐怖主义活动。印度学者斯蒂芬·菲力普·扣赫在《正在崛起的大国》一书中认为，印度已经极力拉近与缅甸的关系，且其中一个重要举措就是推进跨区域合作，如建立"孟印缅斯泰经济合作组织"等。韦伯所著的《印度的宗教：印度教与佛教》认为，中南半岛受到印度教、小乘佛教和大乘佛教的影响。Yogendra Singh 的《印度的缅甸政策：在现实主义与理想主义之间的窘境》认为："自 1962 年军政权在缅甸建立以来，印度就一直在理想主义与现实主义之间徘徊。然而，单单一种理想主义或者一种现实主义无法服务于印度的国家利益。印度应该采取一种现实主义政策，但是同时又要兼顾理想主义政策。这种理想主义与印度的国家利益应该并行不悖。"③ Renaud Egreteau 的《印度在缅甸的野心：挫折比成功更多》认为："印度自 1993年以来一直在寻求一个新的缅甸政策，以满足其在该地区的战略利益。"④ 这篇论文评估了近 15 年来印度的缅甸政策，认为其遇到的挫折比成就多，印度在处理其东北部问题和推动印缅经济关系上显得力不从心。

　　（2）从缅甸角度来研究。J. Mohan Malik 的《缅甸在地区安全中的角色：棋子还是核心？》认为："缅甸不可能在地区安全中扮演核心角色，缅甸受到中国很深的影响。"⑤ Kyaw Min Htun，Nu Nu Lwin，Tin Htoo Naing，Khine Tun 的《东盟和印度的关系：以缅甸为视角》认为："虽然印缅贸易额的比重仍然很小，但是近些年来，印缅之间的贸易额已经增长得很快。从地理位置上讲，缅甸是东盟

　　① Medha Chaturvedi, "India's Strategic Interests in Myanmar, An Interview with Shyam Saran", *IPCS Special Report*, February 2011.

　　② Haokam Vaiphei, "The Shift in India's Policy towards Myanmar: An Analysis", *International Journal of Social Sciences Research*, 2013, Vol. 1, No. 3.

　　③ Yogendra Singh, "India's Myanmar Policy, A Dilemma between Realism and Idealism", *IPCS Special Report*, March 2007.

　　④ Renaud Egreteau, "India's Ambitions in Burma, More Frustration than Success?", *Asian Survey*, 2008, Vol. 48, No. 6, pp. 936 – 957.

　　⑤ J. Mohan Malik, "Myanmar's Role in Regional Security: Pawn or Pivot?", *A Contemporary Southeast Asia*, 1997, Vol. 19, No. 1.

面向南亚之门，也是货物、服务和科技的交接点。缅甸欠发达的基础设施和商业环境都大大限制了其在经济一体化和全球经济网络中的参与能力。通过民间往来等各种途径将会增强缅甸、印度和其他东盟国家之间的合作。通过基础设施的改善和贸易的便利化实现的相互联系会使印度、缅甸和其他东盟国家变得更有活力。"①

R. H. Taylor 的《缅甸——新的，但有什么不同?》认为国家恢复法律与秩序委员会继续推进旨在解决该国的经济、社会、政治和国际问题的方案和政策，但观察家们将会继续怀疑其是否有足够的意愿和动力来让这些政策取得成功。

（3）从印缅角度来研究。Fahmida Ashraf，Prabir De，Dominic J. Nardi 和 I. P. Khosla 都认为，两国边界处（特别是印度东北部和缅甸北部）存在安全隐患是印缅合作的动因。Fahmida Ashraf 的《印缅关系》把印缅关系分成三个阶段，即 1948—1962 年、1962—1992 年、1992 年至今；印缅关系的影响因素有中国因素、印度东北部区域安全和"向东看"政策等。论文还认为印度的缅甸政策具有双面性：一方面，印度支持缅甸的民主力量；另一方面，为了获取国家利益，印度又和缅甸的军政府合作。Prabir De 的《印缅贸易和关系的挑战》认为："印缅贸易和关系的主要挑战有：财政部门的不支持；对外投资政策的非透明；边境基础设施的陈旧；港口、货运和航运都比较落后；国有部门和私有部门之间缺乏协调，私有部门在数量上很少又处于弱势；政治上的不稳定，缅甸的部分地区（或印度的东北部）存在安全隐患，增加了投资风险，阻碍了跨境地区基础设施的建设。"② Dominic J. Nardi 的《跨界处的混乱：印度试图通过与缅甸的合作发展其东北部区域》认为："印度强调和缅甸之间的安全合作是需要的，但不是充分的。印度对于缅甸的政策必须找到综合解决政治、经济和文化问题的办法。缅甸在寻求印度的经济和政治支持上，拥有自己的国家利益，是为了更好地控制其边界处。另外一方面，也是为了解决边界处贩卖毒品、暴力等问题。"③ I. P. Khosla 的《印度和缅甸：朋友或只是邻居》认为："印缅之间仅仅是邻居关系还不够，双方建立起朋友关系是非常重要的。这是因为缅甸反政府的激进者会越来越多，加上军政权瓦解，许多人会逃至印缅边境，印度政府也不得不提供避难所。跨界地区的合作项目也会受阻。同时，中国的影响力会变大，缅甸的分裂

---

① Kyaw Min Htun，Nu Nu Lwin，Tin Htoo Naing and Khine Tun，*ASEAN India Connectivity*：*A Myanmar Perspective*，*The Comprehensive Asia Development Plan*，Phase 2，Jakarta：ERIA，pp. 151 – 203.

② Prabir De，"Challenges to India-Myanmar Trade and Connectivity"，http：//www. aic. ris. org. in/wp-content/uploads/2014/05/PrabirDe. pdf，11 March 2014.

③ Dominic J. Nardi，*Cross-Border Chaos*：*A Critique of India's Attempts to Secure Its Northeast Tribal Areas through Cooperation with Myanmar*，Maryland：The Johns Hopkins University Press，2008，pp. 161 – 169.

军事集团也会对印度的东北部造成压力。"① Gurmeet Kamwal 的《印缅关系的战略视角》则认为印度的对缅政策主要受到国际压力的影响，特别是美国。缅甸如果能够建立起民主政体，会更符合印度的长期战略利益。因此，印度需要帮助缅甸建立民主政体，要通过官方和外交渠道进行建设性参与。输出民主不是解决问题的方法，把现在的军政权改造成为民主政权才是解决问题的方法。K. Thome 的《印缅关系（1998—2008）：重新定义双边关系的十年》认为："从 1998—2008 年，印缅关系得到了加强。在可预见的未来，两国关系将会得到进一步加强。印度希望看到缅甸政治正常化，以至于政治因素不再影响印缅关系。缅甸也希望与印度搞好关系，以减轻对中国的依赖和抵制西方的压力与制裁。"② Marie Lall 的《管道外交时代的印缅关系》指出，"能源地缘政治改变了印度和其邻国之间的关系。印度为了保持经济增长和成为世界大国，已经把能源放在最重要的位置，这些新举措已经拉近印度和东南亚，特别是与缅甸之间的关系"③。Rakhee Bhattacharya 的《两国经济合作会提高安全吗？——以印缅关系为例》写道："面对频繁的安全冲突，印度采取了'建设性参与'的态度。采取这样一种态度，将会促进印缅两国的社会发展和基础设施建设。经济发展与安全存在直接联系，经济合作会促进安全。假如印度的东北部和缅甸的西北部的经济合作成功，将会有力地维护该区域的安全。"④ V. P. Malik 的《印缅关系的反映》认为："自印度独立以来，一直忽视了其东部邻国。在西面，虽然对巴基斯坦充满敌意，但是还一直保持对话。在东面，尽管印缅之间有着历史的、文化的联系和重要的地缘战略利益，印度却忽视了与缅甸军政权的对话。印度的对缅政策需要从以感情为基础转向以国家利益为基础。现在印度似乎已经找到了感情和国家利益之间的平衡点。"⑤ C. Raja Mohan 的《印缅安全合作：前景与展望》提出，"回顾了最近 20 年来的安全合作历程，主要运用历史的视角分析印度对缅甸的防务性外交，并对将来进行了展望。自从缅甸分离与独立之后，印度就设法保证缅甸属于自己，外向、自信的缅甸将会与印度拥有更多的共同点，便于开展更深层次的安全合作。对于印度来说，真正的挑战来自自身防务能力的提高。当缅甸需要防务帮忙时，

---

① I. P. Khosla, "India and Myanmar: Friends or just Neighbors?", *India International Center Quarterly*, 2003, Vol. 30, No. 2, pp. 64 - 80.

② K. Thome, *India-Myanmar Relations* (1998 - 2008), *A Decade of Redefining Bilateral Ties*, New Delhi: Observer Research Foundation, 2009.

③ Marie Lall, "Indo-Myanmar Relations in the Era of Pipeline Diplomacy", *Contemporary Southeast Asia*, 2006, Vol. 28, No. 3.

④ Rakhee Bhattacharya, "Does Economic Cooperation Improve Security Situation: The Case of India-Myanmar Relations", *Asia-Pacific Journal of Social Science*, 2010, No. 1.

⑤ V. P. Malik, "Reflections on Indo-Myanmar Relations", *School Warrior*, Autumn 2012.

印度能够及时伸出援助之手"[①]。Keshab Chandra Ratha 和 Sushanta Kumar Mahapatra 的研究报告《新视角下的印缅关系》"回顾了两国关系的发展历程,重点分析了两国关系中的文化、政治、经济和安全等方面的内容"[②]。还有《印缅关系:对民主和人权的背叛》认为,目前印度对缅甸的政策缺乏任何道德或道义上的考虑,所谓"世界上最大的民主国家"(指印度)已经放弃了缅甸的民主运动。相对于人权和民主而言,印度更加重视短期的政治和经济利益。然而这样做,已经违背了甘地主义和尼赫鲁主义的原则。

(4)从中印缅角度来研究。J. Mohan Malik 的《中印两国在缅甸的竞争:地区安全的影响》认为,"中印两国的双边关系虽然得到了显著改善,但是中印两国在缅甸问题上,特别是在地区安全上充满了竞争。印缅两国在未来将会继续关注对方在此区域扩大影响的行为,而缅甸将会从中受益"[③]。Renaud Egreteau 的《中印两国在缅甸的竞争:一项新的评估》写道:"1988 年 9 月,奈温将军在缅甸掌权时,中印两国采取了不同的对缅政策。中国根据国家与安全利益来调整政策,而印度则强烈谴责与反对缅甸的军政权。最终中国获取的是实实在在的国家利益,而印度却失去了。"[④]

(5)从美缅角度来研究。Leon T. Hrdat 的《缅甸:美国作为道德扮演者的外交政策》认为:"美国对缅甸的制裁给缅甸人民带来经济灾难。'疯狂制裁'反映了后冷战时期美国的外交政策缺乏方向。多年来,美国对缅甸的制裁并没有让缅甸的状况有所改变。事实上,孤立缅甸已经使形势变得更加糟糕,制裁也减小了美国在该区域的影响力。"[⑤] David I. Steinberg 的《美国及其盟友:缅甸政策的问题》论述了"美国及其盟友欧盟、澳大利亚、日本和泰国对缅甸采取的不同政策及进行了不同程度的制裁,以及缅甸对此的不同反应"[⑥]。Andrew Selth 的《美缅关系:从历史到希望》指出:"20 多年来,美国的对缅政策都没有实现其预期目标,但到目前为止,美国对缅甸仍然寄予厚望。美国和其他国家,还有国

① C. Raja Mohan, "India's Security Cooperation with Myanmar: Prospect and Retrospect", ISAS Working Paper, February 2013, pp. 1 – 12.

② Keshab Chandra Ratha and Sushanta Kumar Mahapatra, "India and Burma: Exploring New Vista of Relationship", *Journal of World Focus*, 2012, Vol. 34, No. 10.

③ J. Mohan Malik, "Sino-Indian Rivalry in Myanmar: Implications for Regional Security", *Contemporary Southeast Asia*, 1994, Vol. 16, No. 2, pp. 137 – 153.

④ Renaud Egreteau, "India and China Vying for Influence in Burma: A New Assessment", *India Review*, 2008, Vol. 7, No. 1, pp. 38 – 72.

⑤ Leon T. Hrdat, "Burma: US Foreign Policy as Morality Play", *Journal of International Affairs*, 2001, Vol. 54, No. 2, pp. 411 – 426.

⑥ David I. Steinberg, "The United States and Its Allies: The Problem of Burma/Myanmar Policy", *Contemporary Southeast Asia*, 2007, Vol. 29, No. 2, pp. 219 – 237.

际组织在缅甸的改革过程中都能够帮到它。"①

总体而言，国内学者关于印缅关系的研究成果较为丰富。但中外学者研究的共同之处在于缺乏全面、深入、多角度的综合分析，研究比较单向，因此研究的维度和深度都还有充实和加深的空间。将来，随着这一问题变得越来越重要，研究印缅关系的学者也将会越来越多。

五、研究内容和创新之处

（一）研究内容

本书主要探讨冷战后印度和缅甸之间的互动关系的发展过程和影响因素。全书分为五个部分。

第一部分是印度和缅甸之间交往的历史，总共分成古代、殖民主义时期和独立后三个时间段。古代又可以分为 11 世纪之前和 11 世纪到 19 世纪这两个阶段。殖民主义时期以英国殖民主义时期的政治、经济为例。独立后又可以划分为五个不同的阶段，即 1948—1962 年、1962—1988 年、1988—1992 年、1992—2010 年、2010 年至今，此处以前两个阶段为例。

第二部分是冷战后影响印度和缅甸之间关系的大事及双方合作的领域，双方合作的内容包括政治、经济和军事安全等。政治上，两国的高层交流呈现一个逐步增加的过程，但 2000 年和 2012 年是两国高层交流的关键时间点。经济领域的合作包括两国之间的贸易往来、印度对缅甸基础设施的投资、印度与缅甸在能源领域的合作这三方面的内容。军事安全上，两国通过军队高层互访，在边境地区建立了互信；两国也在海陆空三军展开了一定的交流与合作，以陆军为首，海军其次，空军最后。当然，两国关系发展过程中还存在着一定的问题。

第三部分是冷战后印度与缅甸的关系出现好转的印度方面原因分析。印度方面有五个动因：实施"向东看"战略和"经济外交"战略，加强和东南亚与亚太国家的经贸合作；限制中国在缅甸的影响力；解决该国东北地区的分裂主义问题；获取丰富的天然气和石油；发展经济和保障社会安全。冷战后印度的国内外环境决定了印度的整体外交战略和地区外交战略，而这又影响到了印度的对缅政策。冷战后印度不同的执政政府根据国内外环境的变化对这些战略进行了实践，并做出了一些具体的调整，推动了印缅关系的发展。

第四部分是冷战后缅甸主动响应印度政府友好政策的国内外环境和动因分析。

① Andrew Selth, "United States Relations with Burma: From History to Hope", *Regional Outlook Paper*, 2012, No. 36.

从缅甸方面来看，1988 年军政府上台后，面临着西方国家的经济制裁和政治封锁，其采取了向中国"一边倒"的外交政策；缅甸军政府控制国内局势后，逐步拉拢周边国家，以进一步从外部巩固其合法性，并试图与西方国家建立联系，打破这种"被孤立"的状态，印度作为其周边大国，自然成为其主要的争取对象。缅甸积极响应印度政府友好政策的动因有以下两个方面：政治外交上，想要通过印度来制衡中国，也想改变西方国家对其不好的印象；经济上，想获得印度的贷款和经济援助，使双方在经济领域展开一定的合作。

第五部分是影响印缅关系发展的外部因素。美国、日本、欧盟、东盟等外部力量与印度在缅甸问题上的博弈直接影响印缅关系的发展进程。以美国为首的西方国家对缅甸的经济制裁一直影响着印度的对缅政策，印度总理选择在美国国务卿访问缅甸后正式访问缅甸明确表明了这一点。中国因素也在影响着印缅关系，特别是 20 世纪 90 年代，印度主动与缅甸保持低层次外交关系的主要目的就是限制中国在缅甸日益扩大的影响力，以防止中国从缅甸"战略包围"印度。日本、俄罗斯、欧盟、东盟等国家和地区组织也在影响着印缅关系，而且随着缅甸的日益开放，各国和地区组织围绕缅甸民主化问题、能源资源、政治进程等展开激烈的争夺，印缅关系虽然不断增强，但印度在这场争夺中的地位相对下降。在防止美国等区域外国家在缅甸的影响力日益重要方面，中印有共同的利益合作之处。

（二）创新之处

第一，材料新。近年来，印缅两国之间合作力度加大，尤其随着这两年缅甸以更积极的姿态融入东盟一体化进程，印缅两国的关系有望对东盟—缅甸—印度多边关系的互动产生良好、深刻的影响。因此笔者收集了大量较新的材料，比如印缅两国媒体的报道，把冷战后的印缅关系梳理到 2014 年 4 月，采用文献整合的方法，刷新印缅研究的时间点，以便更好地掌握印缅双边关系发展的最新趋势。

第二，整体性研究。本书既有印缅双边历史发展轨迹的直接描述，也试图从印度和缅甸两国各自的角度出发，探讨印度对缅政策的调整以及缅甸对印外交政策的演变，最后将印缅关系置于一个更显宏观的背景下阐述影响印缅关系的外部因素。这种多层次、多角度的论述使本书更显丰满，也有助于了解印缅关系在不同时期、不同内外部因素作用下呈现出的不同特征。

第三，论点创新。本书从地缘政治和地缘战略的角度探讨印缅关系在冷战结束后的新变化及相互政策的调整，也分析了双边关系的现状和未来发展的趋势，同时就大国对该地区和印缅双边关系的影响做出了系统的分析。

六、研究方法

（一）文献研究法

本书通过搜集国际关系学和历史学等相关材料，整理专著、期刊、网络文章中有关印度和缅甸之间关系的文献资料，充分挖掘冷战结束后印度与缅甸之间关系的历史与现状，为中国在该区域的外交应对策略提供理论依据和现实依据。另外，笔者还利用印度外交部网站、印度驻缅甸大使馆网站、缅甸驻印度大使馆网站、中华人民共和国驻缅甸大使馆网站、中国商务部网站、中华人民共和国驻缅甸大使馆经济参赞处网站等网站的网络资源，搜索并翻译了相关的政府合作协议、经贸合作数据、高层互访信息等，为本书的写作提供了较为翔实的一手资料。

（二）综合研究法

本书运用国际关系学、历史学、经济学和外交学等诸多学科的研究成果对冷战结束后印度和缅甸之间关系的理论和实践进行分析。其中，借助国际关系理论、地缘政治学理论，用历史学的分析方法分析了印缅交往的历史，用经济学的方法分析了印度和缅甸之间的贸易及投资状况，用外交学的方法分析了印度的对缅政策和缅甸的对印政策。

本书主要的研究对象是冷战后印度与缅甸的关系，这是一种双边、互动的关系，因此需要分别从两国的角度来分析两国关系。其具体研究思路是：第一部分从历史的角度证明两国关系的重要性和特殊性；第二部分描述冷战后两国关系发展的进程和合作的相关领域，做好两国关系的阶段划分；第三部分从印度的整体外交战略和地缘战略角度分析不同阶段印度对缅政策变化的背景、原因；第四部分从缅甸政权的政治需求和与印度相邻的地缘优势的角度分析缅甸对印政策变化的背景、原因；第五部分从大国的角度，特别是从中国和美国的角度分析影响印缅关系发展变化的外部因素。

（三）比较研究法

本书通过对印度、美国、日本、欧盟和东盟在缅甸民主改革后开展的外交博弈情况进行对比分析，更加清晰地认识中国对缅甸开展外交所遇到的挑战及其应对策略。

第一章 印缅交往的历史

由于印度和缅甸毗邻，在公元元年前，印度的文化、宗教等就开始对缅甸产生很大影响，包括缅甸的文学艺术、语言文字、思想制度、宗教礼仪、风俗习惯和物质生活等方面。本章主要是对冷战前印度与缅甸之间交往的历史状况进行大致的梳理与回顾。

第一节 11世纪前的印缅关系

11世纪前，印度与缅甸的交往主要表现为印度文明对缅甸早期社会的影响，印度文明是推动古代印缅关系发展的重要因素。

一、印缅文化交流

11世纪以前，印度与缅甸在文化上的交往主要表现为印度宗教文化向缅甸进行单向传播，即婆罗门教、佛教和印度教传入缅甸。其原因主要是当时的印度处于封建社会时期，而缅甸则还处在相对落后的奴隶社会时期。相比于缅甸文化，先进、优越的印度文化自然而然地获得了缅甸的青睐，从而在缅甸大范围地传播。

自古，印度僧侣就有对外传播宗教的热情。"《本生经》明确地提到印度僧侣乘船过海驶向苏瓦纳布米——'黄金的土地'。虽然《本生经》可能是在释迦牟尼死后才辑成的，至晚在阿育王时代已经成书了。"[1] 有关婆罗门教、佛教传入缅甸的时间已经无法考证，只是学术界大致认为是从公元前3世纪印度阿育王弘扬佛法开始。[2] 在印度历史上，阿育王是第一个将印度统一为一个政治单位的

---

① ［缅］貌丁昂著，贺圣达译：《缅甸史》，昆明：云南省东南亚研究所1983年版，第4页。

② 参见刘建、朱明忠等：《印度文明》，北京：中国社会科学出版社2004年版，第22页；姜永仁：《婆罗门教、佛教在缅甸的传播与发展》，《东南亚》2006年第2期；钟智翔：《略论印度文化对缅甸文化的影响》，《南亚研究季刊》2002年第3期；顾海：《古代印度与锡兰著作中的东南亚：东南亚史料简介之一》，《东南亚》1985年第3期。

国王，他是一名虔诚的佛教徒，也是他将佛教定为印度的国教，并派出9组高僧远赴国外传播佛教文化，弘扬佛法。[①] 由于缅甸与印度毗邻，传教的僧侣到达了苏瓦纳布米（缅甸南部孟人地区），"孟人皈依佛教后从国王到平民都严守佛规戒律，广建佛塔，虔诚之极。由于帝王的倡导和民众的响应，佛教在下缅甸孟人地区十分兴盛，影响到了孟人社会生活的方方面面。公元4世纪佛教沿伊洛瓦底江北上传至骠人地区，尔后又传至若开和山岳地区"[②]。由此，印度佛教开始传入缅甸，并且成为东南亚地区最早传入佛教的国家。[③]

除了佛教之外，婆罗门教也开始由印度传入缅甸。"在公元前后交通条件极为有限的情况下，婆罗门教最早传入缅甸是比较可信的，而不会是距离印度有数千千米之遥的柬埔寨古国扶南。根据缅甸神话传说，缅甸有信史可考的第一个国家——骠国前期的首都毗湿奴城就是婆罗门教神毗湿奴变幻出来的，所以称毗湿奴城。虽然传说不足为凭，但由此可见骠人对婆罗门教神的崇拜。"[④] 这也可以看出婆罗门教对于早期的印缅关系可能存在影响。

公元前1世纪后，缅甸开始出现一些早期国家，统治者为了巩固政权开始主动地吸收印度宗教教义，印度宗教（婆罗门教、大乘佛教和小乘佛教）开始在缅甸诸小国广泛地传播，深刻地影响着缅甸诸小国的政治和日常生活。英国学者戈·埃·哈威在其著作《缅甸史》中就写道：

缅人虽为蒙古人种，但其传统，每不循源中国，而以印度代之。读其史书所载，彼等犹如佛徒亲族之后代，卜居于上印度。即民间传统，亦大半属于印度一派。市镇常有二名，其一为土名，其一则为印度古名……此等古名中，仅有少数确系自印度传来者，例如乌萨（Ussa）为白古之古名，此与奥里萨（Orissa）一字相同，而白古确为奥里萨人民移殖之地也。现存之缅甸传统，系属于印度，盖其自己之蒙古传统，早已湮没无闻之故，能读写而保存其传统者，仅为若辈之统治阶级，而统治阶级，则舍印度移民莫属也。[⑤]

公元3世纪，缅甸南部的阳林国就深受印度佛教文化的影响，"举国事佛"[⑥]。《新唐书·扶南》记载："其男女行仁善，皆信佛。"[⑦] 缅甸东部沿海地区

---

① 李谋等译注：《琉璃宫史》，北京：商务印书馆2007年版，第118页。
② 钟智翔：《略论印度文化对缅甸文化的影响》，《南亚研究季刊》2002年第3期，第58页。
③ 贺圣达：《东南亚文化发展史》，昆明：云南人民出版社1996年版，第116页。
④ 李谋、李晨阳、钟智翔主编：《缅甸历史论集——兼评〈琉璃宫史〉》，北京：社会科学文献出版社2009年版，第383页。
⑤ ［英］戈·埃·哈威著，姚梓良译：《缅甸史》，北京：商务印书馆1973年版，第28~29页。
⑥ 贺圣达：《缅甸史》，北京：人民出版社1992年版。
⑦ （宋）欧阳修：《新唐书·扶南》，上海：汉语大词典出版社2004年版，第4836页。

的阿拉干也保留了许多印度宗教文化的印记。公元前 2 世纪到公元 4 世纪，印度的佛教和印度教都已经传入阿拉干，在维萨里王朝和坎德拉王朝影响最深，这一时期出土的佛像等都体现了阿拉干对印度宗教文化的吸收。① 史书记载，骠国是缅甸最重要的早期国家，其宗教信仰复杂，印度教、大乘佛教、小乘佛教和原始拜物教同时存在。公元 7 世纪，骠国全国盛行佛教，印度宗教在缅甸得到最大程度的展现。② 在音乐歌舞方面，骠国也以佛教音乐为主，可见佛教在骠国已经深入人心，成为骠人日常生活的一部分。

二、印缅贸易往来

孔雀王朝对印度的统一使古印度的政治、经济、文化得到了前所未有的发展，阿育王定佛教为国教，派遣大批僧侣远赴海外弘扬佛法并将先进的印度文明传播至海外。孔雀王朝的历代帝王还大量地派外交使团出国访问，增强印度与世界的联系，航海贸易业开始兴盛。"到公元一二世纪时，印度注辇的船队经常沿着孟加拉湾到达恒河口、伊洛瓦底江和马来半岛。"③ "海外贸易的冒险事业，无疑受到了孔雀王朝诸帝派遣的外交使团保护的鼓励。西亚和埃及的希腊诸王与孔雀王朝之间交换使节已有历史记录……阿育王与锡兰王帝须之间亲密而友好的关系，想必使两国之间的交往得到了进一步扩大。"④ 可以看出，在这一时期，印度与世界的交往越来越密切，从而推动了海外贸易事业的发展。

东南亚地区自古以来就是一块富庶之地，土地肥沃，自然资源丰富，尤其是盛产黄金、银、铜等矿物。《新唐书·骠国传》中对骠国国王的住所有这样的记载，"以金为甓，厨覆银瓦，爨香木，堂饰明珠。有二池，以金为堤，舟楫皆饰金宝"；"王宫设金银二钟"；寺院"琉璃为甓，错以金银丹彩"。⑤ 从这些史料不难看出缅甸的富庶，因此缅甸理所当然地成为印度商人眼中的"黄金地"。⑥ 在公元前 6 世纪的印度文献中就有关于东南亚地区岛屿的记载，可见，早在阿育王时期之前，印度已经与东南亚地区有贸易往来了。到孔雀王朝时期，印度商人通

---

① 贺圣达：《缅甸史》，北京：人民出版社 1992 年版，第 12 页。

② （宋）欧阳修：《新唐书·骠国传》，上海：汉语大词典出版社 2004 年版，第 4840 页。

③ R. K. Mookerji, *Indian Shipping: A History of the Sea-Borne Trade and Maritime Activity of the Indians from the Earliest Time*, Bombay: Longmans, Green and Co., 1912.

④ ［澳］A. L. 巴沙姆主编，闵光沛等译：《印度文化史》，北京：商务印书馆 1997 年版，第 59 页。

⑤ （宋）欧阳修：《新唐书·骠国传》，上海：汉语大词典出版社 2004 年版，第 4840 页。

⑥ "扶南国王范师曼曾经征服了马来半岛上的许多王国，他在准备侵略'金邻'国的时候死去，'金邻'的意思就是'生产黄金的邻国'。……显然，金邻国就是孟人的直通王国。"参见［缅］貌丁昂著，贺圣达译：《缅甸史》，昆明：云南省东南亚研究所 1983 年版，第 8 页。

过海路到达东南亚进行商贸往来，十分频繁。印度商人会在特定的时间同东南亚人进行商业贸易，这些印度商人活跃在东南亚沿海以及农业生产较发达和人口较密集的地区。缅甸毗邻印度，因此印度商人首先涉足的地区是缅甸沿海。公元50年，印度商人已经在缅甸的沿海地区建立了永久性定居点，并打算在这片土地上长久生活。

中国与西方国家的贸易也促进了印度与缅甸之间的贸易。中国同西方国家贸易往来的兴盛，使印度同缅甸的贸易交往越来越紧密。"早在公元前128年，就有了一条通过缅甸北部的陆路，中国的货物就是沿着这条道路经过印度运往西方的。"[①]由于当时的航海水平有限，大多数的海上贸易船只都是沿着海岸线航行，一旦航行途中遭遇险情便可将船只停靠岸边以避风险。尽管这样，人们仍然认为行走海路比行走陆路的风险大。缅甸历史学家貌丁昂所著的《缅甸史》中就这样写道："在早期历史上，人们认为海洋比陆路更危险，因此印度与中国和印度支那之间的贸易是通过缅甸进行的。"[②] 所以，缅甸成了中印两国陆上贸易的枢纽，这对印度来讲意义重大。

在公元前2世纪之后，中国西南地区到达印度、缅甸的商道已经打通，也就是滇缅道。这使得印度与缅甸之间的商贸交往更加密切。之后，西南的丝绸之路进一步促进了印缅陆上贸易的发展。到印度笈多王朝时期，印度商人开辟海陆两条通道至缅甸，并建立了一些贸易据点。印度的对缅贸易并没有受到笈多王朝分裂的影响，早期印度商人同缅甸人做生意主要是获取珠宝、黄金和檀木等，而缅甸人则是从印度人手中获取棉花、棉布等。

三、早期印度向缅甸的移民活动

印度与东南亚之间的水陆通道打通后，一些在印度传教的僧侣、商人和在当地失势的贵族（婆罗门、刹帝利）都纷纷通过这条水陆通道到达东南亚，正是这些印度移民将印度文明带到了东南亚，使东南亚进入了"印度化"时期。[③]

地理位置的邻近，使早期印度人能够侨居缅甸，缅甸是早期印度移民最多的地区。印度人最初向东南业移民是从印度东海岸的阿摩罗跋底（Amaravati）港口开始，先抵达缅甸的萨尔温江三角洲以及沿岸的马塔班（Martaban）、直通和勃固等一些商业据点。与印度宗教文化的传播相似，印度与缅甸之间的移民几乎

---

① ［缅］貌丁昂著，贺圣达译：《缅甸史》，昆明：云南省东南亚研究所1983年版，第5页。

② ［缅］貌丁昂著，贺圣达译：《缅甸史》，昆明：云南省东南亚研究所1983年版，第3页。

③ Paul Wheatley, *The Golden Chersonese: Studies in the Historical Geography of the Malay Peninsula before A. D.* 1500, Kuala Lumpur: University of Malaya Press, 1961, p. 185.

都以印度移民为主。"公元 1 世纪以后，大量的印度商人到达缅甸，且与缅甸人通婚。之后的一千年里，印度商人并没有因为封建王朝的分分合合而中止移民。除了印度的商人之外，僧侣是另外一个迁至缅甸的移民群体。在统一的蒲甘王朝建立之前，中缅甸地区和印度保持了密切的联系，并对许多佛教徒和信奉毗湿奴的移民给予保护。"①

就印度早期在缅甸的移民情况，英国学者哈威在其著作《缅甸史》中提到：

在上缅甸方面，此等印度移民，均自阿萨密（Assam）越大陆而来，其在下缅甸者，则都自马德拉斯（Madras）由海道而至。彼等散处缅甸本境，如直通、卑谬、白古、仰光等处，以及阿腊干（亦译阿拉干）区域内之甚多城镇，当地人口中，大多数为其同族。因知"得楞"一名，或系自"得楞伽那"（Telingana）蜕变而得，得楞伽那者，马德拉斯沿岸之一区也，移民之来自其地者极众。彼等为印度教之信徒，建筑小神坛若干所，此等神坛，或即为白古瑞穆陶塔、仰光瑞德官大金塔与直通瑞沙延（Shwezayan）塔等之本身，盖各塔历史似均可远溯至纪元以前也。其人移殖来缅，有僧侣随行，一若现居仰光之齐智人（Chetties，即在缅甸的印度高利贷者）与欧洲商人无异，其影响及于当地人民者，至微。特在数百年后，彼等之宗教虽云为内部之事，乃人数渐众，宗教之势力亦渐见扩展，流传各处。且自纪元前 261 年以来，阿育王征克羯陵伽（Kalinga）后，佛教传入南印度，使印度教开始包含佛教之教义。夫宗教之流传，固为迟慢之事，佛教传入南印度，已需时日，其来下缅甸，可能更久。现可断言者，则为 5 世纪时，马德拉斯之孔逝韦蓝地方，在高僧法护（Dhammapala）倡导之下，小乘佛教（Hinayana）殊为兴盛。②

缅甸编年体史书《琉璃宫史》中的"中天竺释迦族系的阿毕罗阇王首建太公国"也有相关的记载："次日凌晨，哥哥见其弟所建之白色布施彩棚已竣工，便带领人马出走，顺伊洛瓦底江而下，再溯珊拉伐底河而上，行至格礼当纽，将该地命名为王舍，驻半年之久。是时，正逢苏那波兰达国的骠族、干延族、德族四处求王。大甘罗阇便派子穆杜塞达赴骠族地区为王，自己则在吉沙巴那蒂河东侧建立皎勃当城，在位 74 年。大甘罗阇从该地兴兵又征服了古马来由王建立的旦迎瓦底城。"③

印度移民通过海路和陆路两条贸易通道进入缅甸，散居在缅甸的直通、卑

---

① ［印度］恩·克·辛哈、阿·克·班纳吉著，张若达、冯金辛等译：《印度通史》，北京：商务印书馆 1973 年版。

② ［英］戈·埃·哈威著，姚梓良译：《缅甸史》，北京：商务印书馆 1973 年版，第 37～38 页。

③ 李谋等译注：《琉璃宫史》，北京：商务印书馆 2007 年版，第 127 页。

谬、白古、仰光和阿拉干等地，推动了印度文明在东南亚的传播。

四、印度文明对缅甸早期阶级社会的影响

早在缅甸早期阶级社会开始形成之前，与缅甸相毗邻的中国和印度已经进入了封建社会，两国的文明程度远远高于缅甸。因此，印度文明和中国文明都对相对落后的缅甸产生了十分重要的影响。

印度与缅甸的交往始于孔雀王朝时期（前322—前185）[①]，当时的孔雀王朝成功地统一了全印度。随着经济的发展，印度商人开始遍布东南亚各个地区，缅甸的沿海地区则是印度商人首先涉足的地方。通过印度商人的足迹，印度文明得以传播到缅甸并产生深远的影响。公元前2世纪后，缅印商道已经开通，印度与缅甸之间的交往越来越密切，印度文化大大促进了缅甸的发展。

随着生产力的不断发展，缅甸早期阶级社会逐渐分化，形成了具有早期国家雏形的诸多小国。这一变化过程受到了印度文明的影响。公元元年之前，孟人已经在缅甸地区建立国家，其所创的文字——孟文，便是缅甸最古老的文字。孟人吸取南印度的波罗婆字体和迦檀婆字体的精髓，从而创立孟文。"僰（笔者注：即'孟'）族人受了印度文化和宗教的薰（笔者注：即'熏'）陶，他们学习文字书写，而且将南印度的字体，应用到本地的澳亚语系（Austrs. Asiatic Language）上。"[②] 孟人对之后蒲甘王朝创立的缅文产生了深远的影响。孟人建立的国家是最为靠近印度的，因此他们的文化在很大程度上是在印度文明的熏陶下形成的，然后他们又将这些印度文明源源不断地传播到缅甸诸小国，使其处于印度文明的影响之下。

骠国是古代缅甸早期最主要的国家，其文字也是由印度文字演变而来的。有学者认为，骠人是最早吸收印度文化元素的东南亚人民。[③] 20世纪20年代在骠国古城发现了用骠文拼写的巴利文，这种巴利文就是来源于印度的婆罗米文字。"5—7世纪大量用骠文和婆罗米字母混写的经文和偈颂出现了。起先是一行骠文一行婆罗米字母，越往后婆罗米字母出现得就越少，表明骠文借助于婆罗米字母后变得越来越成熟。"[④] 缅甸与印度相邻最近的地区是阿拉干，此地区受印度文

---

① 孙昊：《论外来文化对古代东南亚社会的影响》，《徐州师范大学学报（哲学社会科学版）》1999年第4期。

② 张曼涛主编：《现代佛教学术丛刊·卷83·东南亚佛教研究》，台北：大乘文化出版社1978年版，第140页。

③ M. C. Ricklefs, *A New History of Southeast Asia*, London：Palgrave Macmillan, 2010, p. 26.

④ 钟智翔：《略论印度文化对缅甸文化的影响》，《南亚研究季刊》2002年第3期，第60页。

明的影响较大，其中公元前 2 世纪到公元 4 世纪的维萨里王朝和之后的坎德拉王朝是所受影响最大的王朝，从阿拉干地区出土的梵文碑文就可以看出印度文明在此地区的广泛影响。除此之外，在古代缅甸还有许多的小国是在印度文明的影响下建立起来的，例如公元前 9 世纪建立的太公古国，据《琉璃宫史》记载，太公古国就是由印度王子建立的。①

第二节　11—19 世纪印度与缅甸的关系

11—19 世纪，印度与缅甸的民间交往仍在继续，随着缅甸进入第一个封建统一的国家——蒲甘王朝，印度与缅甸之间的交往陆陆续续有了官方的接触，但这种接触以战争和掠夺为主。

一、11—19 世纪印缅两国的政治背景

10 世纪末期，印度在历经戒日帝国后进入长时期的分裂时代，直到 11 世纪仍是处于多国混战时期，并且多次遭到外族的入侵。

由于 11 世纪前，印度境内诸国争雄，尤其是在北印度，波罗提珂罗、拉什特拉库塔、波罗三国争霸致使北印度政治进一步分裂，给外敌创造了入侵机会。11 世纪时，入侵印度的主要是来自阿富汗的突厥军事贵族，② 阿富汗迦兹尼王朝苏丹马茂德曾入侵北印度的旁遮普、曲女城等地区 17 次。由于马茂德的多次军事入侵和洗劫，北印度的政治、经济、文化受到了极大的冲击，一度陷入混乱。而此时的南印度虽未受到外族侵犯，但也是小国林立，中央与地方政权矛盾突出。公元 1206 年，北印度古尔国王穆罕默德平定科卡尔人起义后在回国途中被刺身亡，其部将库特卜·乌德·丁·埃贝克成为苏丹，定都德里，从此开启了德里苏丹时代。德里苏丹国先后经历了 5 个王朝，历时 320 年。公元 1526 年德里苏丹国被来自中亚的察合台突厥人所灭，在阿格拉城建立新的穆斯林王朝——莫卧儿帝国，直至英国吞并全印度，使其成为殖民地为止。这一时期的印度政治完全处于分裂状态，内有地方小国纷争不断，中央与地方矛盾突出，外有蒙古人、阿富汗人等强敌入侵，呈现出内忧外患、纷繁复杂的政治局面。

11 世纪后，缅甸开始进入封建社会。公元 1044 年，阿奴律陀建立了缅甸第

---

① 李谋等译注：《琉璃宫史》，北京：商务印书馆 2007 年版，第 127 页。

② ［缅］貌丁昂著，贺圣达译：《缅甸史》，昆明：云南省东南亚研究所 1983 年版，第 181～182 页。

一个统一的封建王朝——蒲甘王朝。公元 1287 年中国元朝军队入侵缅甸，致使缅甸结束统一国家状态，进入三国鼎立时代。16 世纪，蒲甘王属地东吁开始崛起，公元 1531 年东吁王莽应龙统一全缅甸。东吁王朝经历了外敌入侵、王朝瓦解的过程，在公元 1752 年被孟人军队所灭，从此缅甸进入贡榜王朝时代。19 世纪初，英国发起三次英缅战争，缅甸沦为英国的殖民地。

二、11—19 世纪印缅两国交往状况

尽管在11—19 世纪，印度和缅甸两国都曾建立过统一的称霸一时的王朝，但是两国国内的不稳定因素仍然存在。王朝更替频繁、中央和地方关系紧张、多次的向外征讨以及后期抵御英国的入侵等都是印缅两国在当时所面临的主要问题。正是由于这些问题，印缅两国无暇顾及双方的交流往来，关系比较冷淡，但出于地理位置的毗邻关系，两国的大多数交往都是在边界问题上的交锋。

下面笔者就按照时间顺序来回顾印缅两国在边界上出现的纷争。缅甸蒲甘王朝之前，就有印度的注辇国侵犯缅甸的历史，"连接下缅甸勃固海岸与克拉地海峡之间的通道因 1024—1025 年注辇国的一次进攻而被切断"[①]。后来，锡兰与注辇国发生战争，锡兰请求缅甸出兵。缅甸虽然没有出兵，但是给予了物资帮助。注辇国为此曾与缅甸发生冲突。16 世纪，缅甸的东吁王朝侵略印度。1666 年，印度莫卧儿王朝侵略阿拉干。1736 年，印度的曼尼普尔王国侵略缅甸的东吁王朝。1758 年，缅甸进攻印度的曼尼普尔。此后就是印度的阿萨姆地区与缅军之间的纷争。印缅两国在边境上的兵戎相见成为11—19 世纪两国交往的突出特点，也是该时期双边关系的重要组成部分。尽管两国边境上的矛盾和国内形势的复杂使得两国之间的关系趋于冷淡，但是这并不代表印缅两国的交往就此中止了。

在宗教文化方面，印度佛教仍然对缅甸有着一定的影响。11 世纪中叶至 13 世纪末，佛教在印度逐渐衰落，而缅甸的蒲甘王朝则处于小乘佛教的繁荣时期。[②]

在双边友好交往和经济贸易往来方面，11—13 世纪，印缅两国的联系仍然比较密切。印度于 14 世纪时仍同阿拉干的国王们保持紧密联系。东吁王朝的国王仍然同孟加拉、锡兰等交换外交使团。南亚次大陆和缅甸的经济往来也在继续。"蒲甘社会有不少印度人，一类是商人，住在蒲甘城镇里，特别是蒲甘南部沿海的城市里。另一类是奴隶，蒲甘碑铭所提到的各类奴隶中，除缅甸人奴隶，

---

①　Gauranganath Banerjee, *India as Known to the Ancient World*, Humphrey Milford : Oxford University Press, 1921, p. 204.

②　贺圣达：《缅甸史》，北京：人民出版社 1992 年版，第 77 页。

最多的就是印度人奴隶了，这些奴隶很可能是印度商人或贩奴隶者贩卖到蒲甘来的。"① 截至 16 世纪，勃固、沙帘、勃生等城市是缅甸从事对印贸易的主要城市。缅甸主要进口孟加拉的布料，出口的商品则有大米、糖和宝石等。17 世纪下半叶后，印缅之间的贸易有了较大的发展。1650 年，英国东印度公司专门购买了一艘 200 吨位的船只从事对缅贸易。② 1695 年，缅甸同意将英国的关税减少三分之一。随着英国对印度控制的加强和对缅甸经济的渗透，印缅之间的贸易逐渐为英国东印度公司所控制。

德里苏丹国在南亚次大陆的建立，确立了伊斯兰教的主体地位；蒲甘王朝在缅甸的建立，则确立了小乘佛教的主体地位。由于这两大宗教的差异极大，印度文化对缅甸的影响力日益下降，但这并不意味印缅两国已经没有了宗教上的往来。例如，蒲甘时期江喜陀王曾派出使团携重金前往印度修复佛陀迦耶的寺庙。自 1812 年起，缅王先后派遣以税务大臣为团长的经典收集代表团从汉达瓦底港出发，7 次前往中印度，抄写了 11 种经典。③ 1660 年，莫卧儿王子沙·苏吉在争夺王位中失败逃到阿拉干，由于其部属信徒大多为穆斯林，使得伊斯兰教在该地区得到发展，但总的来说，伊斯兰教对缅甸的影响远不如佛教。

三、印度文明对这一时期缅甸的影响

19 世纪之前，由于缅甸自身社会发展相较于印度还是比较落后的，因此，在印度与缅甸交往的历史中，印度文化向缅甸输出占据主导地位，以单向传播的态势影响着缅甸。不可否认的是，印度文明对于早期缅甸社会的影响是巨大而深远的，其在缅甸的文字、宗教、建筑和社会理念等方面都深深地刻下了烙印。④ 其中最为突出的莫过于印度宗教对缅甸社会的巨大影响。自直通孟人地区传入小乘佛教之后，该教便成为缅甸的全民宗教并最终成为国教。阿隆悉都时期，在印度的佛陀迦耶地区有很多古缅甸的使者前来访问，许多宗教建筑得以修建。⑤ 小乘佛教教义中因果报应、轮回、行善积德的观念深入人心，对维持古代缅甸的社会和谐有着重要的作用，宗教成为古代缅甸帝王统治王国的工具。君权神授的思想来源于印度婆罗门教。"缅甸统治者的王权神授思想可能来自婆罗门教和宫廷

---

① 贺圣达：《缅甸史》，北京：人民出版社 1992 年版，第 77 页。

② 韦健锋：《文化视野下的古代印缅关系——兼论印度文明对缅甸的影响》，《东南亚南亚研究》2013 年第 2 期，第 72 页。

③ 姜永仁：《婆罗门教、佛教在缅甸的传播与发展》，《东南亚》2006 年第 2 期，第 41 页。

④ ［澳］A. L. 巴沙姆主编，闵光沛等译：《印度文化史》，北京：商务印书馆 1997 年版，第 88 页。

⑤ ［缅］波巴信著，陈炎译：《缅甸史》，北京：商务印书馆 1965 年版，第 39 页。

内婆罗门祭司的影响……缅王的加冕礼、斋戒仪式，王室成员的结发礼、婚礼等重要典礼仪式均由宫廷里的婆罗门主持。从缅甸蒲甘碑铭中可以看出宫廷的婆罗门教仪式体现了印度教与佛教、纳特崇拜的结合，目的在于为巩固王权服务。"[1]缅甸的文学艺术也受到印度风格的影响。这体现在缅甸的语言、文学作品和建筑都留下了印度文化的影子。

总的来说，印度文明是推动着古代印缅关系向前发展的文化车轮，带动着两国经济、政治、文化等方面的交流，也提升了古代缅甸的文明程度。

第三节　英国殖民统治时期的印缅关系

随着工业革命的发展，英国国内的资本主义原始积累已经无法满足发展的需要，英国开始寻求向海外扩张。18 世纪中叶，英国东印度公司成为在印度最强的西方殖民主义势力，通过同法国殖民者的三次卡尔纳提克战争，成功地将法国殖民势力逐出印度。缅甸作为东南亚的富庶之国，物产丰富，很早之前就被英国东印度公司盯上。英国东印度公司曾多次妄图通过签订不平等条约来打开缅甸贸易大门，但都失败了。缅甸邻近印度，为了遏制俄国势力南下，英国统治者将缅甸视作印度的缓冲国，于 1823—1885 年，发动三次英缅战争，完成了对缅甸的吞并，在缅甸推行殖民统治。

印缅两国同样受英国的殖民统治，而缅甸又是以英属印度的一个省的身份来被管理的。[2] 因此英国殖民时期，印缅政治、经济和社会交往十分密切，而殖民统治又使两国都走上了争取民族独立的道路。尽管两国间有着移民和经济方面的冲突，但为争取民族独立而合作才是这一时期印缅关系的主旋律。

一、英国殖民统治下的印缅政治关系

印度与缅甸山水相连，19 世纪后又都被迫纳入英国殖民统治之下，这一时期影响印缅政治关系最深的莫过于英国将在印度实行的统治方式套用到缅甸人民身上。英国占领全缅甸后，为了简化行政机构，并没有将缅甸作为单独的殖民地来管理，而是将其作为英属印度的一个省来进行统治。缅甸的政治地位相对于印

---

① 钟智翔：《略论印度文化对缅甸文化的影响》，《南亚研究季刊》2002 年第 3 期，第 60 页。
② ［苏］B. 瓦西里耶夫著，中山大学历史系东南亚历史研究室、外语系编译组合译：《缅甸史纲（1885—1947）》，北京：商务印书馆 1975 年版，第 31 页。

度来说就更加低下。由于民族主义的兴起，缅甸人民反抗英国殖民统治的斗争越来越激烈。为了应付反抗，1922 年 6 月英国议会通过《缅甸改革法案》，规定在缅甸实行二元政治。英属印度政府仍然保持对缅甸重要部门的控制，而将地方行政、农业、教育等次要部门交予缅甸政府自行管理。虽然二元政治暂时缓解了缅甸与英属印度之间的矛盾，但是这并没有从根本上改变缅甸与英属印度之间的政治关系。

随着英国殖民者打开缅甸的大门，西方的先进政治理念开始传入缅甸，这大大提高了缅甸人民的政治觉悟，民族主义运动渐渐在缅甸人民心中萌芽，不久便成燎原之势，拉开了近代缅甸民族主义运动的序幕。随之而来的印度与缅甸在民族独立事业上的交流和合作便成为两国政治关系的重要组成部分。正是由于英国的殖民统治，两国为争取民族独立而走到了同一战线上。"西方殖民主义者的影响培育了印缅争取独立的地方主义和地区主义情感。同为殖民地使两国在争取民族身份上走一条共同的道路，使他们的合作没有什么障碍。"①

20 世纪 20 年代印度的民族主义运动参与者以孟加拉人为主。孟加拉与缅甸有着共同的宗教遗产，这使得孟加拉人与缅甸人有着紧密的联系，促使 1906 年缅甸第一个民族主义团体——缅甸佛教青年会的诞生。与此同时，孟加拉人组织的民族主义社团也将缅甸作为大本营开展反英运动。有的印度社团也开始接受缅甸人入团，为争取缅甸自治而斗争。而印度民族运动的领导人也对英国殖民时期的印缅关系起到了不可忽视的作用，尤其是印度国大党领导人甘地提出的"非暴力不合作"思想深深地影响了缅甸人民。例如 1920 年缅甸仰光大学学生抵制《仰光大学条例》，以及之后的缅甸人民抗税罢工、成立"不合作协会"等反殖民斗争方式都是受甘地思想的影响。甘地曾三次造访缅甸，这对于积极争取民族独立的缅甸人民以及在缅甸的印度人都是极大的鼓舞，"缅甸抵制运动领导人同印度人之间的密切关系因甘地 1929 年 3 月访问缅甸得到了加强"②。

缅甸民族主义领导人吴欧德玛是 20 世纪 20 年代对缅甸影响最深的民族主义者，他领导缅甸人民开展的民族主义斗争与甘地的非暴力不合作运动有很多相似的地方，也一直致力于推动印度人与缅甸人的合作，争取自治，以期加深印缅两国之间的政治合作，更好地与英国当局做斗争。

20 世纪 30 年代，缅甸民族主义运动进入新阶段，两国间的政治交往仍在继续，主要表现为两国民族主义者中的激进派共同提倡以暴力的方式推翻英国殖民统治。这一时期印缅两国民族主义运动领导人钱德拉·鲍斯和昂山都是激进派的

---

① S. Bahttacharya, *India-Myanmar Relations*, 1866 - 1948, Kolkata: K. P. Bagchi and Co., 2007, p. 21.

② John F. Cady, *A History of Modern Burma*, New York: Cornell University Press, 1958, p. 281.

主要代表，他们都提倡不惜一切代价换取民族独立，想通过日本的帮助来获得国家的独立。两人思想上的志同道合使得在两人领导下的民族主义社团进行了更加紧密的协同合作。1940 年，缅甸民族主义者昂山率德钦党代表团赴印度参加国大党蓝姆迦会议，在会上两党进行了深入的交流，两国的政治关系进一步加深。

从印缅政治关系中的移民因素来看，缅甸是英属印度最大和最富有的一个省。英属印度政府采取了宽松的移民政策，大量的印度人迁至缅甸，特别是仰光地区。加之 19 世纪苏伊士运河的开凿，欧洲增加了对缅甸大米的需求。由于当地很缺劳动力，英国人就把印度人带到缅甸从事大米种植和出口。"随着大米贸易的发展，稻米的种植就更加增多，缅甸农民就进行开垦荒地的工作。因为本国人民的力量不能完成这一工作，资本家就从印度南部召集来大批农业工人。农民在新开垦的土地上种植就需要资金，作为农业生产的工资，以及购买耕畜和生产工具之用。因为要借贷这些款项，许多印度高利贷者（齐智人）就来到缅甸。殖民统治机构中，需要补充许多文书、雇员和官吏，缅甸政府这时就召集来大批懂英文的印度人。"① 英国殖民统治时期，移民至缅甸的印度人增长得非常迅速。到 1901 年时，已超过 50 万人。他们主要在政府、警署和军队里就职。

由于印度人口密集、水陆航线发达，缅甸资源丰富、报酬较印度高以及印度自然灾害等，这一时期到达缅甸的印度移民大量增加。"从 1881 年到 1911 年，下缅甸的印度人从 13.7 万人，增加到 60.6 万人，增加了近 50 万。印度人在1911 年占下缅甸总人口的 9% 左右。"② 1931 年，印度人占缅甸总人口的 7.5%；到 1941 年日本入侵缅甸前夕，印度人在缅甸的总数超过了 110 万。

印度人在这一时期移民缅甸的数量巨大，客观上也为缅甸经济的发展做出了贡献。"据 1934 年 2 月统计，当时印度籍工人在缅甸工人中占 70.1%，他们在熟练工人中的比例为 61.2%，在不熟练工人中占 71.4%。"③ 在缅甸的印度籍工人主要集中在以仰光为中心的伊洛瓦底江三角洲的城镇里。

"大量印度人移民到缅甸，对缅甸社会产生了复杂的影响。在缅甸的印度人，几乎从事一切职业……在缅甸的印度人的成分的复杂性，决定了他们在缅甸的复杂影响。"④ 第一，来缅甸的印度人大多数都是劳动者，他们对 19 世纪末 20 世纪初缅甸经济的发展起到了非常重要的作用。第二，这一时期齐智人已经成为下缅甸农村主要的高利贷者。他们从事高利贷活动，还购买或兼并被抵押的土地，成为缅甸人民的剥削者与压迫者之一。第三，作为具有不同宗教信仰的外来民族，

---

① ［缅］波巴信著，陈炎译：《缅甸史》，北京：商务印书馆 1965 年版，第 164 页。
② 贺圣达：《缅甸史》，北京：人民出版社 1992 年版，第 296 页。
③ 贺圣达：《缅甸史》，北京：人民出版社 1992 年版，第 359 页。
④ 贺圣达：《缅甸史》，北京：人民出版社 1992 年版，第 297 页。

印度人与当地缅甸人之间也存在着宗教和民族上的矛盾。受过教育的印度人很容易地就能进入缅甸的政府机构，因此缅甸几乎所有公共服务部门的职位都被印度人占据了。

在城市中，印度移民与缅甸中产阶级在贸易和专门行业展开竞争。在工厂里，印度籍工人大部分来自农村，工作非常勤奋，比较容易获得较高的报酬。然而，这引起了部分懒惰的缅甸人的嫉妒，那些想在政府部门有所作为的缅甸人因为没有得到同等竞争的机会也愤愤不平。这些因素最终导致了 1938 年 7 月缅甸排斥印度人运动的爆发，从城市蔓延到乡村，造成大量人员伤亡和 100 多所寺庙被烧毁的严重后果。

"面临不断高涨的缅甸民族主义运动，采取什么样的方式和如何维护英国在缅甸的殖民统治，成为 20 世纪 20 年代到 30 年代英国对缅政策中的主要问题。"[1] 1938 年大动乱后，英国殖民当局于 1941 年颁布《印度移民协定》，限制印度人移民到缅甸。这一协定虽然在一段时间内缓解了印度人与缅甸人的矛盾，但是这项政策却遭到了甘地的反对，他认为这项决议"是对整个民族的侮辱"[2]。在当时缅甸人民强烈排斥印度人的情况下，这无疑加深了印缅关系的负面影响。

总之，在英国殖民统治时期，两国尽管在移民方面有着不愉快的经历，在争取民族主义道路上有些分歧，但是两国的政治关系仍然是以合作为主流，冲突和对抗是支流。

二、英国殖民统治下的印缅经济关系

印度与缅甸在经济上长期受到英国的掠夺，这恰好又从另一方面推动了两国间的经济交往。上文提到这一时期大量的印度人移民到缅甸，到 1941 年为止已达到 110 万人之多，这带动了缅甸经济的发展，但也隐藏着危机。

印度移民为缅甸带来先进的生产技术和大量的廉价劳动力，促进了商品经济和城市化的发展。随着印度商人在缅甸的投资开发，缅甸大量的木材、矿物等得以出口到海外，它们逐渐取代大米，成为主要的出口产品。缅甸逐渐形成出口型经济。19 世纪末到 20 世纪初，"缅甸成为中南半岛经济发展水平较高的国家。在石油和金属矿产的开采、铁路和内河航运的里程和载容量、人均大米生产量和出口量等方面，缅甸都要超过这一时期保持着独立的邻国泰国和法国殖民统治下

---

① 贺圣达：《缅甸史》，北京：人民出版社 1992 年版，第 382 页。

② Mahatma Gandhi, *Mahatma Gandhi's Speeches Dated：The India-Burma Immigration Agreement*, New Delhi, 1941, p.159.

的印度支那。缅甸已成为英属印度一个重要的农业区和矿产区"①。

20世纪20年代，印度人在缅甸建立很多学校、银行和工厂，这一时期在缅甸仰光的印度商人就有8万多人，他们推动了缅甸经济向前发展，扩大了缅甸与世界的联系。但是危机也逐渐暴露出来。一方面，英国殖民者大肆掠夺；另一方面许多印度人占据优势行业，包括矿产、银行、交通和外贸行业等，都被印度人当中一个特殊的群体——齐智人控制，他们在英国殖民当局的支持下，专门从事高利贷活动。这个特殊的印度人群体掌握着缅甸大部分财富，而缅甸人却一无所有，导致殖民地经济的畸形和病态越加严重。20世纪30年代，缅甸出现经济危机，印度人和缅甸人之间的冲突加剧。许多缅甸农民因为无法偿还印度人的债务而沦为佃农，在各行各业，缅甸人缺乏与印度人竞争的条件，常常为此丢了工作。缅甸民众不满情绪不断加深，从而导致了1930年和1938年民族大骚乱的爆发，对英属印度时期的印缅关系产生了负面影响。

从两国贸易上来看，印缅两国在英国殖民统治下双边贸易的壁垒逐渐被扫除，在1937年前印度享有与缅甸自由贸易的权利。随着大批印度商人在缅甸出现，缅甸的橡木、矿石、大米等产品通过他们远销印度和海外，缅甸国内缺乏的机械器材、药品等也通过他们从印度进口。

两国在经济上的互补性扩大了双边贸易的范围，在"一战"期间，印缅贸易总量提高，贸易活动频繁。在20世纪30年代初世界经济危机的大背景下，印缅贸易受到影响，两国贸易额大幅度下降，印度为了提高贸易总量便大量地向缅甸出口棉花、五金、药品等。1937年后，印缅实行分治，但双边贸易仍在继续，这一时期印缅贸易总量占缅甸对外贸易总量的3/5。② 可以看出，印缅贸易仍然是缅甸对外贸易的主要部分。

为了维护双边贸易的安全，1937年英属印度政府出台了《印缅贸易规程》，以保护两国贸易的顺利、安全进行。"1938—1939年，印度分享缅甸进口额约47%，1939—1940年占到了54%，1940—1941年则达到55%，缅甸担心，如果再不修改1937年的《印缅贸易规程》，未来几年内这一比例将达到75%～80%，这意味着缅甸只能享有其进口额20%～25%的进口关税。"③ 由于缅甸的关税主权完全掌握在殖民政府手中，大量的印度和西方进口商品被减税或免税，所以对于缅甸来说，关税主权的被控制使其对外贸易处在不平等状态中，国家经济越来越依赖印度市场。随着缅甸进口关税减少，缅甸国内迫切希望修改《印缅贸易规

---

① 贺圣达：《缅甸史》，北京：人民出版社1992年版，第321页。

② Chakravarti and Nalini Ranjan, *The India Minority in Burma: The Rise and Decline of an Immigrate Community*, London : Oxford University Press, 1971, p. 69.

③ B. Pakem, *India Burma Relations*, New Delhi: Omsons Publications, 1992, p. 20.

程》。1941 年，缅甸同英属印度政府达成新的贸易协定，允许提高两国的进口关税，但是也保证给予双方特殊待遇。1941 年 2 月 18 日，缅甸教育部部长吴巴因在议会上说："我们没有颠覆印缅贸易的意思，但我们认为我们有责任以合理的方式把缅甸的利益置于最前沿，扩大它的关税收入。"尽管新的贸易协定偏向缅甸，使缅甸得到较多的益处，但没有从根本上改变印缅经济关系中双方的地位。

三、英国殖民统治下的印缅宗教文化交往

"这一时期印度各地相继落入英国殖民统治之下，但缅印之间仍然保持着宗教上和文化上的联系。"① 孟云王和孟既王在位的时候，"曾于 1807 年到 1823 年间 6 次派出宗教使团，去佛教圣地菩提迦耶进香，还派出婆罗门出使北印度各邦。缅王派出的这些宗教使团和使者曾出资修复菩提迦耶的宗教建筑，他们也在印度搜寻佛经佛宝。孟云王还派出许多留学生到印度。这些留学生学习和研究印度的医学等方面的 100 多种典籍，并把这些典籍译成缅文和巴利文。这一时期从印度到缅甸的宗教文化人士也不少。孟驳王时，就有 9 个婆罗门从印度的贝拿勒斯到缅甸，帮助缅甸僧侣把印度经典译成缅文"②。

大量的印度人移民缅甸，他们当中绝大部分都是穆斯林和印度教徒。加之佛教出现教派分裂现象，在英属印度政府的管控下，佛教失去了政府的支持从而失去了在缅甸作为国教的地位。1931 年在缅甸信仰佛教的人数占 84.3%，这个比例看起来是比较高的，但是这一时期佛教寺院和僧侣在大量减少。19 世纪前，在缅甸几乎一个村就有一个寺庙，而到殖民统治时期却成了三四个村才有一个寺庙。③ 伴随佛教的衰落，印度教开始广泛传播。到 1931 年在缅甸的印度教徒已经达到 570 953 人④，主要集中在伊洛瓦底江三角洲地区。这主要是因为 19 世纪 50 年代后大批印度教徒移居缅甸，直接推动了印度教在缅甸的传播。

英国殖民统治下的印度与缅甸在政治、经济、宗教文化等方面都发生很大改变，两国之间的关系也被赋予不同的内涵。殖民统治使两国走上民族独立斗争的道路，并在此道路上相互合作、相互包容，促使双边关系越加紧密，合作反抗英国殖民统治成为英国殖民统治时期印缅关系的主流。

---

① 贺圣达：《缅甸史》，北京：人民出版社 1992 年版，第 218 页。
② 贺圣达：《缅甸史》，北京：人民出版社 1992 年版，第 218 页。
③ ［英］D. G. E. 霍尔：《缅甸》，北京：商务印书馆 1956 年版，第 145 页。
④ 贺圣达：《缅甸史》，北京：人民出版社 1992 年版，第 464 页。

第四节　缅甸独立后的印缅关系

第二次世界大战之后，印度和缅甸都摆脱英国殖民统治实现了民族独立。在这一时期，由于英国殖民势力从印度和缅甸撤出，两国政府都采取了独立自主的外交政策，印缅两国关系进入到一个新的变化阶段。从 20 世纪 40 年代末至 80 年代末的 40 年时间里，缅甸国内形势剧变，使印缅关系经历了从吴努时期的亲密往来到奈温时期的孤立冷淡这一起伏过程。

一、吴努时期的印缅关系（1948—1962）

从缅甸独立到 20 世纪 60 年代初，印缅两国一直保持着密切的关系，并在重大国际问题上保持协商与协调。1948 年，独立后的缅甸脱离英属印度政府的控制，使在缅甸的印度人不再有权力干涉缅甸内政。1951 年缅甸举行大选，吴努在各派系斗争中获胜，成为缅甸总理。吴努上台后开始在政府和国家企业中裁退印度移民，这对印度移民的生活造成一定的影响。至 1953 年 2 月，缅甸政府里的 3 000 个印度人和缅甸铁路公司里的 8 500 个印度人被辞退。[1] 这与印度当时的外交政策并无冲突。"1957 年，尼赫鲁写道：'海外印度人应当首先考虑所在国人民的利益；假如你对所在国人民不够友好，那么请你回到印度，不要再损害印度的国家声誉。'"[2] 由此看来尼赫鲁不想因海外印度人而损害印度和移民所在国之间的关系。

吴努与印度总理尼赫鲁私交甚好，加之两国独立前在民族独立斗争道路上目标一致，印缅两国不分彼此，所以缅甸领导人可以随时到新德里商讨事务。尼赫鲁 1952 年 2 月 28 日对媒体表示："我们在很多问题上经常和缅甸政府互通有无……我们之间不仅享有常规意义上的友好关系，甚至还要更加友好一些。"[3]

缅甸独立后至 20 世纪 60 年代，印缅关系一直保持友好、合作的状态。其主要表现在：第一，在国际事务上的合作。1951 年 4 月印度、缅甸和其他亚非国家一同倡议召开亚非会议，推动和促进未取得解放的亚非国家积极开展民族独立斗争，这从中体现了印缅两国在国际事务上的相互合作与协商。第二，印度对缅甸

---

① 林锡星：《缅甸的印度人》，《世界民族》2002 年第 2 期，第 68 页。

② AmitSingh，"Emerging Trends in India-Myanmar Relations"，*Maritime Affairs*：*Journal of the National Maritime Foundation of India*，2012，Vol. 8，No. 2.

③ 印度外交部 1952 年档案，http：//mealib. nic. in/，2014 年 1 月 12 日登录。

的经济援助。1949 年缅甸国内反政府武装活动猖獗，缅甸的政治、经济一度陷入危机，印度于 1950 年向缅甸提供了 100 万卢比贷款的援助。第三，签订一系列友好条约和贸易协定。1951 年 7 月 7 日，印度与缅甸在新德里签署有效期 5 年的《友好条约》，而且如果任何一方不在条约到期之前的 6 个月提出终止这种关系的愿望，它将"永远有效"。该条约在 1952 年 1 月 31 日生效，"其核心内容是：两国承认并尊重彼此的独立与权利；努力加强和发展两国人民间存在的持久和平与不可动摇的友谊；同意各自代表时常及需要的时候进行会晤，就事关共同利益的事情交换观点并就此类事件考虑互相合作的途径与方法；同意开始在互惠原则基础上就贸易、关税、文化关系、交通设施、引渡犯罪分子、移民等问题谈判并达成最终协议。"① 随后在 1951 年的 9 月 29 日两国又签订了《贸易协定》，在进出口贸易上两国互通有无，缅甸输出印度所需要的大米，印度则向缅甸出口棉花和钢铁制品等。自缅甸独立到 20 世纪 60 年代，印缅双边贸易总量占缅甸对外贸易总量的 30%，可以说印缅贸易已经成为缅甸对外贸易的主要部分。

二、奈温时期的印缅关系（1962—1988）

奈温时期的印缅关系是一个曲折发展的过程。奈温将军在 1962 年 3 月发动军事政变后上台执政。从此，缅甸进入军人统治时期，印缅两国关系开始降温。奈温上台后于 1963 年 10 月公布《企业国有化法令》，规定政府可以自由把任何企业收归国有，并于 1966 年把批发商、百货商等商店收归国有。到了 20 世纪 60 年代中期，缅甸的军人政权已经全面控制了国家的财政金融、贸易、交通等主要经济命脉。缅甸经济的国有化使在缅甸的印度商人利益大受损失，成千上万的印度人失去工作岗位，随后的几年中陆陆续续有大批的印度人被迫返回印度。

不久后，缅甸政府实施了一项移民法案，限制印度人再迁入缅甸。缅甸政府反对外国人持有财产，这对印度商人产生了很大的影响。缅甸官方采取了一系列措施打击印度人，不管印度人从事何种职业都被迫离岗。因此，大部分印度人特别是精英阶层离开了缅甸，留下来的都是贫困阶层，因为他们无处可去。目前，缅甸的印度人群体大体上就是这些贫困者。

留在缅甸的大量印度人没有任何政治权利。"根据印度的海外印度人事务部所提供的数据来看，缅甸的印度人达到 200 万。"② 失去了谋生的饭碗，相当于

---

① 阮金之：《冷战后中缅印三边关系研究》，暨南大学博士学位论文，2010 年，第 44 页。

② K. Thome，*India-Myanmar Relations*（1998 - 2008），*A Decade of Redefining Bilateral Ties*，New Delhi：Observer Research Foundation，2009.

印度人在缅甸贸易中失去了立足之地。再加上 1962 年 10 月中印战争时，缅甸选择保持中立，这种态度被印度理解为其支持中国，两国关系一度十分紧张。

从 1964 年至 1966 年 3 月，奈温共三次访问印度，印度总理夏斯特里也在 1965 年 12 月访问缅甸，两国关系有所缓和。1967 年 3 月，印缅在仰光签订边界协议，正式划定两国边界。相比之下，中国早在 1960 年就与缅甸签订了边界条约。1973 年，印度政府接纳了缅甸前领导人吴努到印度定居，两国关系又产生波折。1977 年，印度外交部部长访问缅甸，双方就共同打击印度东北部一带与缅甸接壤地区的印度反政府武装、划定两国海域界线和扩大经贸合作等问题交换了意见，并采取了一些实际行动。1981 年，印度外交部部长访缅，两国官方及民间交往频繁，双边经济贸易关系进一步发展。1987 年，印度总理拉吉夫·甘地访问印度。1988 年 9 月，缅甸军政府开枪镇压"8888 民主运动"，印缅关系再度恶化。

缅甸独立以后与印度关系从最初的密切磋商到后来的孤立冷淡直到最后的接触合作，一方面是由于缅甸军政府的上台损害了在缅印度人的利益，另一方面是受国际形势变化的影响。中印战争中缅甸的中立政策也影响到印缅关系。尽管之后的 20 世纪 70 年代到 80 年代，印缅两国领导人有了较多的接触，印缅关系得到缓和，但是两国关系同吴努执政时期相比仍然较为冷淡。

第二章 冷战后印缅关系的新变化

20世纪90年代，苏联的突然解体打破了世界两极格局，新的世界格局开始慢慢形成。印缅关系也在此背景下产生了一些新的变化，印度在处理与缅甸的关系时表现得更加积极，而缅甸为了摆脱外交困境，从一开始的对印度采取对立政策也逐渐变成了寻求合作。自冷战结束以来，印缅关系大致经历了批评孤立、缓和接触、全面合作三个阶段。本章在纵向梳理印缅外交关系变化历程的基础上，着重探析两国在各个领域的合作内容与发展趋势，以及对两国关系的现状与问题做个别阐述。

第一节 冷战后印缅关系的历史过程

20世纪50年代，两国刚独立不久，作为不结盟运动的成员国和"和平共处五项原则"的共同倡导者，再加上两国领导人私交甚好，当时印缅两国的关系可谓非常密切。1962年，奈温通过政变上台，推行国有化政策，严重损害了印侨的利益，但印缅之间还是勉强保持了正常的国家关系。到二十世纪七八十年代，两国冷淡的外交关系开始升温。然而1988年9月缅甸军政府镇压"8888民主运动"后，两国关系急剧降温。自冷战结束以来，印度对缅甸的政策经历了从理想主义到现实主义的转变，两国关系则从批评孤立发展到缓和接触，目前处于全面合作阶段。

一、1988—1992年：印度对缅甸的批评与孤立导致印缅关系冷淡

1988年8月，缅甸长期积累的社会矛盾因经济形势的恶化而爆发，最终发展成全国性的民主运动，遭到军政府镇压。以总参谋长苏貌为首的缅甸军人集团借机发动政变，于9月18日从缅甸社会主义纲领党政府手中接管国家权力，成立"国家恢复法律与秩序委员会"。政变发生后，自称"世界上最大的民主国家"的印度批评缅甸军政府并为反对派提供帮助，采取孤立缅甸军政府的外交政策。

首先，印度政府强烈谴责缅甸军政府镇压学生示威运动和使用武力打压民主

运动的行为。1989 年 9 月，印度政府通过电台首次大力抨击缅甸军政府，并通过"全印广播电台"（AIR）公开播放揭露缅甸军政府镇压群众和侵犯人权的缅语节目，甚至允许缅甸前总理吴努的女儿丹丹努女士（Daw Than Than Nu）在广播中使用"侮辱性"语言攻击缅甸军政府。①

其次，印度政府明确表示支持昂山素季（Aung San Suu Kyi）和她领导的反对党"缅甸全国民主联盟"（简称"民盟"）。1990 年 5 月缅甸举行大选，结果"民盟"获胜，军政府以先制宪后组阁为由继续执政，并镇压民主运动者，特别是"民盟"的成员。印度政府表示"希望军队领导人尊重大选结果"②，并对军人以这种方式继续执掌政权表示强烈的不满。同年，昂山素季遭软禁。1991 年 11 月 14 日，印度驻缅甸大使 P. M. S. 马利克向缅甸外交部部长吴翁觉表达了印度政府强烈要求缅甸军政府迅速无条件释放昂山素季的意见。1992 年 2 月，缅甸驻印度大使敏伦在向印度总统文卡塔拉曼（R. Venkataraman）递交国书时，文卡塔拉曼再次要求缅甸军政府迅速无条件地释放昂山素季，并将政府权力移交给"民盟"。③

再次，印度政府接纳了大批来自缅甸的政治流亡者，允许他们在新德里等地从事反对军政府的活动，并为他们提供帮助。缅甸民主运动期间，印度使馆官员积极接触"全缅学生同盟联合会"（ABF – SU）等反对军政府组织和其他亲民主人士，将使馆的图书馆开辟为诊所，治疗受伤的示威学生。缅甸民主运动遭到镇压后，印度政府为逃往印缅边境地区的缅甸亲民主活跃分子提供经济支持和政治庇护，接纳大批流亡人士，在印度曼尼普尔邦和米佐拉姆邦建立难民营，允许他们在印度境内开展反对缅甸军政府的活动，并向他们提供道义、法律支持和物质资助。④ 时任印度外长拉奥还对缅甸的民主运动公开表达同情，表明支持立场，指示印度驻缅甸使馆不要遣返任何寻求政治避难的缅甸民主运动人士。⑤ 1992 年，印度政府甚至允许缅甸民主派在印度国土上开设办公室。

另外，印度还与美国等西方国家一起共同孤立缅甸军政府。印度是 1992 年联合国关于谴责缅甸军政府侵犯人权决议的倡导国之一，在联合国中最先指责其实施人权暴力。印度也是唯一一个公开谴责缅甸军政府的邻国，其强硬程度远超

---

① Atish Sinha and Madhup Mohta ed., *India Foreign Policy: Challenges and Opportunities*, New Delhi: Academic Foundation, 2007, p. 605.

② 朱昌利主编：《当代印度》，昆明：云南大学出版社 1995 年版，第 326 页。

③ 莫大华：《缅甸军政府之对外关系》，《问题与研究》1997 年第 10 期，第 78 页。

④ Atish Sinha and Madhup Mohta ed., *India Foreign Policy: Challenges and Opportunities*, New Delhi: Academic Foundation, 2007, p. 604.

⑤ 转引自李昕：《从"孤立"到"互联互通"：印度对缅甸外交演变》，《东南亚研究》2014 年第 1 期。

西方国家。印度政府甚至反对缅甸参加 1992 年 8 月在印度尼西亚首都雅加达举行的"不结盟运动"会议，印度部分高官和媒体还一再攻击缅甸是中国的"卫星国"。

这一时期，印度政府还不断指责缅甸纵容、支持印度东北部地区的反政府组织，允许他们在缅甸境内设立驻点和进行宣传，从事反政府活动。而缅甸政府则抨击印度公开支持以昂山素季为代表的反对派势力，干涉缅甸内政。由于印度抨击缅甸军政府，支持民主派领袖昂山素季和收留大批流亡人士，缅甸的卑谬（Prome）、东枝（Taunggyi）、眉苗（Maymyo）等地先后发生反印骚乱。在这种情况下，双边关系跌至冰点。

这一时期印度对缅甸的政策仍然受印度传统外交战略观念的影响，尼赫鲁在外交中注重人权、民主等道德原则的理想主义仍在发挥作用，一部分基于支援缅甸民主斗争的原则立场，另一部分基于印度首任总理尼赫鲁和缅甸独立英雄昂山（昂山素季的父亲）之间的交情以及昂山素季与印度的甘地家族的深厚关系。由此可见，这一时期印度对缅甸的政策是理想主义的，不是根据现实的国家利益而制定的。

二、1992—2010 年：缓和与接触

经过几年的孤立与对峙，印缅关系在 1992 年下半年开始出现缓和的迹象，印度逐渐软化对缅甸军政府的态度。早在 1991 年，印度当局就开始反思针对缅甸的孤立政策是否符合国家的利益，因为孤立政策并未让缅甸走向民主，反而将孤立的缅甸向中国推进了。

出现这种反思和重新界定对缅甸的外交政策的状况有特殊的原因。首先是缅甸难民问题。在缅甸民主运动失败后，缅甸当局加大力度搜捕反军政府人士，导致大批政治人员及普通民众涌入印度。特别是在 1992 年年初，成千上万的缅甸那加人逃往印度那加兰邦。印度政府就此向缅甸政府提出严正抗议，随后，两国合作将这些难民遣返缅甸。其次，由于一些反印组织已经在缅甸安营扎寨，印度意识到只有跟缅甸合作才能更好地解决东北边境地区的安全问题。且双方都要应对跨境反叛分子，印度一直在关注缅甸境内的反印叛乱分子，而缅甸也在关注边境地区的克钦叛乱分子，双方都明白要想解决问题必须要有一定的合作。另外，印度在国内推行自由主义取向的经济改革，挽救濒临危机的经济，希望能与东部邻国进行经贸合作。而缅甸作为印度通往东南亚的陆路门户和印度东部海域的重要屏障，理所当然地成为印度外交优先考虑的对象。这些问题促使印度开始采取行动向缅甸表达实现关系正常化的愿望。

1992 年，印度率先打破僵局，表现为印度最终同意缅甸参加"不结盟运动"会议。在收到印度发来的缓和信号后，作为回应，缅甸外交部政治事务处主任吴埃（U Aye）于同年率领代表团访问印度，这是自 1987 年印度总理拉吉夫·甘地访问缅甸以来双方高层官员的首次会晤。1993 年，印度政府正式对缅提出"建设性接触"①政策，从强调民主人权转移到重视现实国家利益，承认缅甸军政府的合法执政地位。印度这一时期的外交表现得更加务实。

这一阶段的印缅关系又可以分为两个时期。第一个时期是 1993 年印度正式提出"建设性接触"政策到 1999 年即 21 世纪来临之前。这一时期印缅关系的主要特点是印度软化对缅甸军政府的态度，开始谨慎接触军人政权，但对缅甸民主运动的支持仍然比较明显。因此，这一时期为缓慢发展时期。

1993 年，印度外交秘书迪克西特（J. N. Dixit）访问缅甸，并表示"我们热爱自己的民主制，但我们不应该对别国进行布道"②。他在访问缅甸时还会见了钦纽等领导人，标志着印缅关系开始实现正常化。此次访问之后，印度减少了对缅甸民主运动的支持，基本停止了对缅甸人权问题的抨击，并且认为缅甸国内的发展纯属其内政。1993 年 10 月 27 日，印度、缅甸和泰国签署了确定三国在安达曼海三国交界点的三方海上协定。

1994 年 1 月 23 日，缅甸副外长吴纽隋（U Nyunt Swe）正式访印。吴纽隋与印度高级官员就改善双边关系的广泛议题进行了一系列会谈，签署了《边境贸易协定》与《合作打击边境地区非法活动的协议》。1994 年 5 月，印度陆军参谋长钱德拉·乔希上将访问缅甸，这是 1988 年 9 月以来印度军方的第一次造访。

1995 年印缅两国边境贸易在印度莫雷（也译作"摩利"）正式启动，印缅部长级商贸官员出席启动仪式。缅甸全部开放了印缅边境缅方一侧的贸易口岸，正式恢复两国边境贸易。1995 年，印缅两国根据 1994 年达成的协议展开了一场名为"金鸟"（Golden Bird）的联合军事行动，以打击边境地区的反政府武装。自此，印缅两国关系持续改善，双边贸易也迅速增加。1997 年缅甸加入东盟以后，印缅政治关系进一步发展。1998 年，印度人民党（BJP）领袖瓦杰帕伊（Atal Bihari Vajpayee）上台执政后更加重视发展与缅甸的关系。1999 年 5 月，缅甸内政部部长访问印度，两国同意加强对边境地区的反政府武装和毒品走私的打击。

虽然印缅双边关系进入正常化，但时有冲突，这一时期整体仍处于缓慢发展的状态。究其原因，是印度方面经常有一些政策、做法或言论干扰双边关系的稳

① 李晨阳、瞿健文：《试论 1988 年以来印度与缅甸关系的发展》，《南亚研究》2005 年第 2 期。
② "India must Review Myanmar Policy"，*The Hindu*，13 June 2003，转引自李益波：《冷战后印缅关系的变化及原因分析》，《国际论坛》2005 年第 6 期，第 27 页。

定和进一步发展，如印度政府在 1995 年授予昂山素季"尼赫鲁国际理解奖"，1998 年以缅甸与中国的军事合作对印度安全构成了威胁为由进行核试验等。这些都对刚刚有好转的两国关系产生了很大的负面影响。缅甸关闭与印度有关的所有边境口岸，印度政府也终止了双方在 1997 年签署的《关于印度援助缅甸修建从德穆—格雷谬高速公路合同》。印度国防部长乔治·费尔南德斯（George Fernandes）积极支持缅甸的民主运动，在他的辖区内允许缅甸学生民主运动组织发挥功能。"1996 年 1 月，他在新德里举办了一次盛大的会议。这次会议的目的是恢复缅甸的民主。会议的召开是想要把全世界支持缅甸民主的民主运动者召集在一起。"[①] 1999 年 3 月，费尔南德斯又公开表示支持流亡印度的缅甸反政府武装从事反缅政府活动，并愿意提供资金援助。他的这些言论再次引起缅甸的严重不满，[②] 以至于印度外交部不得不出面澄清费尔南德斯的言论仅代表个人。

总之，在 1993—1999 年，印缅两国逐步恢复各方面的接触，但是由于以上因素，两国关系并不稳定，合作也不深入。

第二个时期是 2000—2010 年缅甸军政府下台，让位于民选政府。进入 21 世纪以来，印缅两国关系取得突破性进展。这一时期为快速发展时期，两国高层互访频繁，合作的领域和深度都得到极大拓展。

2000 年 1 月 6 日，印度陆军参谋长马利克（Ved Prakash Malik）将军对缅甸进行访问。次日，缅甸的第二号人物、国家和平与发展委员会（以下简称"和发委"）副主席貌埃（Maung Aye）将军访问印度东北部梅加拉亚邦首府西隆（Shillong）。7 月，马利克再次访问缅甸并会见了缅甸"和发委"的主席丹瑞大将。经过几次接触，印度认为两国关系应该有更进一步的发展，于是邀请貌埃访问新德里。2000 年 11 月，貌埃上将应邀访问印度。两国发表《联合公报》，签署了印度向缅甸提供 1 500 万美元信贷的协定。这次访问对两国关系发展具有重要的标志性意义。从此以后，印缅关系进入了快速发展的轨道，其具体体现就是两国高层互访不断，合作成果丰硕。

2001 年 1 月 16 日，印度海军参谋长素什尔·库马尔率团访缅，这是印度海军参谋长 20 年来首次访缅。2001 年 2 月 13 日，印度外交部部长贾斯万特·辛格首次访问缅甸，打破了印度"不与军人政权接触"的惯例。这是自 1987 年以来印度外交部部长第一次访问缅甸，双方在许多国际问题上达成共识，从而翻开了两国关系的新篇章。辛格作为外交部部长访缅是印缅关系发展的里程碑，标志着

---

① Keshab Chandra Ratha and Sushanta Kumar Mahapatra, "India and Burma: Exploring New Vista of Relationship", *Journal of World Focus*, 2012, Vol. 34, No. 10, p. 7.

② 贺圣达、李晨阳编著：《缅甸》，北京：社会科学文献出版社 2009 年版，第 386 页。

印度政府对缅甸政策已彻底从"理想主义"转向"实用主义"（笔者注：即"现实主义"）。①

2003 年 1 月和 7 月，缅甸外交部部长吴温昂两次访印，就双方合作开展道路和港口设施、水电工程建设，联合开发沿海和内陆的石油、天然气资源以及推进防御关系达成协议。在此次访问中，两国决定建立外交磋商机制，印度还同意向缅甸提供 2 500 万美元的贷款。

2003 年 11 月，印度副总统谢卡瓦特访缅，对缅甸进行为期 4 天的访问，是自 1987 年印度总理拉吉夫·甘地访缅之后，16 年来出访缅甸级别最高的印度领导人。两国签署了一系列协议，如《官方和外交签证豁免协议》《缅甸教育部和印度人力资源发展部关于教育、人员交流理解备忘录》。双方同意将加强经济、贸易、教育、文化和技术方面的合作，并进一步加强双边防务合作交流，努力使两国的边界成为一条和平、稳定和安宁的边界。双方还同意加强与东盟及"孟印缅斯泰经济合作组织"的合作；决定将两国的贸易额从 2002 年的 4 亿多美元提高到 2006 年的 10 亿美元。印度承诺向缅甸提供 5 700 万美元的贷款，用于从仰光到曼德勒铁路的改造。作为回应，缅甸表示支持印度成为联合国安理会常任理事国。②

2004 年 10 月，缅甸"和发委"主席丹瑞大将率高级代表团对印度进行了为期一周的访问，这是缅甸国家元首 24 年来首次访问印度，也是缅甸军政权执政16 年来缅印最高领导人的第一次会晤。双方签署《促进两国贸易投资协定》《关于非传统安全问题合作的谅解备忘录》及《2004—2006 年文化交流计划书》等重要协议，双方还就钦敦江上的泰曼提水电站项目等达成共识。③ 丹瑞还承诺，缅甸政府绝不允许反印势力在其领土上活动。

2005 年 3 月，印度外交部部长辛格再次对缅甸进行友好访问，并与军政府主要领导人就修建从缅甸经过孟加拉国到印度的天然气管道问题进行了磋商。2006年，印度总统卡拉姆对缅甸进行访问，两国在诸多问题上达成共识并签署了《关于遥感领域互相合作的框架协议》《印度文化关系委员会与缅甸宗教事务部之间佛教研究合作的谅解备忘录》《印度石油和天然气部与缅甸能源部石油产业合作的谅解备忘录》等重要合作协议。

2008 年 4 月，貌埃二度访问印度。双方就开采石油、天然气等问题交换了意见。双方还在边境贸易、控制毒品、文化交流、信息技术合作等领域达成相关协

①　钱峰：《印缅共筑合作路》，《人民日报》，2001 年 2 月 20 日，第 3 版。
②　贺圣达、李晨阳编著：《缅甸》，北京：社会科学文献出版社 2009 年版，第 462 页。
③　贺圣达、李晨阳编著：《缅甸》，北京：社会科学文献出版社 2009 年版，第 463 页。

议。在长期困扰印缅关系的缅甸民主改革问题上，印度相应地采取了较为灵活的措施，弱化了该问题对两国关系的负面影响。作为印缅关系发展良好的体现，在 2008 年 8 月举行的第 15 届南盟首脑会议上，缅甸被赋予南盟观察员地位。

印缅两国关系能在 10 年中取得突破性进展，首先是因为印度在缅甸人权、民主等问题上越来越低调，如在昂山素季被软禁问题上，印度基本没有表达什么意见。发生"5·30 事件"① 后，昂山素季再度被软禁，印度政府未就此事发表评论，只表示一直在关注事态发展。2001 年，印度外交部部长辛格访缅期间赞扬了缅甸为恢复民主所做的努力。2006 年，印度总统卡拉姆访问缅甸时，也没有提及政治问题，特别是昂山素季的软禁问题。其次是因为在西方国家指责缅甸人权、民主和毒品等问题，对缅甸实施经济制裁和外交孤立时，印度仍顶住压力，大力发展与缅甸的政治、经济、军事和安全合作。另外，随着政局稳定，现实主义的"大国平衡战略"是缅甸的必然选择。缅甸亦想借机发展与其他大国的关系，尽量减少对中国的过分依赖，改变西方国家视其为中国"附庸国"的形象。当然，印度对缅政策的调整主要是为了获取经济利益，特别是在 1997 年缅甸加入东盟后，印度更加希望以缅甸作为桥梁，加强与东南亚的经济联系，并一举进入充满活力的亚太地区。

三、2010 年至今：全面合作

2010 年 7 月，丹瑞再次访问印度。这时期，印缅两国在政治、经济、军事、禁毒、文化教育等领域的交流与合作已日益频繁，两国关系全面升温。2010 年缅甸举行大选，吴登盛当选总统。一反西方国家对缅甸这次大选给予消极评价的态度，印度对缅甸大选表示欢迎和肯定，随后双方在各领域开展一系列合作。

2011 年 6 月 20 日，印度外交部部长克里希纳开始对缅甸进行为期 3 天的访问，这也是印度与缅甸新政府进行的首次高层接触。此次印缅对话主要集中于增强两国安全、能源和基础设施建设方面的合作。印度希望缅甸助其打击两国边境地区的反政府分子，同时还希望进军缅甸国内的石油、天然气和水电项目。2011年 10 月 12 至 15 日，缅甸总统吴登盛携 13 名部长访问印度，此次访问可以说是各取所需：首先，缅方获得了印方对新政府的承认；其次，获得了印度的国际声援；再次，获得了印度的经济援助及技术和项目支持。作为回报，缅方首先承诺全力配合印方打击和防范印缅边境的反印非法武装和恐怖组织；其次，在《联合

---

① 2003 年 5 月 30 日，被释放的昂山素季到缅甸北部地区进行政治活动被军政府阻止，其支持者与政府支持者发生冲突，军政府逮捕和驱散反对派，造成人员伤亡。

声明》中，缅方正式承诺强化印缅双方在水利、水电、石油、天然气等能源开发领域的合作；再次，缅方郑重表示，支持印度成为联合国安理会常任理事国。[①] 如此高调的支持也反映了吴登盛对联合国的重视，希望在联合国的框架内获得印度的支持。

2012 年 5 月 27 日，印度总理辛格对缅甸进行了为期 3 天的国事访问，这是印度总理 25 年来首次访缅，上一次要追溯到 1987 年拉吉夫·甘地访缅。此次访问的主要目的是增进印度和缅甸的全面联系，为此印度不惜向缅甸东北部投入 2.14 亿美元，帮助其兴修码头、道路、桥梁等交通设施，以加强缅甸西北部和印度东北部的联系。[②]

自 2010 年以来，印缅关系持续高温，而印度相对于之前，在这个时期表现得更加主动和积极，以免落后于其他国家，失去这个通向东南亚的桥头堡。而缅甸从军政府向民选政府的和平过渡促进了政局稳定，这使印度在更高层次、更深领域发展印缅关系有了可靠保证。印度陆战研究中心主任、已退役的印度陆军准将格米特·坎瓦尔说："一个强大稳定、在中印两国间保持严格中立、与印度携手打击边境地区叛乱活动的缅甸符合印度的国家利益。"[③] 印度对缅甸的重视，促使两国关系更为稳定，在可预见的将来，如不出现重大变故，印缅双边关系还会继续深化发展。

第二节　印缅交往与合作的主要领域

冷战后，经过几年的冷淡孤立，双方的关系跌入冰点，这并不利于印缅两国的国家利益和发展，两国为了自身的国家利益都先后调整了外交政策。自印度提出"建设性接触"政策开始，印缅两国在经济、政治、文化、军事等领域开展了一系列的合作，并取得了显著的成效。

一、政治和外交领域的合作

从本章第一节对冷战后印缅关系的发展历程的梳理来看，从 20 世纪 90 年代

---

① 《缅甸总统访印　两国各取所需》，中国宁波网，http：//news. cnnb. com. cn/system/2011/10/18/007112470. shtml，2014 年 4 月 20 日登录。

② 《印度总理 25 年来首次访问缅甸被寄予厚望》，环球网，http：//world. huanqiu. com/roll/2012 - 05/2764789. html，2014 年 4 月 20 日登录。

③ 《印度加强对缅甸援助与合作　抗衡中国影响力》，环球网，http：//mil. huanqiu. com/world/2010 - 07/965682. html，2014 年 4 月 20 日登录。

中期开始，印度和缅甸之间在政治上往来的主要表现为两国高层的互访频繁，并且朝着机制化方向发展。

从两国关系缓和开始，每年双方都会派出代表互访，并在各方面展开合作。特别是"自去年（笔者注：2000 年）7 月印度陆军参谋长访缅以来，已相继有内政秘书、海军参谋长访缅。去年 11 月，缅甸和平与发展委员会副主席貌埃应邀访印，正式拉开了两国关系改善的序幕"①。印度外交部部长辛格访缅则标志着冷淡多年的印缅关系开始全面恢复。两国关系的逐渐密切也使互访更机制化。2002 年 7 月，印度驻曼德勒总领事馆重新开馆，同时，缅甸驻加尔各答总领事馆也建立起来；两国外长于 2003 年 1 月商定以后每年都举行外长会晤。

在关于区域和次区域合作上，两国态度一致。在很多多边问题上，两国也保持了共同的立场。两国均赞成联合国在解决全球事务中的关键作用，支持联合国改革。为了使联合国安理会更具有代表性、更可信和更有效，两国均支持联合国增加安理会常任理事国数量。"缅甸一贯欣赏印度与东盟深化关系，特别是对 CLMV（即柬埔寨、老挝、缅甸和越南）国家的援助。此外，印缅两国还通过 BIMSTEC（即坏孟加拉湾沿岸多领域经济技术合作组织，成员国包括孟加拉国、印度、缅甸、斯里兰卡、泰国、不丹和尼泊尔）和 MGC（即湄公河—恒河合作组织）加强次区域合作，并考虑 BCIM（包括孟加拉国、中国、印度和缅甸）的建议。"②作为两国友好合作的见证，缅甸于 2008 年成为南盟的观察员。

在涉及双方的利益时，双方会互相支持。如缅甸在受到西方国家政治上的孤立和经济上的制裁时，印度仍能与缅甸保持联系。缅甸军政府 2004 年 10 月将主张与"民盟"和解的总理钦纽上将革职，印度并未发表过激言论和表示不满，相反继续按原计划接待丹瑞的来访。访问结束后双方联合发表的《联合公报》提到，印度总统卡拉姆接受访问缅甸的邀请，缅甸将邀请印度总理辛格访缅，印度也向缅甸新任总理梭温中将发出访印邀请。这是对缅甸在政治上和外交上的一个重大支持。

在缅甸的民主化问题上，印度称赞了缅甸在民主化道路上取得的进步，并且应缅甸政府的要求，于 2000 年放弃了对昂山素季领导的"民盟"的支持，不再允许对缅甸政府持不同政见的流亡人士在印度从事反政府活动。而在两国边境安全和反恐问题上，双方也达成了共识。2010 年 7 月，缅甸最高领导人丹瑞大将访问印度，在双方达成的《联合声明》中重申："任何一方都要保证不在自己的领

---

① 钱峰：《印缅共筑合作路》，《人民日报》，2001 年 2 月 20 日，第 3 版。
② Rajiv Bhatia，"India-Myanmar Relations：A Critical Review"，http：//voiceof. india. com/online-chat/india-myanmar-relationx-a-critical-review/7182，2014 年 2 月 6 日登录。

土内允许针对另一方的敌对活动，也绝不能容许各自领土被用于从事训练、庇护以及其他与恐怖分子、叛乱组织相关的活动。"[1] 此后缅甸又多次强调和承诺，不允许印缅边境地区的印度反政府组织利用缅甸领土进行反印活动。

二、经济领域的合作

冷战结束之后，印度和缅甸在经济领域的合作也得到了很大程度的发展。从过去印度对缅甸推行的"孤立"政策，到后来的"接触"政策，再到现在开启的全面合作模式，"这使得它能够在任何地方进行新的投资"[2]。印度政府的"向东看"政策用拉奥总理的话说就是："印度在世界愿景战略的转移，在不断调整全球经济中的地位……自那时以来，印度就不断推出新举措以增强两国关系，特别是贸易关系。自缅甸发现自己处于印度通往东亚的门户后，就拥有了与印度谈判更大的筹码。"[3]

印度和缅甸的经济合作涉及贸易、投资、基础设施、能源、边境小额贸易等方面。为发展两国之间的经贸合作，印缅两国成立了缅甸—印度经贸联委会（Myanmar-India Joint Trade Committee），第一次会议于 2002 年 7 月 15 日在缅甸前首都仰光召开。

（一）双边贸易

自 20 世纪 90 年代末以来，印度是缅甸的第四大贸易伙伴，仅次于中国、泰国和新加坡。印度是缅甸的第三大出口市场，仅次于中国和泰国，出口额约占缅甸出口总额的 1/4。双边的贸易额由 1997—1998 年的 2.733 2 亿美元，增长到 2007—2008 年的 9.953 7 亿美元，到 2013 年已经增长到了 19.573 5 亿美元。[4]

在双边贸易中，由于印度的东北部与缅甸有很长的边界线，两国的边境贸易是很重要的一部分。1994 年，印缅两国签署了《边境贸易协定》，"允许 18 种商品可以通过边境贸易。2008 年，允许边境贸易的商品扩大到 40 种。2012 年，扩大到 62 种"[5]。实行边境贸易的地方有"摩利（Moreh，印度的曼尼普尔邦）和德穆（Tamu，缅甸的实皆省）；查姆哎（Champhai，印度的米佐拉姆邦）和瑞

① 廖政军：《缅印着力发展务实关系》，《人民日报》，2010 年 7 月 29 日，第 3 版。

② "India-Burma Relations"，http：//www. arakanrivers. net/？ page_id = 147，2014 年 2 月 11 日登录。

③ "India-Burma Relations"，http：//www. arakanrivers. net/？ page_id = 147，2014 年 2 月 11 日登录。

④ 数据来自印度驻缅甸大使馆网站：http：//www. indiaembassyyangon. net/index. php？ option = com_content&view = article&id = 60&Itemid = 287&lang = en，2014 年 3 月 11 日登录。

⑤ Prabir De，"Challenges to India-Myanmar Trade and Connectivity"，http：//www. aic. ris. org. in/wp-content/uploads/2014/05/PrabirDe. pdf，11 March 2014.

（Rhi，缅甸的钦邦）。在开放边境贸易之后的 1994—1995 年和 1997—1998 年，摩利与德穆的贸易额因官方限制而有所下降"[1]。但是自官方认识到边境贸易的重要性之后，摩利与德穆之间的贸易就有了显著增长。

1997 年 5 月 1 日，印度宣布执行 1994 年签订的《边境贸易协定》并开放边境地区的 3 个口岸。2004 年 2 月 21 日，缅甸的印度商会（India Business Club）与位于阿萨姆邦高哈蒂（Gauhati）的印度东北地区工商联会在仰光签订了一项便利印缅边境贸易的谅解备忘录。印度商会的一位成员 Rajul Goenka 先生说："在协定的条款下，联会的成员将推动印度政府协助来自缅甸的受边境安全困扰的商人……我们希望推进两国边境的旅游业，并且我们正计划改善基础设施和交通设施。"[2]

1997 年，双方还签订了关于印度援助缅甸修建塔莫（也译作"德穆"）—开勒洼（也译作"卡列密"）高速公路的合同。2003 年 11 月，环孟加拉湾沿岸多领域国家技术经济合作组织决定于 2006 年起实施自由贸易协定。印度和泰国将在 10 年内将关税降至零，而孟加拉国、缅甸和斯里兰卡三国将在 15 年内将关税降至零。

2008 年 10 月，印缅两国为了推动双边贸易，举行了第三届印缅贸易委员会会议。[3] 双方同意巩固已经存在的在曼尼普尔邦的摩利和在米佐拉姆邦的宗卡夫卡（Zowkhathar）的贸易中心地位，并且要把那加兰邦的阿旺乎（Avangkhu）发展成为第三个贸易点。这次会议对双方边境地区的贸易发展有着巨大影响。缅甸和印度边境地区过去主要是采用边境贸易方式开展双边贸易，以后将从边境贸易方式转向大贸方式。

现在印度和缅甸的商业关系是健康的，而且有着很大的发展潜力。缅甸的优势产业是农业、石油、天然气、煤和柚木，印度的优势产业是基建、教育和 IT，加强双边的经济关系可以有效地实现资源的优化配置。2014 年，印缅的双边贸易额是 14 亿美元。印度拟定目标，2015 年双边的贸易额要达到 30 亿美元。

（二）提供贷款

在大力进行边境贸易的同时，印度也承诺给予缅甸大额贷款以帮助其国内发展。1998 年 3 月，印缅两国签署了由印度政府向缅甸政府提供 1 000 万美元信贷

---

① Kyaw Min Htun, Nu Nu Lwin, Tin Htoo Naing and Khine Tun, *ASEAN-India Connectivity*: *A Myanmar Perspective*, *The Comprehensive Asia Development Plan*, Phase 2, Jakarta: ERIA, 2010, pp. 151 – 203.

② May Thandar Win, "Myanmar and India Sign Trade MoU", *The Myanmar Times*, 17 May 2004, pp. 1 – 7.

③ Keshab Chandra Ratha and Sushanta Kumar Mahapatra, "India and Burma: Exploring New Vista of Relationship", *Journal of World Focus*, 2012, Vol. 34, No. 7, p. 10.

的合同，该信贷将用于缅甸从印度进口铁路机车等设备。2000 年 11 月，印缅两国签署了印度向缅甸提供 1 500 万美元信贷的协定，该信贷将用于缅甸从印度进口机电设备。2003 年 1 月，印度同意向缅甸提供 2 500 万美元的贷款，并承诺进一步发展两国在私营经济方面的合作。据不完全统计，1997—2003 年，印度累计对缅甸贷款 5 000 万美元，均用于缅甸的工业发展。2004 年 7 月，印缅两国正式签署了印度向缅甸贷款 5 700 万美元、用于改造从仰光到曼德勒的铁路的协议，其中印度的一家国有公司提供价值 2 800 万美元的机车和其他设备。2004 年 10 月，印缅两国签署了《促进两国贸易投资协定》。

印度的进出口银行就灌溉项目和铁路水平对缅甸给予了不少于 3.5 亿美元的援助。2013 年 12 月 26 日，印度的进出口银行在仰光开设了办公室，该银行宣称会给缅甸的商业银行提供援助。其中，灌溉项目援助 1.988 6 亿美元，铁路援助 1.55 亿美元。[①]

印度除了提供基础设施建设的贷款以外，还向缅甸高新技术行业提供了一系列贷款，包括 2005 年 4 月为两个电信项目提供 700 万美元，以及向 IT 企业提供 300 万美元；2006 年 3 月又提供了另一笔 3 700 万美元的贷款。2008 年 6 月 22—24 日，印度商务部部长率团访缅。6 月 24 日，两国签署了《缅甸—印度两国间促进投资与保护协定》，缅甸对外贸易银行与印度进出口银行签署了印度向缅甸提供 2 000 万美元和 6 407 万美元的贷款协定，这两笔贷款将分别用于 Aluminum Conductor Steel Reinforced（ACSR）Wire 工厂建设项目和输变电设备项目。

（三）基础设施建设

对印度来讲，缅甸对其势力深入到经济上充满活力的东南亚国家具有重要的战略意义。从这个角度来看，当务之急是印度和缅甸共同改善边界两侧各自的交通状况。印度的"向东看"政策设想包括基础设施建设和增加铁路线等交通网络。双方认识到，交通状况的改善会促进跨境民族之间的交往，促进地区的社会稳定。一旦本地资源得到开发并创造就业机会，促进社会的整体发展，叛乱分子就会失去基地。因此，印度政府多次承诺帮助缅甸改善通信、铁路和电力等基础设施。曾任印度外交部部长的慕克吉说，印度与缅甸在诸如公路、铁路、通信、IT、科技、电力等许多领域开展了一系列跨境发展项目。这些倡议的目标是改善印度东北部与缅甸西部的联系，并期望推动当地经济与双边贸易发展。[②]

---

① "India's EXIM Bank Agrees More than ＄350 million in Credit to Burma"，http：//www. irrawaddy. org/business/indias-exim-bank-agrees-350m-credit-burma. html，2014 年 2 月 3 日登录。

② "Speech by the Hon'ble Minister of External Affairs Shri Pranab Mukherjee at Seminar on 'Look East' Policy"，16 June 2007.

2001 年 2 月 13 日，由印度军队边境道路组织（Indian Army's Border Road Organization）出资 10 亿卢比（约合 3 000 万美元）修建的连接印度莫雷至缅甸曼德勒的公路正式竣工。时任印度外交部部长的辛格为这条公路剪彩，并称它为"友谊高速路"，"这是印缅两国基础设施领域合作的第一个项目"①。这条长 160 千米的边境公路是印缅边境地区的重要交通枢纽，是连接印度的莫雷与缅甸第二大城市曼德勒的重要交通线。该路建成后不仅缅甸与印度的边境贸易更加容易，而且将大大促进缅甸西北边境地区社会和经济的发展，也有利于两国联合打击反政府武装，并为印度进入东南亚、连接亚太打通了陆路通道。

2002 年 4 月，印度、缅甸和泰国三国外交部部长在缅甸首都仰光举行了三国交通联网会议，同意修建一条从印度莫雷经缅甸蒲甘至泰国湄赛长达 1 448 千米的跨国公路。关于修建这条连接三方的公路于 2003 年达成协议，2004 年动工，建成后将使印度的"向东看"政策更具可操作性。除此之外，三国还计划开辟一条从泰国北碧经缅甸土瓦深水港至印度港口的海上运输线。

为解决印度东北部"南下"出海口的问题，印度提出了卡拉丹多模式交通运输计划（The Kaladan Multi Modal TransitTransport Project，KMTT），简称"卡拉丹计划"。卡拉丹河发端于缅甸钦邦中部，流经印度的米佐拉姆邦东部及缅甸阿拉干邦。事实上，早在 21 世纪初，印度政府就提出过这一计划，通过这条流经印度、孟加拉国与缅甸三国的国际河流，串联起印度经济相对落后的东北部与缅甸西北部，发展两国经济，然而该计划并不顺利。2007 年 3 月，在高哈蒂召开的东北委员会会议上，米佐拉姆邦代表再次要求尽早完成卡拉丹计划的勘测和调查工作。2008 年 3 月 27 日，印度内阁委员会最终批准投资 1. 32 亿美元建设卡拉丹相关项目。2008 年 4 月，缅甸和发委副主席貌埃应邀请访问印度，在这次访问期间两国签署了《缅甸实兑港和印度米佐拉姆邦之间卡拉丹河全面改造开发框架协议》。根据双方签订的合作协议，印度于 2010 年投资 1. 3 亿美元改造缅甸西海岸的实兑（Sittwe）港口，以打通印度东北部的海上通道，便于印度东北部和外部世界的商业往来。② 同时改造扩建格勒丹河沿线，使其可供轮船行驶。该项目的顺利实施将加速两国贸易合作的进程，尤其是印度可通过这条交通通道获得若开邦沿海岸线地区天然气管道的直接输送的便利。

2012 年辛格访缅时，印度和缅甸还协商，同意建设一条 3 200 千米的三角高速公路，目的是通过缅甸连接印度东北部和泰国，减轻印度东北部的交通压力。

---

① 钱峰：《印缅共筑合作路》，《人民日报》，2001 年 2 月 20 日，第 3 版。

② Dominic J. Nardi, *Cross-Border Chaos：A Critique of India's Attempts to Secure Its Northeast Tribal Areas through Cooperation with Myanmar*，Maryland：The Johns Hopkins University Press，2008，p. 168.

三角高速公路是印度、缅甸和泰国三角外交的道路。该公路起始于印度东北部地区，预计在 2016 年竣工。一期工程完成后，印度还计划与东盟合作将印缅泰三角高速公路从泰国、柬埔寨延伸至越南胡志明市，从而建成一个从孟加拉湾沿岸的加尔各答直达越南胡志明市的新经济区，这将有利于实现印度与东南亚国家的经济互动和交流，最终带动印度经济的整体发展。

除了援建铁路和公路等基础设施之外，印度还在水利设施建设方面帮助缅甸。2004 年 10 月，丹瑞访印期间，两国签订了在缅建造一座 1 200 兆瓦水力发电站的协议。"（2011 年）10 月，印度宣布向缅甸提供 5 亿美元的贷款帮助缅甸发展灌溉工程等项目。"① 2012 年 5 月 28 日，印度总理辛格与缅甸总统吴登盛会面时，双方签署了涉及航空、国防和边境合作等内容的 12 项协议和备忘录，印度进出口银行和缅甸对外贸易银行还共同签署了一份价值 5 亿美元的优惠贷款谅解备忘录，用于缅甸发展水利建设等项目。②

（四）能源开发

在发展中国家，能源对于经济增长已经变得日益重要。随着经济的持续高速增长，印度迫切需要缅甸的能源，特别是氢电、石油和天然气。"印度目前已发展成为全球第四大能源消费国，日均原油消耗量超过了 200 万桶。印度自身的油气储量非常有限，原油产量长期徘徊在 3 000 多万吨，70% 的油气靠进口。"③ 近年来，能源领域成为印度与缅甸合作的重点。

印度已经参与到缅甸的氢气能源工程之中，缅甸氢气能源的现存储备估计有 10 万 WWJ。早期，印度已经在色都个（Sedawgyi）氢电项目中做过设计等工作。"2003 年 1 月 22 日，印度的外务部部长发言人沙尔纳说，有两个印度考察团将会专门考察泰曼提（Taimanti）流域的氢电项目。"④ "2004 年，印度和缅甸签订了一项关于泰曼提项目（1 200MW）的条约。在 2007 年 10 月 29 日，为了建设阀防艾（Thathay）氢电项目，印度的国家进出口银行与缅甸的对外贸易银行签订了一项 6 000 万美元的信用贷款。"⑤ 2008 年 9 月 16 日，印度的国家氢电公司与缅甸签订了备忘录，它包括了两项工程：一是在泰曼提的氢电水坝（1 200MW）；二是在丹瑞咋个（Shwezage）的氢电水坝（600MW）。印度在这两

---

① 周安理、石小岳：《浅析近期印缅关系升温对中缅关系的影响》，《东南亚之窗》2011 年第 3 期，第 11 页。

② 《印度总理访问缅甸　称欲与缅甸分享民主经验》，网易，http://news.163.com/12/0529/08/82IJC9G800014AEE.html#from=relevant#xwwzy_35_bottomnewskwd，2014 年 3 月 20 日登录。

③ 陈继东主编：《中印缅孟区域经济合作研究》，成都：巴蜀书社 2009 年版，第 57 页。

④ 虞非凡：《印度加强与缅甸关系看重能源》，《世界报》，2007 年 8 月 1 日，第 6 版。

⑤ 虞非凡：《印度加强与缅甸关系看重能源》，《世界报》，2007 年 8 月 1 日，第 6 版。

项工程上都有投资，产出的电都会输送到印度的曼尼普尔邦。另外钦敦江流域约有200MW的氢电，可以供缅甸国内使用，其余则出售给印度。印度政府从邻国输入氢气恰恰符合其能源进口政策。这项政策旨在保障印度的能源安全。

缅甸的天然气探明储量在世界排名中居第10位，缅甸的原油储量估计达32亿桶，主要包括19个陆地油气田和3个海上油气田。"据《缅甸时报》2004年2月报道，缅甸2004年8月开始从印度阿萨姆邦的炼油厂购买柴油，而印度则购买缅甸的天然气。缅甸打算每年从印度购买500万吨柴油，印度表示愿意满足缅甸的要求。"[①] 2006年印度总统卡拉姆访缅期间，两国签署了《能源合作协议》，缅甸确认印度石油和天然气公司是缅甸天然气的优先购买方。2007年9月，印度石油部部长迪奥拉与缅甸签署了总值达1.5亿美元的《天然气勘探开采协议》，使印度企业获得了在三个深水区块的天然气勘探开采权。此外，"印度的石油公司也在勘探东北部的石油储备"[②]。印度石油和天然气公司已经宣布了将在那加兰邦重新采掘，在那里估计有6亿吨的石油和天然气储备。"印度能源部声明指出，国有印度石油公司和天然气公司共同出资11亿美元获得缅甸境内两个区块的天然气开发权。此外两公司还将共同出资2.5亿美元参与修建中缅天然气管道，取得输送管道12.5%的股权。"[③]

"作为石油进口大国，印度希望能在能源方面与缅甸加强合作，已承诺投资10亿美元用于扩大缅甸的石油天然气生产。而缅方也欢迎印度对缅甸海上A－1和A－3油气田追加投资，发展上下游项目。"[④] 印度政府目前已经获得了缅甸A－1号海上天然气田30%的股份，并准备花费20亿美元修建穿越孟加拉国国境的900千米长的天然气管道（始于缅甸若开邦的首府实兑市，经孟加拉国陆地境内通往印度的加尔各答市）。缅甸希望能够借此机会引来印度的进一步投资。印度对能源项目的浓厚兴趣和缅甸迫切需要外资是相互依赖的。分析家认为，能源合作将成为印缅关系发展的助推器。

三、军事与安全领域的合作

军事与安全关系是判断国家间关系是否紧密的最重要指标。经济与贸易关系紧密与否，并不能完全说明彼此关系的真实情况；但军事与安全关系的合作程

---

① 李晨阳、瞿健文：《试论1988年以来印度与缅甸关系的发展》，《南亚研究》2005年第2期，第23页。

② Dominic J. Nardi, *Cross-Border Chaos: A Critique of India's Attempts to Secure Its Northeast Tribal Areas through Cooperation with Myanmar*, Maryland: The Johns Hopkins University Press, 2008, p. 168.

③ 李志强：《印度投资13.5亿美元开发缅甸天然气》，《光明日报》，2010年3月9日，第12版。

④ 廖政军：《缅印着力发展务实关系》，《人民日报》，2010年7月29日，第3版。

度，却可以显示出彼此关系的真实发展水平。印缅军事与安全领域的合作包括军方领导人互访、举行军事演习、联合打击边境少数民族的分离运动、提供军事装备及人员培训、开展非传统安全领域合作等方面。

（一）军方领导人互访及举行军事演习

从 20 世纪 90 年代开始，印缅双方的军方领导人互访就很频繁。1994 年，印度陆军参谋长钱德拉·乔希访问缅甸。"1997 年 3 月，印度陆军参谋长辛格·劳依·乔杜里上将对缅甸进行了为期 6 天的访问，双方就开展军事合作与人员交流，两国军队联合对边境地区反政府武装采取军事行动等问题进行了协商。2001 年 1 月，印度海军参谋长素什尔·库马尔上将访问了缅甸。2002 年 12 月，印度海军 1 艘潜艇和 2 艘驱逐舰组成的舰艇编队对缅甸进行了为期 3 天的访问。2003 年 9 月，印度海军参谋长辛格上将访问缅甸，缅甸同意印度海军舰只在缅甸港口停泊。"[①] 2009 年 10 月，印度陆军参谋长迪帕克·卡普尔（Deepak Kapoor）将军访问缅甸。2010 年 1 月，由内政部部长率领的包括军队和情报机构高官在内的代表团访问缅甸。据不完全统计，自缅甸 1997 年加入东盟后，两国军队之间的互访已有 20 多次。根据《印度快报》报道，印缅两国军队之间开通了 4 条热线电话。2013 年 1 月 21 日，印度国防部部长安东尼在缅甸展开为期 2 天的访问，这次访问与上次国防部部长访问相隔接近 25 年。虽然此次访问并没有签订重要条约，但是加深了两国之间的安全合作。

1995 年，两国启动了名为"金鸟"的联合军事演习。但是由于印度政府支持昂山素季获得诺贝尔和平奖，缅甸军队单方面撤出演习。[②] 在 1998 年 2 月，印度军方进行了所谓的"水蛭"演习，打击枪支走私者，缴获了大量武器，73 人被捕，6 人被击毙。2003 年年底，印度海军舰艇访问了缅甸港口，缅甸也参加了"米兰（Milan）2003"海军演习，这是两国海军 20 多年来首次联合进行军事演习。2012 年 2 月 1 日，缅甸海军派出战舰参与由印度海军牵头的 14 国海军联合演习，在孟加拉湾举行，主要目标是打击海盗和恐怖主义。[③]"2013 年 3 月 6 日，缅甸两艘战舰访问印度东部军港维沙卡帕特南，并与印度海军开展了首次联合军演，这也是继 2013 年 1 月 21 日印度国防部部长安东尼首访缅甸之后，双方军事安全合作方面的又一个重大突破，标志着印缅军事关系已由陆上边境安全合作延

---

① 李晨阳、瞿健文：《试论 1988 年以来印度与缅甸关系的发展》，《南亚研究》2005 年第 2 期。

② Keshab Chandra Ratha and Sushanta Kumar Mahapatra, "India and Burma: Exploring New Vista of Relationship", *Journal of World Focus*, 2014, Vol. 34, No. 7, p. 15.

③ 《外媒称缅甸参与印度海军军演　或将靠拢印度》，网易，http://war.163.com/12/0202/15/7P93K06600011MTO.html#from=relevant，2013 年 2 月 2 日登录。

伸至海上合作。"①

（二）联合打击边境的少数民族分离主义运动及进行非传统安全领域的合作

印度和缅甸在安全领域面临着共同的困扰，即分离主义运动。分离主义活动在两国相邻地区尤为活跃。特别是对印度来说，印度的东北部区域拥有超过 200 个族群部落和次族群部落，一些少数民族还是跨边界民族。两国有着较长的陆上边界，印度东北部的曼尼普尔邦、那加兰邦、米佐拉姆和阿鲁纳恰尔邦与缅甸相接壤，许多恐怖主义组织就把基地设在两国边界处。这些基地组织反对各自的中央政府以达到自治和独立的目的。目前，这一地带至少有 8 个叛乱和军事组织穿梭于印缅边境，这些组织通常受到来自南亚和东南亚地区国家的财政和军事物资支持。已经存在 50 多年的那加集团是其中最为暴力的组织，其宣称要建立一个大那加兰国家。印度安全部队曾经对这些组织实施清剿，但他们往往逃到执法不力的邻近省份去，增加了打击难度和范围。此外，一些叛乱组织还在缅甸边境拥有训练营和避难所，印缅双方必须联合行动才能将其歼灭。这也是印度对缅甸采取实用主义政策的重要原因之一，与缅甸开展有针对性的军事与安全合作成为印缅军事安全关系中最有实际意义的部分。

在两国高层的频繁互访中，共同打击反政府武装也一直是会谈的重要问题，并且将一些具体军事计划付诸实施。

"2000 年，印军与缅军联合对印度东北部的那加民族社会主义委员会、阿萨姆联合解放阵线和曼尼普尔人民解放军等三个反政府组织的营地发动进攻，缅军将这些反政府武装驱赶出缅甸，而印军封锁了这些游击队员逃回印度的路线。这是 40 年来在印缅边境进行的最大规模的围剿反政府组织的军事行动。"② 2004 年 11 月，印度出动 6 000 名军人打击曼尼普尔邦的分裂组织，缅甸军队严密封锁边境予以配合。2007 年，缅甸军队发起了打击包括"阿萨姆联合解放阵线"（UL-FA）和"那加民族社会主义委员会"在内的印度反叛武装的行动。

在 2010 年 1 月进行的为期 3 天的印缅国务秘书层级对话之后，缅甸军政府计划与印度协调行动清除在其领土上的东北部叛乱军人并保证协助逮捕 ULFA 的神秘的指挥官 Paresh Baruah。③ 为打击双方的分离主义运动，印缅双方长期举行双边边境联络会议。2012 年 8 月第 46 次联络会议召开，双方讨论了若干项沿印

---

① 李益波：《印缅军事安全合作：现状、走势及影响》，《当代世界》2013 年第 9 期，第 69 页。

② 李晨阳、瞿健文：《试论 1988 年以来印度与缅甸关系的发展》，《南亚研究》2005 年第 2 期，第 24 页。

③ Achinta Borah, "Myanmar to Help India Catch ULFA Chief Paresh Baruah", *Hindustan Times*, 24 January 2010.

缅边境将叛乱组织引出缅甸领土的措施，印度安全部队还提高了在这一地区的安全警备。另外两国还建立了边境安全信息共享的"联合巡逻和合作管理机制"。自2012年以来，两国边境地区运行的安全合作机制包括印缅指挥官实时情报共享和交流磋商机制、"边境地区委员会"、印缅内政部部长及军方高层之间的定期会晤机制、"边境联络办公室"和"边境军官联络会议"（BLOS）等。覆盖印缅边境地区的安全合作机制使印度境内的反政府分离活动明显减少。①

印度还努力加强与缅甸的禁毒合作，防止和控制包括毒品、武器走私在内的边境地区犯罪活动。缅甸是亚洲地区主要的鸦片生产地，其毒品走私问题也严重威胁着印度的安全，双方在印度东北部边境，根据1993年印缅之间签署的控制毒品的双边协议，建立了对付跨境犯罪与毒品走私活动的机制，这成为两国交换信息和协调行动的基础。②

1997年2月，印缅根据已达成的《边境会晤协定》，在边境地区举行了首轮缅印边境委员会会议。2000年9月，印缅两国决定加强对跨境毒品走私的打击。2003年11月，两国同意进一步加强双边防务合作交流，努力使两国的共同边界成为一条和平、稳定和安宁的边界。2004年10月丹瑞访印期间，双方签署了《关于非传统安全问题合作的谅解备忘录》，印缅两国将根据此协定加强边境地带的安全警戒，在打击恐怖主义、洗钱、毒品走私、国际经济犯罪和网络犯罪等方面开展合作，并加强在安全领域的人员和信息交流。为了打击缅甸的鸦片生产和罂粟种植，2012年年初在缅甸的内比都召开了年度内政部部长级会议，双方一致同意采取必要措施打击毒品和武器弹药等走私活动。

（三）提供军事装备及进行人员培训

为了推动缅甸政府联合打击跨境叛乱分子，印度军方高层多次访问缅甸，并且顶着西方国家的压力向缅甸军方提供武器和培训缅甸军事人员。

2000年1月，印度陆军参谋长兼参谋长联席会议主席马利克上将访缅期间，印度同意向缅军提供非杀伤性军事援助和出租直升机。此后印度多次向缅甸提供大量的军事援助。从2000年开始，印度允许缅军军官到印度军校进修。2001年1月，印度海军参谋长联席会议主席素什尔·库马尔率军事代表团访缅，双方同意加强军事合作。缅军国防大学与印度国防大学建立校际联系。2001年开始组

① R. B. Prasad，"Myanmar and India's North-East：Border Cooperation，Better Connectivity and Economic Integration"，http：//www.ipcs.org/article/india/myanmar-and-indias-northeast-border-better-connectivity-and-economic-3788.html，2014年1月16日登录。

② Sudhir Devare，*India & Southeast Asia：Towards Security Convergence*，Singapore：ISEAS Publications，2006，p.67.

建的缅甸海岸警卫部队由印军协助培训。为了加强军队之间的交流，印度国防军的排球队和足球队于 2002 年 9 月访问了缅甸，与缅甸国家队和军队代表队进行了友谊比赛。

2006 年 11 月，印度陆军参谋长辛格表示同意向缅甸士兵提供特种作战的装备和训练。印度向缅甸提供军事援助，帮助缅甸建设军事和民用基础设施，并确保印缅边境安全，而缅甸则帮助印度军队打击其东北部地区的叛乱活动。2006 年 11 月 22 日，印度空军司令 S. P. Tyagi 访问缅甸时，表示将向缅甸军队提供数百万美元的援助。这些援助包括打击叛乱的直升机、缅甸的俄制和中制战斗机的升级以及海军监察飞机。2006 年 12 月，缅军三军协调指挥官瑞曼上将回访印度，希望印度提供野战炮、直升机、潜艇、迫击炮、侦测潜艇的声呐设备、侦察机及米格战斗机配件等军事装备。瑞曼还参观了位于卡达克瓦斯拉的著名的初级军官训练学校——国防学院，以及位于普纳（Pune）的塔塔汽车工厂，后者为印度军队制造汽车。2007 年 1 月，印度外交部部长慕克吉访缅时称，缅甸希望印度提供军事装备的请求获得印度的"积极回应"。2006 年，印度总统、国防秘书、海军参谋长等接踵访缅，反映出印度强化对缅甸关系的迫切愿望。双方签署了防务合作协议，举办或筹备举办海军、空军联合军事演习。印度还同意向缅甸提供"先进轻型直升机"、退役的 T－55 型坦克、105mm 口径的火炮、装甲运输车和弹药，并帮助缅甸完成俄制和中制战斗机上的航空电子设备升级。

2012 年 8 月缅甸国防部长访问印度时，印方再次向缅甸提供军事人员培训项目。2013 年 1 月 21 日，印度的国防部部长安东尼在缅甸展开了为期 2 天的访问，表示允许更多的缅甸人员进入印度陆军机构进行训练。此外，印度还将对缅甸武装部队进行培训，包括培训缅甸空军驾驶俄制"米－35"直升机；为缅甸提供军事硬件和软件设施，如海上巡逻机、海军炮舰、轻型火炮、迫击炮、榴弹发射器、步枪等武器，以及其他军事电子设备。

印度积极发展与缅甸的军事安全合作，其目的包括密切两国关系、扩大本国势力、平衡中国的影响等。随着印缅安全和军事关系的加强、印度"东向政策"的实施和其海军远洋作战能力的提高，印度有可能扩大其海军在印度洋和马六甲海峡的活动范围，也将有能力在安达曼海、缅甸沿海、马六甲海峡入海口以及南中国海一带海域活动。

四、科学技术与文化领域的合作

印度利用与缅甸特有的历史、宗教和文化纽带，大力推动文化交流。"2000 年 1 月，缅甸文化部部长吴温盛访问了印度，两国签署了《文化交流与合作协

定》。和发委主席丹瑞 2004 年 10 月访印期间，双方签署了《2004—2006 年文化交流计划书》。科学技术方面的合作也已经启动。印度空间研究协会帮助缅甸建设的缅印遥感与数据处理友好中心 2001 年在仰光竣工，缅甸政府可以利用该中心提供的无线电高空测候数据进行农业和林业管理、矿产勘探、陆地水资源测量、天气预报、灾难处理以及环境污染的监控等活动……印缅两国在 IT 方面也有合作。2001 年 2 月，缅甸计算机联盟与印度工业联合会签订了在 IT 领域进行技术合作的谅解备忘录。"[1] 2003 年 8 月 25—30 日，印度通信、信息技术部部长访缅，签署《关于通信、信息技术和服务合作的谅解备忘录》。2007 年 12 月，缅甸邮电通信部通信公司和东印度公司签署了一项合作谅解备忘录，据此，双方将合作在缅甸新建 11 个信息产业服务中心，印度政府将为此提供资金，缅方负责基础设施建设部分。2008 年 3 月 31—4 月 12 日，印度政府派技术人员到缅甸进行实地考察。

近期，两国制定了 2012—2015 年的"文化交流计划"，开通了英帕尔至曼德勒的跨国公路客运服务。2012 年 12 月，两国政府在仰光联合举办了"佛教文化遗产"国际研讨会。印度还通过教育和科学技术合作增加两国人员交流，两国已经签署信息通信技术、农业与生物等领域的交流合作备忘录。两国高校展开了合作，加尔各答大学与仰光大学也签署了了合作谅解备忘录。在印度政府资助下，"印缅工业培训中心""缅印英语语言中心""缅印创业成长中心"和"印缅提高 IT 技能中心"等都已投入运营。

第三节　两国关系的现状与问题

"升温"是近 10 年来形容印缅关系发展最多的一个词，也是最贴切的一个词。特别是进入 21 世纪以来，两国关系更可说是急剧"升温"。从拉奥政府提出"建设性接触"政策开始到现在已经 20 余年了，印缅关系现在处于全面合作的阶段，在政治、经济、文化、军事等方面展开合作。按照李昕博士的分段，印缅关系于 2012 年已进入了"互联互通"的新阶段。互联互通包含三个相互关联的战略：物质基础设施开发；有效的制度、机制和进程；人员之间的跨国自主交流。可见，印缅两国的关系得到了全方位的发展，进入了迅速发展的新时期。在不可预知的未来，两国关系有可能会加强。

虽说两国关系正处于"蜜月期"，但从本章第一、二节的阐述来看，印缅关

---

① 李晨阳、瞿健文：《试论 1988 年以来印度与缅甸关系的发展》，《南亚研究》2005 年第 2 期，第 24 页。

系的发展程度与印度的主动友好程度呈正比，而缅甸则处于较被动的状态。由于印度和缅甸的实力非常不相称，如果想印缅关系继续朝好的方向发展，那么作为区域大国，为了获取长远利益，印度可以适当让渡出部分国家利益。缅甸作为弱小一方，更要懂得在夹缝中求生存的策略。当然印缅关系的发展还要注意解决一些已经存在的问题，如印缅双边经贸合作水平较低、印缅跨境存在恐怖主义、跨国毒品走私、在印度东北部的缅甸难民、两国边界争端以及其他现存的两国制度上的鸿沟等问题。

一、印缅双边经贸合作水平较低

尽管两国签署了《边界贸易和促进双边投资协议》，增加了边境贸易商品种类，但两国的经贸合作始终处于较低水平，而且发展比较缓慢。2003 年，印度副总统访问缅甸时，双方就设定 2006 年双边贸易的目标为 10 亿美元，但财政年度 2007—2008 年度才达到 9 亿美元。印缅从 2004 年的 4.98 亿美元增长到 2013 年的 19.573 5 亿美元。从进出口的具体情况来看，印度从缅甸的进口额远大于向缅甸的出口额，这说明缅甸对印度的依赖程度加深了。而缅甸工商会秘书长说："缅甸主要出口对象是东盟的泰国、新加坡、马来西亚等，对东盟的出口占出口总额的 40%。"[①] 由此可见，虽然缅甸对印度依赖程度有所加深，但对东盟的依赖程度却仍远大于印度。见表 2-1：

表 2-1 印缅双边贸易额（2003—2013 年）

（单位：百万美元）

年度	印度出口	缅甸出口	总贸易额
2003—2004	89.64	409.01	498.65
2004—2005	113.19	205.91	319.10
2005—2006	110.70	525.96	636.66
2006—2007	139.95	781.93	921.88
2007—2008	185.43	809.94	995.37
2008—2009			1 187.76
2009—2010	207.97	1 289.80	1 497.77

① 《中国即将取代泰国成为缅甸最大贸易伙伴》，中华人民共和国商务部网站，http://www.mofcom.gov.cn/aarticle/i/jyjl/j/201003/20100306825134.html，2010 年 3 月 17 日。

（续上表）

年度	印度出口	缅甸出口	总贸易额
2010—2011	320.62	1 017.67	1 338.29
2011—2012	545.38	1 324.82	1 870.20
2012—2013			1 975.35

资料来源：2003—2008 年数据引自 http：//commerce. nic. in/eidb/default. asp；2009—2013 年数据引自 http：//www. indiaembassyyangon. net/index. php？ option = com＿content&view = category&layout = blog&id = 21&Itemid = 286&lang = en。

随着中缅贸易额的不断增长，中缅贸易额在 2011 年超过了泰缅贸易额。现在中国是缅甸最大的贸易合作伙伴，相对于中缅之间的经济合作水平来看，印缅之间的经济关系并不是那么密切。2011—2012 年度，中缅贸易额是 69.7 亿美元，而印缅贸易额是 18.7 亿美元，大约只有中缅贸易额的 26.8%。中缅边境瑞丽口岸的一年贸易额就比印缅一年的全部贸易额都要多。"据瑞丽海关统计，2013 年瑞丽口岸进出口贸易额 29.4 亿美元。其中，出口额 23 亿美元，全年月均出口额达 1.9 亿美元。"[1]

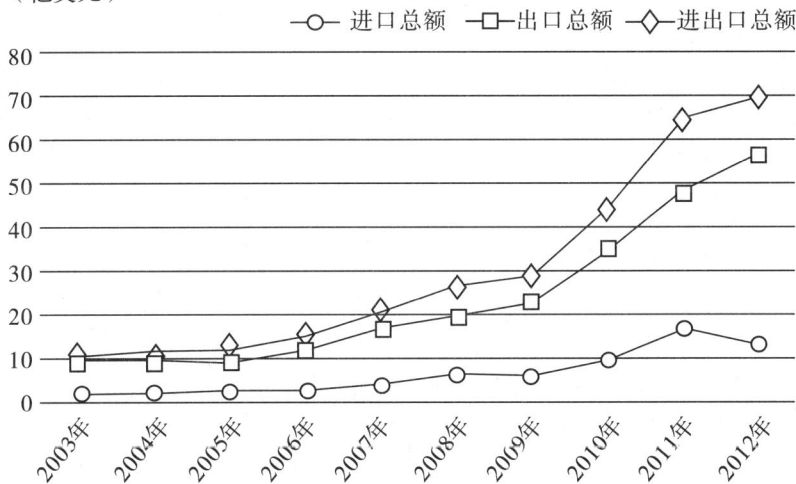

图 2 - 1　2003—2012 年中国对缅甸进出口情况

资料来源：根据中华人民共和国驻缅甸联邦共和国大使馆经济商务参赞处及中华人民共和国商务部所提供资料整理而成。

---

① 《缅甸国内政策刺激中国出口贸易》，中华人民共和国商务部网站，http：//fwmys. mofcom. gov. cn/article/i/jyjl/j/201402/20140200490789. shtml，2014 年 2 月 18 日。

虽然 2011—2013 年印缅双边贸易额增长了 2 倍多，但印缅之间的贸易和经济关系仍然远远低于其发展潜力。特别是两国的边境贸易，虽然重要，但边境贸易在总的贸易额里所占份额很小。有专家也意识到"这是因为合格的贸易法有限，缺乏合适的基建项目，边境贸易的投资还不够"①。

表 2-2　印缅边境贸易额（2006—2013 年）

（单位：百万美元）

年度	缅甸进口额	缅甸出口额	贸易总额	贸易平衡
2005—2006	11.28	4.13	15.41	7.15
2006—2007	11.02	4.75	15.77	6.27
2007—2008	10.91	3.92	14.83	6.99
2008—2009	5.49	4.43	9.92	1.06
2009—2010	7.79	5.95	13.74	1.84
2010—2011	8.30	4.50	12.80	3.80
2011—2012	8.87	6.54	15.41	2.33
2012—2013	25.09	10.57	35.66	14.52

资料来源：http：//www.indiaembassyyangon.net/index.php？option＝com_content&view＝article&id＝60&Itemid＝287&lang＝en。

印缅边境的贸易额在 2005—2006 年度是 0.154 1 亿美元，到了 2011—2012 年度贸易总额仍是 0.154 1 亿美元，这中间几年的贸易额就在这个数字上下浮动，可以说印缅的边境贸易额基本没有增长，甚至在 2008—2009 年度一度跌到了最低。只在 2013 年突然增长到 0.356 6 亿美元，增长达 2.3 倍。但 2012—2013 年度的边境贸易总额仍只占双边贸易总额的 1.8%，所占比例极低。边境贸易的不发展，一方面不利于地区的合作与发展，不利于提高边民的生活水平，也不利于打击边境的分离主义分子；另一方面不能促进两国总贸易额的增长，使双方的经贸合作水平始终较低。

印缅双方的经贸合作水平也受限于缅甸落后的物质基础设施。虽然近年来缅甸在改善物质基础设施方面取得一些进展，但与交通运输、信息通信等物质基础设施条件也比较落后的印度地区相比，缅甸的各项指标差距仍十分明显。根据联合国亚太经济及社会理事会的统计结果，2010 年印度的公路密度（每千平方千

---

① Rakhee Bhattacharya, "Does Economic Cooperation Improve Security Situation：The Case of India-Myanmar Relations", *Asia-Pacific Journal of Social Science*, 2010, Vol. 1.

米陆地的公路长度）为 1 382 千米，而缅甸仅为 41 千米；铁路密度印度为 22 千米，缅甸为 5 千米；印度的航空货运为 17 亿吨千米，缅甸只有 0.002 亿吨千米等。在目前的经济条件下，印缅双方是否能为庞大的规划项目筹集充足的资金仍然是未知数。

印缅关系能否取得更快速的发展，双方的经贸合作将起决定性的作用。当前，印缅贸易与中缅贸易相比仍有很大的差距，缅甸与东盟、中国的贸易关系也远紧密于印度。

二、印缅跨境问题

冷战后，印度开始注意改善与东南亚国家之间的关系，而印度东北部作为沟通印度和东南亚的陆上之桥有其重要的战略价值。印度东北部与缅甸西北部有 1 600 多千米的边界线，绵长的边界线让两国的犯罪分子及恐怖主义者有充分的施展空间，导致印缅边境地区存在着许多的问题，从而影响到印缅两国关系的紧密发展。存在于印缅边境的主要问题有跨境恐怖主义活动、跨国毒品走私、缅甸在印度东北部的难民等。

（一）跨境恐怖主义活动

印度和缅甸在打击跨边境的反印度政府叛乱问题上存在分歧。缅甸政府与那加民族社会主义委员会签署了在实皆省的三个行政区实行自治的协议，引起印度政府的强烈不满。虽然缅甸多次承诺打击境内的反印好战分子，但缅甸军事当局既没有能力也不愿彻底清除反印叛乱组织营地，因此一直未采取有效行动驱逐反印叛乱势力。

虽然在 20 世纪 90 年代，缅甸的军政权就与反叛集团签订了 17 项主要的停火协议，但大多数反印叛乱组织，如那加民族社会主义委员会、曼尼普尔人民解放军、阿萨姆联合解放阵线、左米革命阵线等仍然活跃在缅甸西部偏远山区，导致印度东北地区的安全环境并没有得到改善。缅甸的恐怖主义组织还与印度的恐怖主义组织联合起来，组成了"印缅革命前线"。缅甸的恐怖主义组织，如克钦独立组织和克钦防务军，主要是在印缅边界处活动。这些组织还为阿萨姆联合解放阵线等恐怖主义组织提供训练营。

（二）跨国毒品走私

"缅甸现在已成为仅次于阿富汗的世界第二大鸦片生产国，也是东南亚最大的脱氧麻黄碱生产国。'和发会'缺乏打击大规模毒品走私团伙的意志和能力，在打击对毒品贸易至关重要的洗钱活动方面力度也不够。"①

印度为了解决跨国毒品走私问题，可能关闭其边境。"印度在1995年开放了与缅甸相邻1 300千米长的边界。现在，毒品走私比商品贸易要多得多。印度正考虑要再度关闭边境。两国的双边贸易基本上没有，但是毒品和与毒品有关的违禁品入境登记自1992年以来增加了五倍。印度和缅甸为了发展边境贸易，确定了八个中转站。但是毒品走私者却利用上述中转站走私毒品。根据国家艾滋病控制组织报告，印度的三个邦——曼尼普尔邦、米佐拉姆邦和那加兰邦的毒贩涌入缅甸，增加了艾滋病毒在印缅共同边界的传播。"②

尽管自1988年以来，印缅之间关系很紧张，印度代表团还是于1993年3月访问了缅甸，这次访问主要讨论了双边商业的问题。但是开放边境最终受益的是毒贩，边民通过贩毒增加了收入。近年来，缅甸的鸦片种植已经有了大幅度增长。至今，缅印边境仍然种植着罂粟，其中很多罂粟田都是叛乱分子种植的。"如果有人去向警察告发，就极有可能遭报复。有些地区的罂粟甚至公开种植。当地居民说边境的安全部队也参与了贩毒。"③ "罂粟的种植面积从之前的78 900公顷增加到1986年的161 012公顷，1996年又增加到210 039公顷。毒品走私原来是沿着泰缅边境进行，后遭到镇压，就开始沿着印缅边境进行。海洛因生产从1987年的53吨增加到1993年的289吨。1993年，制造海洛因的工厂只有21家，到1997年，已经增加到了42家。"④

在印度东北部各邦，吸毒现象非常猖獗。在曼尼普尔邦，每个家庭都至少有两个吸毒者。他们每天在最近的槟榔店很容易就能获得毒品。在搭木，缅甸军队人员也涉足毒品交易，以此来换取武器。

在印度，警方、政客和毒枭之间有很紧密的联系。1996年，一名政客在曼尼普尔邦首府英帕尔被枪杀，但是当地警察拒绝调查此案。甚至这个地区镇压叛乱的安全部队也参与了走私，他们在打击毒贩犯罪和与毒贩合作方面找到了"很好的平衡点"。

毒品走私如此猖獗的另外一个原因是部分印缅边境至今仍然没有防务栅栏。⑤ 为了解决这个问题，两国政府同意在边界构建防务栅栏，但这一决定又引

① 龚明：《在石油天然气地缘政治角力中的中印缅甸关系研究》，《当代经济》2011年第4期，第81页。

② "India may Close Border with Myanmar to Keep Drugs out"，http：//m. rediff. com/news/may/13maha. htm，2014年4月1日登录。

③ Satarupa Bhattacharjya and F. J. Daniel，"India Unprepared for New Myanmar"，*Reuters*，26 February 2012.

④ "India may Close Border with Myanmar to Keep Drugs out"，http：//m. rediff. com/news/may/13maha. htm，2014年4月1日登录。

⑤ "Drug Smuggling Rising along India-Myanmar Border"，https：//in. news. yahoo. com/drug-smuggling-rising-along-india-myanmar-border-110829120. html，2014年4月1日登录。

起了两国边民的抗议。

2001—2003 年间，印度防务安全部门指出，边界处的危险活动已经导致该区域 200 名安全人员和边民的死亡。"印度通过架设边界防务栅栏，希望能够控制边界的非法活动。"① 在架设防务栅栏之前，印度和缅甸政府同意进行联合调查。经过 6 个月，调查于 2013 年 3 月结束，双方均同意在两国边界处架设防务栅栏。然而，这项工作遭到当地群体，特别是少数民族 kuki（在印度的钦族）的抗议。边民主要是担心他们的土地会被分走，甚至会分属于印缅两个国家。跟边民一样，一些政党也反对防务栅栏的架设，因为他们认为防务栅栏的架设会使曼尼普尔邦至少 18 个村受到影响。而这项工作也遭到非政府组织——边境公民组织（Border Roads Organization，简称"BRO"）的反对。曼尼普尔邦的首席部长就此问题致函印度总理，要求中央政府对界桩消失的地区再做调查。该邦几大政党也发表声明，指责邦政府在隔离边界的过程中未能保卫边界地区的领土和边民的利益。一些社会团体和部落组织宣称："印缅边界在防务栅栏建成之后，可能有约 100 个村庄被纳入缅甸。"② 2013 年 12 月初，印度的联盟内政部部长苏希尔·库马尔·欣德要求边境道路组织在和解协议达成之前，暂停防务栅栏施工。

（三）缅甸在印度东北部的难民

1988 年，当缅甸军政府镇压民主运动的时候，大量难民逃到了印度。起初，印度政府欢迎这些难民进入印度。拉吉夫·甘地政府同情他们并允许他们待在印度。然而，大量难民的涌入挤占了当地人的工作机会，于是 1995 年 6 月冲突爆发。从那之后，缅甸难民就经常成为印度人攻击的目标。③ "目前居住在印度的缅甸难民大约有 7 万。其中多数分布在印度东北部，尤其是米佐拉姆邦和曼尼普尔邦。这些难民生活困难，有时印度政府甚至逮捕和驱逐他们。"④

印度缺乏保护缅甸难民的一个完整的法律框架，仅仅把他们当成是对社会存在潜在威胁的非公民。这样对待的结果也反映在社会态度上。许多难民遇到严重困难。"南亚人权文献中心（SAHRDC）最近采访了七个代表性的缅甸难民。七

---

① "Easing the India Border Tiff"，http：//www. bangkokpost. com/opinion/opinion/390593/easing-the-in-dia-myanmar-border-tiff，2014 年 2 月 3 日登录。

② "Easing the India Border Tiff"，http：//www. bangkokpost. com/opinion/opinion/390593/easing-the-in-dia-myanmar-border-tiff，2014 年 2 月 3 日登录。

③ "North-East India as a Factor in India's Diplomatic Engagement with Myanmar：Issues and Challenges"，ht-tp：//www. idsa. in/strategicanalysis/North-EastIndiaasaFactorinIndiasDiplomaticEngagementwithMyanmar_psaikia _1109，2014 年 5 月 18 日登录。

④ "India-Burma Relations"，http：//www. arakanrivers. net/? page_id=147，2014 年 2 月 11 日登录。

个难民分别讲述了他们贫困的严峻的生活，还常常伴有人身危险。"①

逃到印度的缅甸难民中有一部分是民主运动参与者。缅甸发生民主运动之后，缅甸的政治难民或学生运动领导者逃至印度来避免军政府的报复。尽管他们也不确定未来在哪里，但他们还是选择逃往印度。另一部分是为了过上更好的生活。在缅甸，不管是妇女、儿童还是老人，都会被强制从事繁重的体力劳动。军队持续的骚扰和虐待迫使他们离开故土，但在印度生存也很艰难。然而在某些情况下，缅甸军政府可能已经没收了他们的土地和财产，导致他们也回不了缅甸。"缅甸难民只能寻求重新安置到第三国。"②

三、两国现存的其他问题

印缅两国不仅存在有形的物质基础设施差距，还存在长期积淀的制度鸿沟。2010 年，缅甸长期执政的军政府决定让位给民选政府。虽然在民主道路上更进一步，但在缅甸政府中军方仍然是最强大的力量，半个多世纪的军人独裁统治使缅甸缺乏基于多元社会和市场经济逻辑的制度文化，在法律、规章制度、管理体制和执行标准上与印度存在很大差异，无法适应国际贸易的需要。缅甸货币汇率不稳定，外来投资政策仍然不透明，金融机构缺少参与国际贸易的实践经验。

此外，最近印度东北部曼尼普尔邦与缅甸的边界争端又引起了两国政府的关注。"印度和缅甸之间的边界争端超过 171 千米，原来边界分歧长达 1 643 千米，1 472 千米长的边界分歧已经谈妥。"③ 但最近在印度—缅甸边境有 10 千米边界围网的 Chandel 区产生了新的领土争端。2013 年 8 月 22 日，缅甸军队跨过莫雷边境，并在印缅共同边界附近的领土上建立临时营地，宣称此地属于缅甸。而同时印度也宣称拥有对该地的主权。缅甸与印度曼尼普尔邦边境线长达 398 千米，缅甸军队扎处在霍伦帕伊村（Holenphai），缅甸军队宣称曼尼普尔邦的霍伦帕伊村是在缅甸境内，距离印缅边界第 76 号界碑仅 10 米。这个地方有争议源于 1971年两国在米佐拉姆邦设立一些界碑时未划分好。当年没有设立第 76 号和第 78 号两大界碑。这两大界碑的缺失引起的争议造成了目前的纠葛。"印度人宣称印缅边境在第 75 号和第 77 号界碑之间的地方，而缅甸则宣称印缅边境在第 77 号和第 79 号界碑之间。"④

---

① "Human Rights Features"，http：//www. hrdc. net/，2014 年 4 月 1 日登录。

② "Refugees from Burma's Chin State Face Indian Dilemma"，http：//www. irrawaddy. org/burma/refugees-burmas-chin-state-face-indian-dilemma. html，2014 年 2 月 3 日登录。

③ "76&78：The Skipped Pillars"，http：//www. hueiyenlanpao. com，2014 年 4 月 20 日登录。

④ "76&78：The Skipped Pillars"，http：//www. hueiyenlanpao. com，2014 年 4 月 20 日登录。

　　印缅两国关系深化的过程不应该被边界问题阻碍，因此两国政府应该采取更积极的措施来解决这一敏感问题。一方面要尊重和考虑边民的意见，因为边民一直以来都在保护国家的自然边界；另一方面印缅边界问题应该由印、缅中央政府解决，而不是邦政府。

第三章　冷战后印度的地缘战略
与对缅政策的影响

冷战后，印度曾一度面临着内忧外患的局面。从印度国情来看，印度国内政局不稳，国内政治需求多样化，国大党一党独大地位不复存在，多次出现悬浮式议会；经济危机和外汇危机严重，印度经济发展压力较大；教派冲突和教派主义开始影响到国家政治生活，极端教派主义对国家稳定与和谐造成了严重威胁。从国际局势来看，苏联解体，印度失去了一个强大的盟友，印苏同盟不复存在，虽然印度与俄罗斯迅速建立了外交关系，但印俄的关系远远比不上印苏同盟，而且中俄关系的迅速发展也引起了印度的不安。在印苏同盟不复存在的情况下，美国一家独大，如何处理好同美国的关系是摆在印度政府面前的严峻问题。美苏两极格局消失，印度充当不结盟运动领袖在两大集团中左右逢源的独特优势已经不复存在。综合国力的竞争，特别是经济实力的竞争逐渐成为世界竞争的主线，而印度与其他世界大国相比综合国力还有较大差距。经济全球化快速发展，周边国家和地区经济发展迅速，特别是中国、韩国、东盟国家经济的发展创造了世界经济发展的奇迹，印度需要稳定和谐的周边环境和国际环境来发展经济。

综合印度国情的需要和国际局势的发展，印度政府采取了现实主义的全球外交战略和周边外交战略。1991 年拉奥政府上台后，采取了以自由化、市场化、全球化为方向的经济改革，这就要求外交政策服务于这个主旋律，为实现经济改革和起飞创造最有利的外部环境。拉奥政府改变了原有外交政策的色彩，使经济外交和全方位多元外交成为新的外交政策的基调。[①] 此外，拉奥政府还提出了针对东南亚、东北亚和亚太经合组织等地区和组织的"向东看"战略，意图搭上东南亚、东北亚经济发展的快车，参与到亚太经济一体化进程中，加强与这些地区国家的经济合作，发展印度的国民经济，提高印度综合国力和国际影响力。拉奥政府的"向东看"战略改善了印度同主要亚太大国——美国、中国、日本、韩国等国家的关系，印度与东盟的政治关系和经济合作也有了较大的发展。

印度周边外交战略提出的标志是"古吉拉尔主义"的出台。1996 年 8 月，古吉拉尔以印度外交部部长身份在伦敦提出了处理印度周边外交的一个指导思想

[①] 林承节：《印度史》，北京：人民出版社 2004 年版，第 602 页。

和五项原则：一个指导思想——"坚持独立思想、独立决策和独立行动"；五项原则——"在处理与斯里兰卡、孟加拉、不丹、马尔代夫和尼泊尔的关系上，应诚恳而信任地给予力所能及的一切帮助，并且不图任何回报"；"互相尊重主权与领土完整"；"不允许将本国领土用来损害这一地区其他国家的利益"；"不干涉他国内政"；"通过双边和谈解决争端"。① 由于古吉拉尔主义主要面对的对象为印度的南亚邻国，就其是否适用于印度对南亚以外周边邻国的政策这一问题，我国学者林太教授认为："这五项原则也适用于东盟及环印度洋地区合作联盟的14 个国家。"② 本书同意林太教授的这个观点。古吉拉尔主义的出台标志着冷战后印度地缘外交战略和周边外交战略的正式出台，这有利于印度构建和平稳定的周边安全环境，增加印度与周边国家的军事互信和政治互信，扫清印度与某些邻国交往的原则性障碍。

古吉拉尔主义对印缅关系产生了重大的、革命性的影响。印度政府与缅甸军政府之间交往的两大问题是东北边界问题和缅甸民主化问题。1988—1992 年，印度对缅甸军政府镇压民主派的行为进行了强烈谴责，并在两国边界的印度一侧为缅甸反对派提供场地、物质和道义支持，允许缅甸持不同政见者在印度领土公开从事反对缅甸军政府的宣传和活动，这为印缅关系的改善设置了一个不可逾越的障碍。应缅甸政府的要求，印度政府于 2000 年放弃了对缅甸反对党"民盟"的支持，不再允许流亡印度的缅甸持不同政见者在印度从事反缅政府活动。古吉拉尔主义为印度处理同缅甸的关系奠定了基调，也确立了原则，印缅关系自2000年之后进入快速发展的新阶段。

第一节　冷战后初期印度的国情和国际环境

一、冷战后初期印度的国情

冷战后，印度面临的国内外环境发生了重大变化，正处于内忧外患的困难境地。从其国内政治发展的情况来看，国大党日趋腐败与僵化，逐渐丧失了一党独大的强势地位；印度国内政局进入"悬浮议会"时期，以印度人民党为首的印度教派主义政党逐渐走上了政治舞台；国内民众政治需求多样化，极端教派主义逐渐影响到正常的国家政治生活；印度建国宪法规定的世俗主义原则受到了侵

---

① 林太：《大国通史·印度通史》，上海：上海社会科学院出版社 2007 年版，第 483～484 页。
② 林太：《大国通史·印度通史》，上海：上海社会科学院出版社 2007 年版，第 484 页。

蚀。从经济发展的方面来说，当 1991 年拉奥接手政权时，印度国家财政面临着前所未有的严重的外汇危机和经济危机，在国际金融市场上的信用一落千丈。

（一）冷战后初期印度国内的政治状况

从 1989—1999 年这 10 年，印度进行了 5 次大选，共产生了 8 届政府。与以往不同，国大党再也无法依靠自身力量在人民院选举中获得超过半数的议席，独立完成组建政府的重任。与此同时，印度议会大选产生了"悬浮议会"，即任何一个政党都无法单独获得超过半数的议席，完成政府组阁，主要政党不得不与其他党派在议会中联合组阁，组成联合政府。由于参加组阁的政党的政治利益和需求不同，短暂的政党合作组阁缺乏稳定性，直接导致了部分联合政府寿命短暂，印度政坛变化也因此而扑朔迷离，印度政治进入了一个多元诉求的时期，政治改革和经济改革政策无法深入进行。

"悬浮议会"的多次出现也反映了印度民众政治诉求的多样化。政府需要满足民众不同的政治诉求和利益诉求，政府在国内问题上面临的挑战加大。而且，印度教派主义政党——印度人民党快速崛起并在印度国内与世界印度教大会合作发起了"战车游行"等行动，人为地加剧了印度国内印度教徒和伊斯兰教徒之间的矛盾，印度社会的发展与和谐稳定受到了严重威胁。

（二）冷战后初期印度国内严重的经济危机和外汇危机

1991 年印度遭受了严重的经济危机，印度财政收支和国际贸易收支均告失衡，国有企业经营不善，效益低下；赤字创出历史最高纪录，达到 278 亿美元，相当于国内生产总值的 8.6%；通货膨胀加剧，物价上涨了 17%，国家经济体制运转出现了问题。[①] 另外，更严重的是外汇危机。据世界银行统计，至 1991 年印度举外债总额为 643.15 亿美元，而印度外汇极度短缺，至 1991 年 5 月外汇储备已降至 12.13 亿美元，仅仅能够维持两周的进口量。[②] 这使得印度的国际金融信用评级严重下滑，国际银行不愿继续贷款给印度政府，印度政府只能够动用国家的黄金储备来换取美元。

印度经济面临着国内和国际的双重压力。国内经济结构僵化、生产领域采取了半管制的政策、对小型企业和国有企业的过分保护等经济运行的结构性矛盾严重影响了印度的经济发展；国际上的海湾战争、世界经济衰退、东欧剧变和苏联解体、进出口贸易下滑和接受援助等事件对印度经济产生了较大的负面影响。

---

① 林太：《大国通史·印度通史》，上海：上海社会科学院出版社 2007 年版。
② 林太：《大国通史·印度通史》，上海：上海社会科学院出版社 2007 年版。

（三）冷战后初期印度面临的国际环境和地区环境

1. 冷战后初期印度面临的国际环境

东欧剧变和苏联解体使得印度的同盟大国——苏联不复存在，虽然印度迅速与苏联的继承者俄罗斯签订了友好协议，但是苏联所能够提供给印度的外交支持和经济援助是俄罗斯所不能提供的，而且美俄、中俄关系的快速发展也引起了印度的担忧。印苏同盟破裂影响到的另一个问题是印度如何处理同美国的关系。冷战期间，印度长期与苏联结成准军事同盟；苏联解体后，印度缺少了一个强有力的支持者，美国一家独大，印度需要尽快恢复同美国的正常外交关系，并争取美国的外交支持和经济援助。苏联的继承者俄罗斯及其他独联体国家对中国奉行友好的外交政策，这也引起了印度的担忧。

1990 年 8 月 2 日，伊拉克总统萨达姆指挥军队采取了非法侵占科威特的军事行动，这遭到了联合国安理会的强烈谴责和以美国为首的西方国家的强烈反对。一方面，中东局势特别是主要产油国的危机引起了国际油价上涨，对印度的进口产生了巨大的压力，也对印度的外汇危机起到了推波助澜的作用；另一方面，中东产油国是海外印度人和印度籍劳工聚集的地方，中东地区石油业的繁荣带来了大量的就业机会，印度利用独特的地理位置优势、文化优势和劳动力优势向中东产油国输出了大量劳动力，这些印度劳工民印度提供了经济发展亟需的美元外汇储备。由于印度出口逆差较大，冷战期间，印度在很大程度上是依靠来自中东产油国的印度劳工和印度裔移民的外汇来平衡国家外汇不均衡的状态的。然而，海湾危机以及由此导致的海湾战争严重影响了中东地区的稳定，也影响了印度裔移民和印度劳工在中东地区的就业环境，进而引起自海湾国家汇到印度的外汇总额下降，进一步加剧了印度的外汇危机。印度在贸易逆差较大的情况下依靠中东国家印度公民劳动力收入取得外汇的方式受到了极大的挑战，而且这种方式也被证明不符合印度经济长远发展的利益。

2. 冷战后初期印度面临的地区环境

冷战后初期印度面临的地区环境主要有三个方面：从南亚地区的角度来看，印度的地区霸权主义政策仍然影响着印度与南亚国家关系的改善，印度与巴基斯坦的敌对关系正在拖累印度经济发展的步伐，印度政府还派遣军队介入斯里兰卡局势；从周边大国的角度来看，中国集中精力发展经济、构建和平稳定的周边外交环境，中印关系明显改善，但中国经济的快速发展与印度经济危机和外汇危机形成了鲜明的对比；从周边地区的角度来看，东南亚经济和政治一体化高速发展，东盟作为区域经济组织在国际舞台上发挥着越来越重要的作用，亚太地区正在成为全球经济增长的引擎，海湾战争和该地区的争端让印度政府认识到发展本国经济的重要性。

具体来说，从南亚地区的角度来看，印度仍然采取的地区霸权主义政策影响了印度与其他地区小国之间的关系，政治和安全上的不互信导致南亚区域经济合作始终处于较低的层次和阶段。马孆研究员认为，"冷战时期印度对南亚政策可以概括为三个方面：第一，印度必须在南亚占据主导地位；第二，南亚邻国必须承认印度的这种地位；第三，由于以上两点，反对任何外部力量介入南亚"①。20 世纪 80 年代，拉吉夫·甘地领导的国大党政权虽然采取了较为缓和的南亚政策，但是印度在南亚地区的地区霸权主义政策并未取消，反而积极派军队介入地区小国的内部冲突当中。1987 年 7 月印度派兵进入斯里兰卡境内，协助镇压泰米尔猛虎解放组织，拉吉夫·甘地因此遭到猛虎解放组织的暗杀。印度与南亚其他小国的关系处于一种不平等的状态之中，南亚小国试图引入美国等区外大国来平衡印度的影响。此外，印度与巴基斯坦长期处于敌对状态，双方在边界都设置了重兵，严重地消耗了印度的财力，这是引起国家收支不平衡和外汇危机的重要原因之一。因此改变同巴基斯坦的敌对状态，避免浪费不必要的国家财政资源，是摆在拉奥政府面前的一个困难的问题。

从周边大国的角度来看，中国自 1978 年实行改革开放以来，奉行邓小平提出的"冷静观察、稳住阵脚、沉着应对、韬光养晦、善于守拙、决不当头、有所作为"的外交战略，积极营造有利于中国经济快速稳定发展的国际环境和周边环境，积极构建和平稳定的周边安全环境，这也推动了中印关系的改善。1988 年12 月，拉吉夫·甘地总理访问中国，两国就中印关系和边界问题展开友好而深入的讨论，在此基础上发表了《中印联合公报》，中印关系翻开了崭新的一页。同时，中国经济的快速发展也引起了印度政府的重视，特别是中印同为亚洲人口大国，中国经济的成功发展对印度既起到了示范作用，也起到了鞭策作用。

从周边地区的角度来看，全球经济一体化和区域经济一体化正在深刻地改变着亚太地区和东南亚地区。一方面，1989 年成立的亚太经合组织成为太平洋沿岸地区的国家进行经济合作的一个重要平台，经济全球化已成为一个不可扭转的趋势，正在深刻地影响着世界经济格局和政治格局。另一方面，区域经济一体化正在稳步发展，东南亚地区国家成立了东南亚联盟，抓住欧美发达国家和日本向其他地区进行产业转移的有利时机，创造了经济发展的奇迹，刷新了亚洲经济发展的速度。东盟成员国中的印度尼西亚、泰国、新加坡等国经济快速发展，成为亚洲经济的新亮点。另外，印度外汇重要来源地之一的波斯湾地区正在经历深刻的变革，印度依靠波斯湾地区的劳务外汇来平衡国际收支的方式正面临着前所未有的挑战。

---

① 马孆：《冷战后印度南亚政策的变化》，《当代亚太》2004 年第 5 期，第 19 页。

二、冷战后初期印度外交政策和地缘战略的调整

在全球层面上，印度政府采取了"经济外交"的外交战略；在地区层面和地缘战略上，印度政府采取了"古吉拉尔主义"的外交战略；在对东南亚地区的外交政策上，印度政府采取了"向东看"的外交战略。

（一）"经济外交"的外交战略

通过研究和分析印度面临的国内外环境，拉奥政府认为经济改革和开放成为印度摆脱经济危机、重回大国位置的重要途径。因此拉奥政府的外交政策也以经济为中心，并提出了"经济外交"的全球外交战略，其外交对象主要为美国、日本、欧盟等发达国家和地区。"1991 年 12 月 20 日拉奥在议会上做报告，解释外交政策的重点是创造对印度有利的国际经济环境。鉴于西方集团强大的经济实力和贸易权重，印度有意识地加强与西方国家的关系并逐渐使之上升到重要位置。"[1] 印度政府在"经济外交"战略的指导下开始了全方位的外交攻势。

冷战后，拉奥政府以经济全球化、自由化、市场化为方向的经济改革得到了美国的认可，印美关系迅速升温，双方在经济贸易和外交领域的合作取得了长足的进展。印度的经济改革需要美国的经济援助和优惠贷款，需要吸引来自发达国家的资金；美国则把印度看作世界十大新兴市场之一，其广阔的市场和廉价的优质劳动力得到了美国的重视。在外交和政治领域，印度通过以在联合国等国际组织中支持美国的方式向美国示好，美国也在克什米尔问题上改变了主张，双方的合作迅速发展。双方在军事领域也开始了互访和举行联合作战演习。

拉奥政府时期，印度与欧共体（1993 年后改称"欧盟"）的关系迈上了一个新台阶，印度需要欧共体（欧盟）的资金支持、技术支持和经贸合作。1991 年拉奥出访了德国、法国和西班牙，宣传印度宽松的贸易政策和日益改善的投资环境。"1993 年 12 月 20 日，印度与欧共体（欧盟）签署第三代全面合作协定，加强和深化在各个领域的合作。协议规定相互给予贸易最惠国待遇；促进印度科技发展，使印度进入对方的技术市场；欧共体（欧盟）首次视印度为'合作与发展伙伴'，使双方处于对等关系。双方还采取共同步骤，在反恐怖主义、人权、领事签证、避难政策等方面进行合作。"[2] 此外，印度与法国在军事领域展开了合作，与英国在贸易、投资和军事领域加强了合作。

---

[1] 林太：《大国通史·印度通史》，上海：上海社会科学院出版社 2007 年版，第 459 页。

[2] 林太：《大国通史·印度通史》，上海：上海社会科学院出版社 2007 年版，第 461～462 页。

另外，印度也加强了同日本、韩国之间的经济合作。1990 年 6 月，印度与日本签订了 3 个新协议，投资总额达 4.1 亿美元；1991 年印度外汇危机时，日本为印度提供了 6 亿美元作为应急支持；1995 年，日本给印度提供了 10 亿美元的贷款；另外在 1998 年印度核试验之前，印度是日本 ODA（官方援助）的五大受援国之一。① 日本看中了印度广阔的市场，印度也需要日本的优惠贷款和大规模投资。印度与韩国也在经贸合作、科技合作与旅游合作方面签订了相关协定。

（二）"古吉拉尔主义"的外交战略

在地缘战略和地区外交层面上，印度采取了"古吉拉尔主义"的外交战略。"古吉拉尔主义"的一个核心是印度在不要求周边国家特别是南亚国家对等交换的前提下，从长远出发，为周边邻国提供力所能及的帮助。"古吉拉尔主义"的目的是增强南亚地区小国与印度交往的信心，倡导通过和平谈判解决地区争端，反对南亚小国把其他势力和国家引入到南亚次大陆，影响印度在南亚的绝对领导地位。"古吉拉尔主义"的另一个核心是在消除南亚地区国家和周边邻国对印度安全上的担忧的情况下，积极促进南亚经济一体化和区域合作，为印度摆脱地区冲突、积极参与经济全球化创造有利条件，为印度实行经济改革提供稳定安全、合作和谐的周边安全环境，促进地区经济合作。显而易见的是，作为南亚巨头，印度提倡的南亚区域经济一体化当然是由印度领导的，这也可以为印度在参与全球经济一体化时与大国讨价还价提供筹码。

"古吉拉尔主义"是印度多方位多边"经济外交"战略在地区层面上的体现，属于"经济外交"战略的一部分。类似中国改革开放后外交"以经济建设为中心"的思想，印度的"经济外交"战略也是为了营造一种有利于印度国家经济发展的全球环境和地区环境。实践"古吉拉尔主义"的手段或方式是：通过经济上的一些小的让步换取周边地区的稳定，进而推动以印度为首的南亚区域政治一体化进程，进一步加强印度对南亚地区的控制能力。

"古吉拉尔主义"五项原则中的"不干涉内政"和"不允许利用印度国土反对其他国家现政权"原则对印度的对缅政策产生了重大的影响。作为一个被西方国家制裁和孤立的国家，缅甸是迫切需要它的邻国——印度这样的地区大国承认和支持的，但是印度支持缅甸反对派的现实又削弱了缅甸军政府加强与印度交往的动力。"古吉拉尔主义"的出台，从原则上解决了印度支持缅甸持不同政见者、干涉缅甸内政的问题，两国展开了初步接触与合作。

---

① 吴永年、赵干城、马嫛：《21 世纪印度外交新论》，上海：上海译文出版社 2004 年版，第 152 页。

（三）"向东看"的外交战略

拉奥政府提出了"向东看"的外交战略，这也是印度总体的"经济外交"战略的分支，但是其针对的对象以东盟国家为主，包括东北亚、亚太地区。"向东看"战略的核心是加强同经济快速发展的东盟国家的经济合作，发展贸易、吸收投资，分享东南亚经济发展所带来的红利，与东南亚国家合作谋求印度经济的快速发展。"向东看"战略的"主要目标是大力发展与东南亚国家的政治、经济和安全等方面的合作，拓展印度的战略空间，谋求东盟国家在地区和国际领域对印度更大的支持"[1]。"向东看"战略在政治上的目标是与东盟建立战略伙伴关系，在经济上的目标是与东盟实现更紧密的合作，扩大双边贸易额，在投资、贸易等领域进一步加强合作。

1992年1月，在新加坡举行的东盟第四次首脑会议上，东盟与印度建立了部分对话伙伴关系；1995年12月，印度与东盟正式建立全面合作伙伴关系，印度参加了东盟地区论坛；1996年8月，印度外长第一次参加了在雅加达举行的东盟部长级会议和东盟外长扩大会议，印度和东盟的对话实现了定期化和机制化。[2]东盟国家，特别是东盟创始国逐渐消除对印度的戒心，把印度纳入东盟的全面合作伙伴关系中来，印度与东盟和东盟国家间的政治关系逐渐加强。

第二节　1998年以来印度的外交战略和地缘战略

1998年3月至今，印度经历了印度人民党领导的瓦杰帕伊政府和国大党领导的曼莫汉·辛格政府。印度人民党政府修订了印度的总体外交战略，在坚持"经济外交"战略的前提下，倡导实力至上的外交战略，于1998年5月不顾国内外反对，连续进行了5次地下核试验，从实践层面上证明了印度是拥有核武器的国家。印度人民党政府的地区外交战略基本延续并发展了"古吉拉尔主义"，积极推进与周边邻国的友好关系，除巴基斯坦外，印度与南亚其他国家的关系有了较大的改善。在地区战略上，印度人民党政府实行现实主义的外交原则，积极发展同中国的友好关系，进一步加强同东盟的经济与政治合作，开始恢复同缅甸部长级别的外交关系。

2004年曼莫汉·辛格国大党联盟政府上台后，在全球外交战略上采取了务

---

① 陈继东主编：《当代印度对外关系研究》，成都：巴蜀书社2005年版，第294页。

② 马孆：《90年代印度与东南亚的关系》，《当代亚太》2002年第6期，第50页。

实、灵活的政策，积极发展同美国、中国等大国的关系，开展全方位外交，以提升印度的国际地位，争取联合国常任理事国席位，实现印度的"大国梦"。在地区战略上，曼莫汉·辛格政府吸收了"经济外交""古吉拉尔主义"和人民党政府的现实主义外交原则，继续奉行现实主义的睦邻友好政策，进一步推动与南亚国家和东盟国家的合作，推动印度领导的南亚区域一体化与南亚和东南亚地区合作计划，如"恒河—湄公河合作计划"等，把缅甸纳入印度领导的南亚和东南亚地区的合作计划中来，重视缅甸的地缘位置和能源优势，对缅甸政策更加务实。

一、印度人民党政府的外交战略与地缘战略

（一）印度人民党政府的外交战略

印度人民党政府的总体外交战略是坚持"经济外交"，利用实力外交突破南亚地区，成为亚洲大国甚至世界大国。瓦杰帕伊政府坚持并实践"经济外交"战略，印度政府仍然围绕经济发展这一中心来制定外交政策，其主要目的仍然是为印度经济的快速发展营造有利的国际环境和地区环境。虽然在瓦杰帕伊政府1998 年 5 月发动了地下核试验后，以美国为首的西方国家对印度进行了经济制裁，但是印度与世界主要大国的经济合作和外交关系均取得了长足的发展。

印度奉行实用主义的对美政策，与美国加强各领域全方位的合作。印度与美国的关系虽然在 1998 年地下核试验后短暂受挫，但是两国关系在瓦杰帕伊访美后迅速升温。1998 年 9 月，瓦杰帕伊访问美国，称印度是美国的"天然盟友"；2000 年美国克林顿总统访问印度，双方在政治、经济、军事等领域展开了广泛的合作。在美国"9·11"事件后，印度力挺美国实施反恐作战，印美关系取得了进一步的发展。但是，美国的单边主义政策与印度的大国目标相冲突，因此印度并未完全站在美国阵营当中。印度推行务实合作的对俄政策，俄印关系稳步发展，两国在军事领域的合作令人瞩目。在印中关系方面，印度推行合作与竞争共存的现实主义政策，印度希望通过加强合作分享中国改革开放带来的经济红利，扩大对中国的贸易，两国外交和经贸关系发展迅速。印度与欧盟、日本等地区和国家的关系虽然受到印度核试验的影响，但仍然取得了较快的发展。

（二）印度人民党政府的地缘战略

印度人民党政府的地缘战略仍然基本延续了"古吉拉尔主义"，使印度与除巴基斯坦以外的南亚国家的外交关系、政治关系和经济合作实现了较快的发展；印巴关系虽有改善，但两国各自的核试验及双方在克什米尔卡吉尔地区的武装冲

突为印巴关系的改善蒙上了现实的阴影。印度重点加强了同孟加拉国的经贸合作，1999 年 6 月 19 日，瓦杰帕伊总理访问孟加拉国，两国总理就双边经贸关系进行了会商，印度工商联合会与孟加拉国工商会签署了《谅解备忘录》，强调要缩小两国间贸易不平衡的现象，但孟加拉国对印度开发该国天然气的意图却持保留态度。① 印度与斯里兰卡签订了一项自由贸易协定，印度南部各邦与斯里兰卡的合作关系有所改善。印度为尼泊尔提供了过境贸易的便利，不再采取向尼泊尔施压的做法。印度与不丹加强了在军事领域的合作。

印度与东盟的政治和经贸关系取得了较快的发展。双方进一步加强了政治联系，印度正式获得了类似中国、日本、韩国等国与东盟单独对话的地位，双方签署了全方位的经济合作框架协议，印度与东盟的关系进入了一个快速稳定发展的新时期。"2001 年 11 月在文莱举行的第七届东盟峰会上，东盟决定提升与印度的关系，印度成为继中、日、韩之后单独与东盟举行峰会的国家。2002 年 11 月，印度与东盟在柬埔寨首都金边举行首次领导人会议，确立了双方年度峰会机制，从而形成了继东盟'10 + 3'之后的第四个'10 + 1'合作机制。2003 年 10 月在巴厘岛举行的第二届东盟—印度峰会上，印度紧随中国加入《东南亚友好合作条约》，双方正式签署了《印度与东盟全面经济合作框架协议》，这标志着印度东盟的经济一体化进程正式启动。"② "印度与东盟的双边贸易额近几年也快速增长。1993 年，印度和东盟的贸易额只有 29.14 亿美元，2004 年则增长到 176.72 亿美元，增长了 6 倍多。"③

二、曼莫汉·辛格政府的外交战略与地缘战略

（一）曼莫汉·辛格政府的外交战略

曼莫汉·辛格政府的外交战略相较于印度人民党政府的外交战略更加灵活，摒弃了实力至上的外交原则，广泛全面地发展与世界不同地区和国家的经济、政治及外交关系。在印度经济持续快速发展的基础上，曼莫汉·辛格政府的外交战略仍以"经济外交"为主，目标从为印度营造良好的国际环境逐渐发展到提升印度的国际地位、扩展印度国际空间和实现印度的大国梦想。

曼莫汉·辛格政府上台后，主动开展全方位的务实外交，在印度国家经济快速发展的基础上加强了同世界主要大国、地区组织和发展中国家的友好关系。曼

---

① 陈继东主编：《当代印度对外关系研究》，成都：巴蜀书社 2005 年版，第 97 页。
② 赵洪：《冷战后印度与东盟关系的变化及其原因》，《国际论坛》2006 年第 2 期，第 51 页。
③ 任佳、张毅：《试析冷战后印度对东盟的经济外交》，《国际论坛》2006 年第 6 期，第 25 页。

莫汉·辛格总理于2004年9月访问美国，双方根据美国与瓦杰帕伊政府达成的在民用核技术、民用空间计划、高技术贸易三大领域进行合作的下一步措施，把双方关系定位为"战略伙伴关系"，其基调为"合作与信任"。[①] 2004年12月3—5日，俄罗斯总统普京访问印度，两国发表了联合声明，在政治、经济、高科技、金融、能源等领域签署了一系列合作协议，印度支持俄罗斯加入WTO，俄罗斯重申了对印度成为安理会常任理事国的支持。[②] 中印关系、日印关系也取得了较快的发展。

（二）曼莫汉·辛格政府的地缘战略

曼莫汉·辛格政府上台后，重新拾起并实践了"古吉拉尔主义"的周边外交战略，与巴基斯坦开展对话，缓和两国核试验后的紧张关系。印度除了继续奉行睦邻友好的外交政策之外，还做了另外一个重要的地缘战略选择——构建南亚地区经济一体化体系和南亚—东南亚地区经济一体化体系。随着印度经济的快速发展和印度经济实力的提升，印度在地区经济事务上的发言权和影响力逐步扩大，印度逐渐把以前设想的地区经济一体化的构想通过实际的操作变为现实。

印度与东盟展开了深入的合作。"2004年11月，在老挝首都万象举行了第三次东盟—印度峰会，印度与东盟领导人签署了在双边关系中具有里程碑意义的《和平、进步与共同繁荣伙伴关系协定》。"[③] 印度通过倡导孟印缅斯泰经济合作组织与恒河—湄公河经济合作组织等区域合作组织的合作，积极推进地区经济一体化进程。

三、冷战后印度外交战略和地缘战略与缅甸的关联

冷战后，印度总体的外交战略以"经济外交"为核心，以营造有利于印度经济发展的国际环境和地区环境为目标，随着印度政府的更替和国内外形势的变化而略有调整。印度人民党政府在强调"经济外交"战略的情况下实行实力至上的现实主义外交战略，国大党联盟曼莫汉·辛格政府则采取了更加灵活务实的全方位多边外交战略。冷战后印度的"经济外交"和"向东看"外交战略为印度对缅政策的改善解决了原则性的问题，提出了发展对缅关系的宏观性战略。"古吉拉尔主义"、印度人民党实力至上的外交战略和曼莫汉·辛格政府的多边

---

① 陈继东主编：《当代印度对外关系研究》，成都：巴蜀书社2005年版，第107页。
② 陈继东主编：《当代印度对外关系研究》，成都：巴蜀书社2005年版，第108页。
③ 赵洪：《冷战后印度与东盟关系的变化及其原因》，《国际论坛》2006年第2期，第51页。

外交战略则在实际行动上改变了印度的对缅政策，进而促进了两国关系的发展。

（一）印度的"经济外交"和"向东看"外交战略与缅甸的关联

拉奥政府的"经济外交"战略和多元外交政策在实施初期对印度的对缅政策影响并不大。拉奥政府的"经济外交"战略是在印度内忧外患、特别是印度发生经济危机和外汇危机的情况下提出的，其最根本的目的是通过向西方大国借款和改革促进出口的方式来解决印度的经济危机和外汇危机。因此，拉奥政府"经济外交"战略的主要对象是美国、日本、欧盟和东南亚经济发展水平较高的国家，其对印度的对缅政策的直接影响并不大。但是，"经济外交"战略和多元外交政策需要印度政府构筑和平稳定的周边安全环境，营造有利于印度经济发展和改革的国际经济环境，因此缅甸作为印度的重要邻国也被纳入考虑范围。而且，最重要的是印度集中精力发展经济的国策需要印度在处理缅甸问题上采取实用主义的政策，摆脱原有的理想主义政策的束缚，在不改变缅甸国内政局的情况下与缅甸军政府进行有限的接触。

1991年拉奥政府提出的"向东看"战略的对象分为两类：首先是美国、中国、日本等亚太地区大国，印度需要加强同这些大国，特别是经济发达国家如美国和日本的经济合作；其次是东南亚国家，主要对象是东盟国家中经济发展程度较高的印度尼西亚、泰国、越南和新加坡等国，印度希望搭上东南亚经济高速发展的列车，扩大国际空间，参与到东南亚地区经济一体化和亚太经济一体化的进程中来，尽快提高印度的经济实力。印度的东部邻国之一就是缅甸，印度"向东看"战略的实施必须通过缅甸与湄公河流域国家建立陆地上的经贸合作关系，而缅甸的政局不稳，随时可能影响到印度边境的稳定与安全。

缅甸位于东南亚和南亚的结合部，与亚洲两大国——中国和印度接壤，其丰富的能源资源和重要的战略位置引起了印度的重视。印度东北部边界与缅甸接壤，两国隔孟加拉湾相望，缅甸是印度进入东南亚必经的陆路通道和海洋通道，对印度实施"经济外交"战略和"向东看"战略的重要意义不言而喻。另外，缅甸因军政府独裁问题，自1988年以来处于被西方国家孤立的境地，缅甸的民主化问题一直吸引着世界的眼光，印度也与美国等西方国家保持一致，对缅甸军政府采取孤立政策。但是，印度的核心国家利益及国家战略的实现和执行需要缅甸军政府的支持和配合，这考验着印度领导人的外交智慧和勇气。

（二）冷战后印度地缘战略与缅甸的关联

冷战后，印度的地缘战略和地区政策的形成以"古吉拉尔主义"的出台为标志，印度根据不求对等的原则来处理与周边国家的关系，特别是对南亚其他国家实行睦邻友好政策，通过经济利益的让步换取周边国家与印度在区域经济一体化方面的合作，确保印度经济发展的良好的地区环境，维护地区稳定，防止其他大国插手南亚事务，加快地区经济发展，维护印度在南亚的绝对领袖地位。"古吉拉尔主义"的适用范围包括印度周边国家和地区，主要是南亚、东南亚和环印度洋联盟，此举赢得了世界舆论对印度周边外交战略的赞赏，消除了南亚和东南亚对印度扩张的部分担心，有利于印度赢得南亚国家和东南亚国家的政治互信及军事合作。印度人民党政府发展了"古吉拉尔主义"，在周边外交上实现了重大突破，特别是印度的对缅政策开始奉行现实主义的地缘外交原则，印度外长开始对缅甸进行访问，商讨合作事宜。曼莫汉·辛格政府采取了多边外交的战略，在地区问题上采取了独立自主的外交政策，使印度和缅甸关系有了重大突破和长足发展，印度在缅甸事务上的影响力逐渐上升。

1. "古吉拉尔主义"与缅甸的关联

"古吉拉尔主义"的核心是印度不允许本国持不同政见者和反政府武装利用周边国家的领土从事反对印度政府的宣传和武装行动，也不允许其他国家的持不同政见者和反政府武装利用印度领土从事反对其他国家现政府的宣传和活动，强调不干涉其他国家内政。"古吉拉尔主义"为印缅关系的改善扫清了原则性的障碍。在1988—1992年，印度政府强烈谴责缅甸军政府镇压学生示威运动和使用武力打压民主运动者，公开支持由昂山素季领导的"民盟"。印度政府接纳了大量的缅甸政治流亡者，允许他们在印度领土设立办公室、开办报纸和电台，从事反对缅甸军政府的活动。① 印度这种干涉缅甸国内政治进程和民主化进程的行为违反了和平共处五项原则中的"互不干涉内政"原则，导致印缅关系跌到了冰点。"古吉拉尔主义"出台以后，印度不再公开支持缅甸持不同政见者在印度的公开宣传和活动，扫除了两国关系发展的原则性障碍。

"古吉拉尔主义"的出台显示了印度奉行睦邻友好政策的决心，其实践则证明了印度政府改善与周边国家关系的决心。1996年年底，印度与孟加拉国达成了分享恒河河水的协议；1997年古吉拉尔访问尼泊尔，两国达成了开发利用水力资源的共识。② "古吉拉尔主义"的提出与实践向缅甸军政府传递了一种积极的信号，即互不支持持不同政见者、互不干涉内政的原则同样适用于印缅关系。

2. 印度人民党现实主义的外交原则与缅甸的关联

印度与缅甸的关系真正实现快速发展是在印度人民党执政时期。从2000年

---

① Atish Sinha and Madhup Mohta, ed., *India's Foreign Policy: Challenges and Opportunities*, New Delhi: Academic Foundation, 2007, p. 605.

② 黄正多：《古杰拉尔主义及其对印度外交的影响》，《南亚研究季刊》2005年第4期，第57页。

开始，印度外交部部长级别及以上官员访问缅甸，与缅甸进行高层互访，增加了解与互信，促进两国关系快速发展。这种情况的出现与印度人民党政府实力至上的现实主义外交原则是密不可分的。印度人民党政府时期印度外交实现了重大突破，更加强调现实主义原则，在较大程度上摆脱了国大党长期形成的以不结盟为核心的理想主义的外交政策，更加积极主动地从国家利益角度出发制定和实践外交战略。"印度人民党一改过去印度对外政策的被动反（应）、犹豫不决、骑墙观望方式，以积极主动、果断大胆、立场鲜明的方式处理对外关系和国际重大问题。"① 正是在这些大胆突破的基础上，印度对缅甸的态度开始在实际行动上发生重大转变。

3. 曼莫汉·辛格政府的务实多边外交原则与缅甸的关联

曼莫汉·辛格上台后，印度国大党联盟政府在继承尼赫鲁外交战略模式的前提下，继续坚持"经济外交"战略，在印度经济实力和综合国力有了较大增长的情况下，全方位、多领域地推动印度与大国和周边国家外交关系的发展。印度外交政策仍然坚持独立自主的原则，但更加强调务实的国家利益原则。曼莫汉·辛格政府在外交政策和策略上做出了新的调整，使印度的外交表现变得更注重现实和更巧妙灵活。"国大党团结进步联盟政府在最低纲领中这么写道：'UPA政府将牢记传统，执行独立的外交政策，这政策寻求促进多极的国际关系，反对所有的单边主义企图。'"②

曼莫汉·辛格政府坚持独立自主的外交原则和现实主义的国家利益原则，继续推动和构建有利于印度经济发展的国际环境和地区环境。与前几任政府不同的是，印度在综合国力提升的情况下试图在国际重大问题和地区重大问题上发挥更加重要的作用，提高印度的大国地位。这种战略意图也反映在印度的对缅政策上。曼莫汉·辛格政府的对缅政策采取更加务实和现实的国家利益原则，在缅甸民主化进程缓慢推进但印度迫切需要借助缅甸推进区域经济一体化和区域经济、政治和安全合作的背景下，继续快速推进两国关系的发展，开展高层领导人互访，两国关系进入了自1962年以来的最好阶段。两国高层领导人互访，成果显著，特别是缅甸"和发委"主席丹瑞大将两次访问印度和印度曼莫汉·辛格总理2012年访问缅甸，这种最高领导人的互访为双边关系的快速发展提供了强有力的保障。

---

① 陈继东主编：《当代印度对外关系研究》，成都：巴蜀书社2005年版，第91页。
② 吴永年：《曼莫汗·辛格政府外交政策的调整》，《外交评论》2006年第1期，第78页。

第三节　印度对缅政策的调整及主要目标

印度对缅政策调整的主要动力是印度的国家利益，在现实主义的国家利益原则指导下，印度不断调整其整体外交战略和地区外交战略，这两大战略不断推动印度对缅政策向前发展。影响印度对缅政策的印度方面因素是国家利益指导下的整体外交战略的调整、整体外交战略指导下的地区战略的调整、印度执政政府不同的外交风格和印度对缅甸民主化进程的看法等。

一、印度对缅政策调整的主要动力与印度自身因素

（一）印度对缅政策调整的主要动力是印度的国家利益

1991 年拉奥政府提出经济改革的国家战略决策以后，印度政府面临着三大任务：从西方大国获得贷款，解决迫在眉睫的外汇危机；经济改革和开放，消除阻碍经济发展的制度障碍和政策障碍，吸引外资，发展对外贸易；为经济革新和开放提供一个稳定和平的国际环境和周边环境。因此，拉奥政府提出了以"经济外交"战略为指导的多元外交政策。自拉奥政府的"经济外交"战略出台以后，印度历届政府紧紧围绕为印度经济发展营造良好国际环境和地区环境这个目标而制定外交战略和政策。尽管不同政府的外交风格和外交思维有所不同，但是印度历届政府始终坚持以发展印度经济、实现印度大国地位为首要目标。

印度经济发展需要稳定和谐的国内政治局势与和平友好的国际环境和地区环境。拉奥政府认识到经济全球化和区域经济一体化正在逐渐成为世界不可逆转的潮流，东南亚和东北亚正在逐渐成为全球经济增长的中心，印度周边国家和地区经济的快速发展与印度的经济危机形成了强烈的对比。因此，拉奥政府从宏观上提出了"经济外交"战略，就其具体执行的政策则表现为"向东看"战略。印度希望通过"向东看"战略参与到东南亚经济一体化中来，并且希望领导南亚—东南亚地区经济一体化。

缅甸作为印度面向亚太和东南亚的桥头堡，其对印度的重要性显而易见。印度通过提倡恒河—湄公河合作计划、孟印缅斯泰经济合作计划、中印缅孟经济走廊计划、缅印泰公路计划等项目，加强同中国和东南亚国家特别是中南半岛国家的陆路与河运经济合作。从这些计划的名称中我们可以看到，印度任何试图通过陆运和河运方式加强同中国和东南亚国家经济合作的计划都首先要经过缅甸，因此赢得缅甸军政府对印度区域经济一体化战略的支持对印度来说是一个十分重要

的命题，也是印度重要的国家利益所在。

另外，缅甸民主化问题自 1988 年以来吸引了世界的目光，作为缅甸的重要邻国，印度在缅甸民主化问题上的态度也受到了世界大国的关注。在缅甸军政府被以美国为首的西方大国孤立和经济制裁的情况下，印度通过发展与缅甸军政府的友好关系可以迅速赢得缅甸军政府的好感，进而推动两国在能源、边界问题等领域的合作，获得实实在在的利益。而且，印度与缅甸军政府加强交往可以详细了解缅甸国内民主化发展的进程、制约因素等情况，使自身可以在推动缅甸民主化进程中有所作为。

（二）印度对缅政策调整的自身因素

影响印度对缅政策的印度方面的因素是国家利益指导下的整体外交战略的调整、整体外交战略指导下的地区战略的调整、印度执政政府不同的外交风格和印度对缅甸民主化进程的看法等。

印度向东南亚施加影响、解决边界叛军问题、实施区域经济一体化和构建区域安全都需要缅甸的合作与配合，印度"经济外交"需要构建的地区安全环境也离不开缅甸政府的配合与合作，印度"向东看"战略更需要作为东南亚和南亚"桥梁"的缅甸的支持，而且缅甸丰富的能源资源和矿产资源有利于缺乏电力和能源的印度的经济发展。正是在这些因素的影响下，印度政府的外交战略和地区战略逐渐向有利于改善印缅关系的方向转变。

印度人民党政府奉行实力至上的现实主义外交原则，在与缅甸的关系上采取现实主义的国家利益原则，在对缅外交方面实现了实践层面的重大突破。印度人民党政府敢于"冒天下之大不韪"的外交风格也促进了印度对缅态度的改善，印度高层领导人开始不顾西方国家的反对而访问缅甸，双方加强了合作与交流。

曼莫汉·辛格政府坚持独立自主的外交原则和现实主义的国家利益原则，在综合国力提升的情况下试图在国际重大问题和地区重大问题上发挥更加重要的作用，提高印度的大国地位。这种战略意图也反映在印度的对缅政策上。曼莫汉·辛格政府的对缅政策采取了更加务实和现实的国家利益原则，继续快速推进两国关系的发展，开展高层领导人互访，两国关系进入了自 1962 年以来的最好阶段。

二、印度对缅政策调整的过程

印度对缅政策调整的过程基本与印度的外交战略和执政政府的更替相一致。冷战后印度的对缅政策经历了四个阶段：1988—1992 年的批评、孤立缅甸军政府阶段；1992—2000 年的缓和接触阶段；2000—2010 年的快速发展阶段；2010

年至今的全面合作阶段。印度政府调整对缅政策的关键时间点是 1992 年、2000 年和 2010 年。

1988—1992 年，印度对缅甸的政策主要受印度传统外交战略观念的影响，尼赫鲁外交政策中注重人权、民主等道德原则的理想主义仍在发挥作用。另外的原因，一部分是支援缅甸地区民主斗争的原则立场，另一部分是基于印度首任总理尼赫鲁和缅甸独立英雄昂山（昂山素季的父亲）之间的交情，昂山素季与印度的甘地家族也有着深厚的关系。

1992—2000 年是缓和接触阶段。双边关系开始正常化，但时有冲突，这一时期整体仍处于缓慢发展的状态，究其原因，是印度方面经常有一些政策、做法或言论干扰双边关系的稳定和进一步发展，如印度政府在 1995 年授予昂山素季"尼赫鲁国际理解奖"，1998 年印度以缅甸与中国的军事合作对印度安全构成了威胁为由进行核试验，这些举动对刚刚有好转的两国关系产生了很大的负面影响。

2000—2010 年，印缅两国关系取得了突破性的进展。这一时期为两国关系快速发展时期，两国高层互访频繁，合作的领域和深度都得到了极大的扩展。印度主动加强同缅甸的高层互访，缅甸方面也积极配合，特别是缅甸"和发委"主席丹瑞大将 2004 年对印度的访问增强了两国的政治互信，扩大了双边交流。

2010 年至今，印缅关系持续高温，而相对于之前，印度在这个时期表现得更加主动和积极，以免失去这个通向东南亚的桥头堡。而缅甸从军政府向民选政府的和平过渡促进了政局稳定，使印度在更高层次、更深领域发展印缅关系有了可靠保证。印度对缅甸的重视，促使两国关系更为稳定，在可预见的将来，如不出现重大变故，印缅双边关系还会继续深化发展。

三、印度对缅甸外交政策的主要目标

印度对缅甸外交政策的主要目标是：从印度整体的外交政策目标来看，修复与加强同缅甸军政府的外交关系有利于印度"经济外交"和"向东看"战略的实现，推动印度领导的地区经济一体化进程，加强同东盟、东北亚国家的经济合作；从印度地区外交战略来看，加强同缅甸的关系有利于为印度经济发展构建和平稳定的周边环境，扩大印度的国际空间和地区空间，保证印度在地区问题上的影响力；从印度的国家利益来看，发展同缅甸的友好关系有助于印度利用缅甸丰富的能源资源和地缘位置加强两国之间的经济和政治联系，进而推动两国在印度东北部边境剿灭反政府武装、禁毒等领域的合作，加强印度对缅甸的影响力。

（一）印度整体外交战略的角度

缅甸作为印度通向东南亚和东北亚的陆路通道，对印度发展对东南亚和东北亚地区国家的经济关系、扩大对外贸易和提升印度综合国力具有重要的战略价值。印度的"经济外交"和"向东看"战略有两大目标：首先，在摆脱经济危机的情况下获得西方大国和东南亚国家的投资及技术，发展印度的进出口贸易，促进印度经济发展；其次，长远目标是在融入全球经济一体化的前提下，积极提倡并试图领导南亚地区区域合作和南亚—东南亚地区经济一体化进程。积极发展同缅甸的友好关系有利于印度在东盟中寻找一个"合作伙伴"，而且印度试图领导的区域经济一体化是需要大规模建设基础设施的，如建设高速公路网、铁路网等，这些基础设施建设需要缅甸的配合与支持。

（二）印度地区外交战略的角度

从印度地区外交战略的角度来看，印度对缅政策的目标主要是：解决印度东北部边界的叛乱武装问题；构建和平稳定的国内政治环境和周边环境；把缅甸纳入印度领导的地区合作计划中来，增强印度在南亚地区和东南亚地区的影响力。

印度地区外交战略是在其整体的"经济外交"框架下提出的，因此"古吉拉尔主义"也是服务于为印度经济发展构建一个和平稳定的国内外环境这一目标。印度东北部的反政府武装在缅甸境内设有基地，印度政府平叛并且维护东北部边界地区的稳定需要缅甸的配合与支持。

缅甸国内政局的发展也会影响到印度边界的稳定甚至印度国内政治局势。缅甸难民问题是影响两国关系的另一个重大问题，在缅甸民主运动失败后，缅甸当局加大力度搜捕反军政府人士，导致大批政治异议人士及普通民众涌入印度，特别是在1992年年初，成千上万的缅甸那加人逃往印度那加兰邦。缅甸难民进入印度东北部地区以后，需要印度政府提供人道援助，但是由于印度东北部地区经济发展水平较低，当地社会无法承担如此多难民的安置工作，导致缅甸难民夺去了部分属于印度人的工作岗位。因此当地人曾有反对缅甸难民的行为，这为本来就脆弱的东北部边境局势又增添了不稳定因素。

加强与缅甸的友好关系有利于印度扩展国际空间。冷战后印度政府对华政策的基调是和平与竞争共存，注重同中国加强经贸往来、扩大交流。据缅甸《十一新闻》报道，"2014—15财年头两个月，缅甸的边贸总额为6.5亿美元，其中中缅边贸额为5.56亿美元，缅泰边贸额为8 455.3万美元，缅印边贸额为810.2万美元，缅孟边贸额为196.4亿美元"①。中国对缅甸的经济影响力远远超过印度在缅甸的影响力，而且缅甸高层访问中国的频率也明显高于访问印度。缅甸作为中印两国共同的邻国，印度政府认为需要争取缅甸军政府的实际支持，应采取现实主义的国家利益政策，而不是坚持推动"缅甸民主化"得罪军政府。

（三）印度在缅甸的国家利益角度

经济利益是促使印度拉拢缅甸军政府的重要原因之一，因为缅甸的资源非常丰富，而且印度还可以通过缅甸与中南半岛的其他国家以及中国发展贸易，开展经济技术合作。缅甸具有丰富的矿产资源和能源资源，特别是石油和天然气储量丰富，而印度经济快速发展需要这些能源资源。"近年来缅甸与印度之间的毒品和武器走私问题也日趋严重，印度不仅是金三角毒品的重要市场，而且大量制毒配剂从印度流入金三角。所以，与缅甸合作打击毒品走私对印度也具有重要意义。"②

---

① 《2014—15财年头两月中缅边贸额达5.56亿美元》，http：//mm. mofcom. gov. cn/article/jmxw/201406/20140600623094. shtml，2014年6月12日。

② 李晨阳、瞿健文：《试论1988年以来印度与缅甸关系的发展》，《南亚研究》2005年第2期，第25页。

第四章　缅甸的地缘战略与对印外交的新变化

在现代国家的相互交往中，以地理特征、自然条件和地理环境等地缘要素为基础的包括地缘政治、地缘经济、地缘文明的地缘关系占据着重要位置，它是发展国家间关系的重要内容。在20世纪80年代末90年代初，随着东欧剧变和苏联解体的相继发生，自1945年"二战"结束之后开始形成的以美苏两国为首的东西方之间长达半个世纪之久的冷战状态得以终结，国际关系格局和国际地缘政治关系发生了翻天覆地的变化，各大国间关系和区域内国家间关系及彼此间的力量对比也悄然发生着变化，并伴随着以地理因素和区域内互动为特点的地缘关系格局的重新洗牌，使得各国相继调整本国的周边外交政策和地缘战略以适应现实的需要。对冷战之后的缅甸来说，其不仅面临国内要求政治改革的巨大压力，还需要应对国际关系格局和周边地缘战略环境变化所带来的挑战。回顾缅甸的国家发展历程，在冷战结束前后一段相当长的时间内，缅甸都面临着内外交困的形势，这主要是因为西方国家对缅甸实行了制裁以及孤立政策，使得缅甸面临着艰难的外交困局和地缘战略选择。西方国家对缅甸制裁的原因和具体政策是怎么样的？缅甸是如何从地缘政治的角度加以应对的？结果怎么样？军政府上台后缅甸是如何调整和改变其对印政策的？有哪些表现？缅甸对印政策调整背后有着怎样的原因和动力？这些都是本章所要回答的问题。

第一节　缅甸的外交困局及其地缘战略选择

1988年缅甸军政府上台，缅甸进入了新的历史发展时期。持续40多年之久的冷战也进入尾声，国际关系格局和国际环境处于不稳定的状态，而这一时期缅甸国家发展面临的最突出的问题是缅甸同时被诸多西方大国制裁和孤立，无论是在全球层面与欧美等西方发达国家的关系还是在地区层面与东南亚国家、印度等邻国的往来都处于艰难的境地，缅甸外交环境和对外政策都面临极大挑战。本节主要分析缅甸的外交困局及其外交策略的选择。

一、冷战后缅甸面临的外交困局

（一）缅甸国内政治状况

缅甸自 1948 年独立后，国内政治发展一直处于不稳定的状态，经历几次政权更迭，20 世纪 80 年代末国内政局变得更加动荡。从 1988 年 3 月开始，因不断恶化的经济形势和冲突频发的民族矛盾，缅甸在全国范围内爆发了长达半年的大规模游行示威活动。[①] "同年 9 月 18 日，以国防部部长苏貌将军为首的军人发动军事政变，推翻了自 1962 年起军人奈温通过政变建立的缅甸社会主义纲领党（Burma Socialist Program Party）政府，成立'国家恢复法律与秩序委员会'（State Law and Order Restoration Councils，即 SLORC，简称'恢委会'）执行政府权力，并宣布废除宪法，解散人民议会和国家权力机构。"[②] "该政变重新巩固了军人政权对一个自 1962 年以来一直有着军事基础的集权国家的控制。"[③] 为建立严密的统治体系，该委员会"在城市和农村安插了不同层级的军人成员以保证政令畅通"。1988 年 9 月 23 日，缅甸国名由"缅甸联邦社会主义共和国"改为"缅甸联邦"。[④] 缅甸政府遵从美国雇佣公司的建议，1997 年对"恢委会"进行重组并改名为"缅甸和平与发展委员会"（State Peace and Development Council，SPDC）。[⑤]

军政府成立后对缅甸的民主改革运动采取了高压政策，以图在缅甸建立军人独裁统治。最为突出的表现是在 1990 年的缅甸多党大选中，以昂山素季为首的"民盟"赢得了议会 485 个议席中的 392 席，占 80.8%，获得了压倒性的胜利。[⑥] 但是军政府以先制宪后组阁等理由拒绝交出权力，军政府的这一行为其实质上是对民主选举结果的否定，以美国为首的西方国家因此普遍开始对缅甸进行制裁，连印度都大力地支持缅甸反对派，而缅甸当时又非东盟成员，所以在冷战结束前夕，西方国家对缅甸的制裁和孤立使得缅甸无法开展国际交往和对外经贸并获得

---

① 李晨阳主编：《缅甸蓝皮书——缅甸国情报告（2011—2012）》，北京：社会科学文献出版社 2013 年版，第 223 ~ 224 页。

② M. W. Charney, *A History of Modern Burma*, Cambridge：Cambridge University Press，2009，pp. 159 – 160.

③ ［美］大卫·斯登伯格著，袁菁、刘务译：《美国及其盟国在对缅政策上的难题》，《东南亚之窗》2009 年第 1 期，第 50 页。

④ Ian Holliday, *Global Justice and the Quest for Political Reform in Myanmar*, Hong Kong：Hong Kong University Press，2011，p. 4.

⑤ David I. Steinberg, *Burma/Myanmar：What Everyone Needs to Know*, Oxford：Oxford University Press，2010，p. 83.

⑥ ［澳］约翰·芬斯顿主编，张锡镇等译：《东南亚政府与政治》，北京：北京大学出版社 2007 年版，第 207 页。

投资和先进技术等发展的有利条件，并直接导致缅甸面临极其困难的外交局面。

（二）美国对缅制裁的原因及措施

冷战结束后，美国作为超级大国，与许多大国在冷战后纷纷调整周边外交政策和关注地缘政治一样，也极其重视地缘战略支配的优势。"二战"后，美国积极参与全球事务，有一套清晰的地缘战略布局，力争在全球范围内传播其地缘政治理念。学术界曾经提出过"依附性发展理论"以解释拉美的发展，意思就是说，拉美的发展可以看作一种由美国主导的、有等级秩序的"地缘政治"的产物。[①] 可见，美国有着长远和详尽的地缘战略布局。

从美国和缅甸交往的历史看，美缅两国之间有着良好的互动和友谊，特别是中美英联合入缅抗击日军的历史更是奠定两国友好往来的基础。1948年1月4日，缅甸独立，并与美国建立外交关系。此后美国对缅甸给予了大量的援助和支持。当然美国的策略是经过深思熟虑的，"冷战期间美国对缅甸的各种援助，意在遏止'共产主义势力'的兴起，防止中国在缅华人改变缅甸国家的方向。……美国一系列对缅经济援助，都建立在'中国作为共产主义阵营的代表，其政治和意识形态扩张必须得到遏制'的基础上"[②]。但是缅甸并没有同美国结盟，"自建国后一直奉行'不结盟、中立性'的外交政策。[③] 在冷战的国际环境下缅甸的这一政策是有着很大风险的选择，既没有一边倒向资本主义阵营，也没有一边倒向社会主义阵营"[④]。但是美国并没有将缅甸视为不友好国家而加以敌视。即使缅甸实行独立自主的不结盟外交政策，美国还是给予了缅甸大量的支持与援助。1971—1973年，美国致力于改善美缅关系，多次宣布"尊重缅甸的不结盟政策"，20世纪80年代初美国恢复了对缅甸的经济援助，并先后向缅甸提供了数千万美元的赠款。

1988年冷战进入后期，缅甸爆发了大规模的全国暴乱，社会矛盾激化，缅甸政局变得动荡起来。美国借此机会支持缅甸反对派，美缅关系急剧恶化，开始进入长期的紧张状态。一方面，美国出台了对缅甸的制裁措施，"美国以缅甸存在人权、民主问题以及大量输出毒品等为由，长期对缅实行经济制裁和外交孤立，包括对缅实行武器禁运，停止对缅的经济、技术援助，阻止国际金融机构向

---

① Dennis Chapman，"U. S. Hegemony in Latin America and Beyond"，*International Studies Review*，2005，Vol. 7.

② 朱雄兵：《美国对缅制裁政策及其调整（1988—2010）》，中国社会科学院硕士学位论文，2010年，第14页。

③ 岳德明：《冷战后缅甸对华政策刍议》，《外交评论（外交学院学报）》2005年第4期，第57页。

④ 朱雄兵：《美国对缅制裁政策及其调整（1988—2010）》，中国社会科学院硕士学位论文，2010年，第13页。

缅提供援助，以及不向缅高官及其家属发放入境签证等。美国随后又不断强化对缅制裁"①。另一方面，冷战结束后，价值观外交成为美国制定对外政策的重要影响因素。美国奉行"人权高于主权"的新干涉主义，其基本观点是："主权国家的政府在行使主权时是有限度的，当一国人民遭到超出限度的专横和持续的虐待时，别国就有理由使用强制手段实施人道主义干涉。"②

从美国对外关系历史看，美国的外交政策制定原则离不开文化输出和扩张，以资本主义意识形态或西方文化价值观为划分敌友标准的传统在美国外交政策中占据着重要地位。"基于对民主、自由与人权等基本价值的尊重而强调这些基本价值是外交政策的基础与原则的外交实践，是'二战'后西方大国外交的一大特色。"③ 美国由对缅甸的友好扶植策略向制裁和压制的政策的转变便是这种外交理念的作用。美国政府决策层官员 Paule J. Dobriansky 坦承："在国外促进民主与人权不仅是一种道义上迫切需要履行的任务，而且是一种支持美国国家安全的可靠战略方式。"④ 另外缅甸的人权状况也成为美国进行制裁的理由和砝码，人权问题一直是美国外交所关注的重要问题。"在美国的决策者看来，输出民主与促进人权是密不可分的，输出民主本身就是促进人权的努力。同样，促进人权也是为了支持民主，是输出民主的一部分。"⑤ 所以面对缅甸军政府侵犯人权的"反民主"行径，美国政府当然"义不容辞"地选择实施坚决的制裁措施。

从 1989 年老布什总统上台到而今的奥巴马政府，美国共经历了 4 届政府。1988—1990 年是缅甸政局动荡的时期，缅甸总参谋长苏貌通过发动军事政变上台执政，建立起新的军人政府。从此以后，美缅关系逐渐恶化，美国停止了对缅甸的援助和扶植政策，转而对缅甸实施强硬的制裁、限制措施，虽然到 2009 年奥巴马政府开始重新评估和检讨对缅甸的政策，并且开始有意识地转为试探性的接触，但是总的来说，到目前为止，美国对缅甸的政策还是以制裁为主。从历史来看，美国对缅甸的制裁政策大体上可以分为三个阶段。1988—1997 年为第一阶段，这一阶段是从 1988 年苏貌军政府上台开始，到 1997 年昂山素季被解除软禁结束为标志；1997—2003 年为第二阶段，这一阶段的时间标志是 2003 年昂山素季再一次被软禁；2003—2009 年为第三阶段，2009 年奥巴马政府开始尝试与缅甸政府接触，美国对缅政策有调整和改变的趋势。

① 宋清润：《美缅关系改善的现状、动因及前景》，《亚非纵横》2010 年第 2 期，第 52 页。

② 王缉思、徐辉、倪峰主编：《冷战后的美国外交（1989—2000）》，北京：时事出版社 2007 年版，第 39 页。

③ 朱锋：《"价值外交"与亚洲政治新变局》，《现代国际关系》2007 年第 9 期，第 7 页。

④ Paule J. Dobriansky, " Human Rights and U. S. Foreign Policy", *The Washington Quarterly*, 1989, Vol. 12, No. 2.

⑤ 罗艳华：《美国输出民主的历史与现实》，北京：世界知识出版社 2009 年版，第 137 页。

　　从 1988—1997 年，美国政府共经历了里根、老布什和克林顿三任总统。1988 年缅甸军政府接管政权及对反政府运动的镇压，使得美国立刻孤立缅甸，"美国拒绝承认新军人政府的合法性，并且仍旧使用'Burma'的旧名而不是'Myanmar'来指称缅甸"[①]。为了表明不承认缅甸军政府合法地位的立场，美国驻缅甸大使有意不与军政府接触。为进一步制裁缅甸，1990 年美国正式召回驻缅甸大使，并将与缅甸的外交关系降为代办级。"1992 年开始，由于缅甸糟糕的人权状况，美国参议院外交关系委员会一直拒绝向缅甸任命派遣新的大使。"[②] 另外美国也开始否认缅甸在各种不同多边国际组织里的成员国身份，比如国际货币基金组织、世界银行等。美国参议院和众议院通过了《1990 年关税与贸易法》（*The Customs and Trade Act of* 1990），这样美国总统对缅甸实施相关的经济制裁方案就具有法律依据和效力。美国依据其国内的相关法律条文，立刻取消了除人道主义援助以外其所提供的所有经济、禁毒和军事援助，对缅甸实行武器禁运，禁止缅甸政府高官及其家属进入美国，撤销了给予缅甸的最惠国贸易的待遇。1996 年 1 月通过的《缅甸自由和民主法案》不仅要求对缅甸实施新的更严厉的经济和贸易制裁，还要求对与缅甸有贸易联系、对缅提供援助的国家实施制裁。"1996 年美国政府出台针对性的政策禁止缅甸政府高官及家属获得入境签证。"[③] 至此，美国对缅甸实行的政策措施更加全面和严苛，例如 1997 年 5 月 20 日，克林顿总统发布第 13047 号行政命令，禁止美国公民和美国公司对缅甸进行新的投资，包括直接或间接为缅甸政府带来收益的合约和合作项目。[④] 不过在此之前的约定则不受限制，如"法国道达尔公司的天然气开发和缅甸泰国之间的近海天然气管道铺设工程。据估计，该项目每年会为缅甸政府赚取 4 亿~6.47 亿美元的收入"[⑤]。美国将对缅甸的制裁上升到了在国内立法的高度。美国还规定："美国的对缅出口商和投资者不能得到美国进出口银行或海外私人投资协会的金融支持或服务，同时还阻止包括世界银行、国际货币基金组织、联合国开发计划署、世界粮农组

　　① Mya Saw Shin, Alison Krupnick, and Tom L. Wilson, *Burma or Myanmar? U. S. Policy at the Crossroads*, Seattle: National Bureau of Asian Research, 1995.

　　② Larry A. Niksch, "*Burma-U. S. Relations*", in Alden T. Roycce, ed., *Burma in Turmoil*, New York: Nova Science Publishers, 2008, p. 66.

　　③ Matheo Falco, *Burma, Time for Change: Report of an Independent Task Force Sponsored by the Council on Foreign Relations*, Washington D. C. : Council on Foreign Relations, 2003, pp. 23 – 24.

　　④ 该行政命令的根据是 1997 年《对外业务、出口融资和相关项目拨款法》（*Foreign Operations, Export Financing, and Related Programs Appropriations Act*）第 570（b）款。William J. Clinton, "Executive Order 13047—Prohibiting New Investment in Burma", http://www.gpo.gov/fdsys/···/CFR-1998-title3-vol1-eo13047.hrml, 1997.

　　⑤ Donald M. Seekins, "Burma and U. S. Sanctions: Punishing an Authoritarian Regime", *Asian Survey*, 2005, Vol. 45, No. 3, p. 452.

织等国际组织向缅甸提供多边贷款、双边贷款或援助等。"①

从上述可以看到，缅甸军政府上台后，美缅关系转向，缅甸成为美国外交议程的高级问题，美国政府单方面寻求在诸多领域对缅甸进行制裁和孤立，事实上在冷战之后的政治议程中，美国外交政策越来越以利益集团为基础，单边经济制裁成为美国外交政策中经常使用的手段和措施。这既受到总体世界格局的影响，又受美国国内政治的左右。"冷战之后世界整体上在走向全球化、自由化，这包括产品、人员、思想更为广泛地流动，美国成为这个潮流名义上的推动者。但是美国国内工人联盟、环保分子、人权组织、种族主义团体等利益集团越来越左右着美国的外交政策，使得单边经济制裁成为冷战后美国政策的一个中心趋势。"②并且在出台制裁政策的层级上，"不仅涉及美国联邦，还包括美国州政府和地方政府"③。例如，"缅甸军政府在1995年释放了昂山素季和其他一些政治犯，仰光同意与美国在反毒品问题上进行合作，包括同意美国对缅甸罂粟种植情况进行调查"④。缅甸释放出了积极友好的信号，美缅关系有改善的迹象，但是获释后的昂山素季继续投身民主运动，抨击军政府。鉴于这种背景，美国议会里要求制裁缅甸的声音甚嚣尘上，并且频频向总统施压，要求其对缅甸采取严厉的制裁行动。总之美国对缅甸的制裁措施不仅是两国关系发展的结果，也与复杂的国内环境有关，美国对缅甸制裁的第一阶段呈现出的特点是"美缅关系出现恶化，并且降低到1948年以来的历史最低点。美国开始从各个方面孤立缅甸，撤销各种经济政治援助，但是美国在经济、政治上的制裁力度仍是'有限的'"⑤。

1997年之后是克林顿总统第二任期，当时缅甸军政府对国内民主派运动的镇压一直在持续，在军政府统治下，缅甸成为世界上最不发达的国家之一，普通民众为改变贫穷落后的生活状况，满足基本生活需求，大面积地种植具有高额利润的罂粟，并形成了生产、加工、走私等一条龙的运作模式。作为世界上主要的罂粟、海洛因生产国，缅甸军政府违反国际协议，继续容忍毒品走私活动，并且很大一部分毒品进入美国市场，给美国社会带来了很多的问题。由于缅甸政府糟

① 尹齐喜：《西方对缅甸的制裁及其影响》，暨南大学硕士学位论文，2010年，第7页。

② Robert Corzine and Nancy Dunne, "U. S. Business Hits at Use of Unilateral Sanctions", *Financial Times*, 16 April 1997; David Kirschten, "Chicken Soup Diplomacy", *National Journal*, 1997, Vol. 29, No. 1.; David Kirschten, "Economic Sanctions: Speaking Loudly... But Carrying Only a Small Stick", *National Journal*, 1997, Vol. 29, No. 1.

③ National Association of Manufacturers, *A Catalog of New U. S. Unilateral Economic Sanctions for Foreign Policy Purposes*, 1993 - 1996, Washington: NAM, 1997.

④ "U. S. Policy toward Burma", *U. S. Department of State Dispatch* 6, No. 30, 24 July 1995.

⑤ 参见朱雄兵：《美国对缅制裁政策及其调整（1988—2010）》，中国社会科学院硕士学位论文，2010年，第20~21页。

糕的人权状况和毒品泛滥等种种问题，美缅迟迟无法改善关系。"1997年4月22日，美国政府以缅甸军政府破坏人权、听任毒品泛滥为由，对缅甸实施经济制裁。这是1989年美国宣布对缅进行制裁后再次宣布对其实行制裁。"① 美国对缅制裁力度进一步加大，增加了许多条款，包括在原来"中止援助计划、禁止军售、不给予优惠关税"的基础上，又加上"反对给予缅甸多边贷款、禁止本国公民到缅投资、拒绝为缅甸军政府高官及其家属发放签证"②。

在克林顿总统任期内，美缅关系始终处于低谷，双方一直保持对立的局面，美缅关系继续恶化，"1998年5月20日，克林顿在日内瓦宣布美国将继续对缅实行制裁；8月1日，美国（国）会通过一项议案，批准向流亡国外的缅甸民主人士提供1 000万美元的政治活动经费；11月9日，美国把缅甸列为全球侵犯人权第二严重的国家，仅次于阿富汗。1999年2月中旬，美国宣布将继续对缅实施制裁，直至缅甸政府采取有利于民主、尊重人权及在禁毒方面进行合作的行动"③。尽管美国政府对缅甸采取了严厉的制裁措施，但是美国国内也面临着很大的压力，"对于美国州与地方政府跟随联邦出笼的对缅制裁法案，美国跨国公司、外国政府、外国公司都不欢迎，这也把美国联邦政府放在一个很矛盾的冲突位置上"④。所以从2001年小布什上台到2003年，小布什政府基本上一直维持着克林顿时期的对缅制裁政策和力度。促使美国制裁措施进一步升级的是2003年"5·30事件"的发生。2003年5月30日，由昂山素季领导的"民盟"在欧美国家的支持下，违反缅甸政府的禁令，悄悄组织人员起草新宪法草案，并加强了与西方国家驻缅甸使馆的联系，引起缅甸政府的强烈不满，昂山素季和"民盟"成员受到大批武装人员的袭击，造成多人伤亡，随后，缅甸政府以"破坏民族团结、诋毁政府形象"为由将昂山素季软禁。"5·30事件"的结果是昂山素季在缅甸瓦城三度被缅甸军政府逮捕，并被重新软禁，许多"民盟"成员被逮捕或杀害，"民盟"遭到重创。"2003年昂山素季的再次被捕，引起了西方舆论世界的巨大哗然。"⑤ 美国的反应最为激烈，"时任美国国务卿的鲍威尔强烈谴责缅甸和平与发展委员会的袭击行为是'暴行'，并且宣称美国将对该事件做出强有力的回应"⑥。美国面临着巨大的国内外舆论压力，使得美国进一步加强对缅甸的制裁

① 贺圣达、李晨阳编著：《缅甸》，北京：社会科学文献出版社2009年版，第426～427页。

② Peter Baker，"U. S. to Impose Sanctions on Burma for Repression"，*Washington Post*，22 April 1997；Steven Erlanger，"Clinton Approves New U. S. Sanctions against Burmese"，*New York Times*，22 April 1997.

③ 贺圣达、李晨阳编著：《缅甸》，北京：社会科学文献出版社2009年版，第427页。

④ Kimberly Ann Elliott，"Evidence on the Costs and Benefits of Economic Sanctions"，http://www. iie. com/publications/testimony/testimony. cfm? ResearchID = 29，1997.

⑤ Doug Bandow，"Suu kyi's Plight Prompts U. S. Sanctions against Burma"，*The Guardian*，16 July 2003.

⑥ Colin Powell，"It's Time to Turn the Tables on Burma's Thugs"，*Wall Street Journal*，12 June 2003.

力度，"美国外交关系委员会就要求联合国安理会召开紧急会议谴责缅甸军政府镇压国内民主运动的行为，呼吁联合国立即对缅甸进行制裁"①。美国总统布什于同年 7 月签署《2003 年缅甸自由与民主法案》（*Burmese Freedom and Democracy Act* 2003），宣布对缅甸军政府实行更为严厉的制裁措施，主要包括"在三年内禁止从缅甸进口任何货物，冻结缅甸军政府在美国的资产，禁止向缅甸政府官员发放赴美签证，禁止美国公司在缅甸投资，反对向缅甸提供贷款和技术援助，向缅甸反政府的民主人士提供活动经费"②。

2004 年 10 月缅甸总理钦纽大将遭到军内清洗，缅甸召回了驻美大使，双方关系恶化，以至于都未再接受新的大使，双边外交关系降为代办级别。"进入 2005 年下半年后，美国对缅'以压促变'的力度开始加大。美国国务卿……把缅甸问题能否解决，提升为检验美国全球战略和亚太战略的一块'试金石'，缅甸问题被列入美国外交政策的优先议程，重要性显著上升。"③ 2007 年，缅甸军政府镇压"袈裟革命"这一举动，使美国政府认为缅甸军政府违反了基本的人权，并以此为由针对缅甸政府出台了新一轮的制裁措施，"考虑到过去有关经济方面的制裁决议对于缅甸的普通民众产生了不利的影响，新的制裁措施将目标对准了军政府高层"④。"2007 年 10 月和 2008 年 4 月 30 日，布什总统分别签署 13448 号和 13464 号行政命令，宣布冻结缅甸在美国的全部资产，对任何和缅甸政权有关联的个人和企业都实施制裁。"⑤ "2008 年 7 月，美国明文禁止美国公司与三类缅甸公司进行贸易，该三类行业被认为为缅甸政府服务，包括缅甸的珍珠业、宝石业和木材业。"⑥ 到 2009 年奥巴马总统上台，调整了美国全球战略布局，适当放松以价值观画线的强硬外交政策，转而推行"巧实力"外交，对缅甸采取了开放的接触战略为止，美国已对缅甸实施了 20 年的制裁。回顾美国对缅政策的不同阶段，美国对外制裁有其坚实的国内法基础，它所实施的制裁，要么按照国内法的相关规定进行决策和组织实施，要么通过总统颁布行政命令实施。现在美国对缅甸的政策和策略更加强调灵活性，外交活动力度也明显加大。

---

① 贺圣达、李晨阳编著：《缅甸》，北京：社会科学文献出版社 2009 年版，第 429 页。

② http：//beta. congress. gov/bill/108th-congress/senate-bill/1215，2014 年 4 月 13 日登录。

③ Barry F. Lowenkron, "Testimony on 'What Direction for Human Rights in Burma?'", http：//2001 - 2009. state. gov/g/drl/rls/rm/2006/68670. html，2006.

④ Oxford Analytica, "Will Sanctions Work against Myanmar?", http：//www. forbes. com/2007/10/12/ myanmar-sanctions-korea-cx_1015oxford. html，2014 年 3 月 2 日登录。

⑤ George W. Bush, "Executive Order 13448—Blocking Property and Prohibiting Certain Transactions Related to Burma", 18 October 2007. George W. Bush, "Executive Order 13464—Blocking Property and Prohibiting Certain Transactions Related to Burma", 30 April 2008.

⑥ http：//www. whitehouse. gov/the-press-office/2014/05/15/notice-continuation-national-emergency-respect-burma，2014 年 3 月 4 日登录。

（三）其他西方国家的对缅制裁

1988 年缅甸军政府上台后，除美国以外，其他西方国家也对缅甸实施了较为严厉的制裁，包括日本、澳大利亚、加拿大等都出台了相应的制裁措施。加拿大和澳大利亚等在缅甸问题上的态度和美国基本一致，例如澳大利亚和美国一道"禁止向缅提供人道主义、促进民主和人权以外的援助，并阻止国际金融机构向缅提供援助"①。西方国家围绕民主和人权两个主题对缅甸政府施加巨大的压力，使得缅甸军政府的外交局面极其困难。军政府上台伊始，欧共体就以缅甸政府破坏民主法制和违反人权为由驱逐了缅甸在欧共体的外交武官，并对缅甸实行武器禁运。

1991 年，欧洲议会授予昂山素季"欧洲人权奖"，1991 年 10 月，为表彰昂山素季对民主人权斗争的贡献，瑞典科学院宣布授予昂山素季"诺贝尔和平奖"。1996 年 10 月 22 日欧洲议会发表声明，"要求欧盟国家'响应昂山素季有关欧盟应该终止与缅甸的贸易、旅游及投资等一切联系来对缅甸现政权实行制裁的要求'"②。同年 10 月 28 日，欧盟外长会议重申了关于缅甸的制裁措施，包括禁止向缅甸军政府高级官员及其亲属发放入境签证，并暂停对缅甸的高级别官方访问，同时规定禁止在欧盟注册的公司与具有军政府背景的缅甸企业进行经贸往来。随后欧盟以缅甸存在强制劳动为由取消了对缅甸的贸易普惠制。在 2003 年"'5·30 事件'发生后，欧盟立即发表声明指责缅甸军政府严重侵犯人权……增加了严禁与军事有关的人员培训，暂时中止欧盟对缅甸的发展援助等内容"③。"2007 年缅甸发生'袈裟革命'后，欧盟禁止成员国同缅甸 1 027 家企业有任何生意上的往来，并且对军政府的更多成员实施签证禁令并冻结他们的资产"；"2008 年，欧盟宣布延长 2006 年的共同立场至 2009 年 4 月 30 日，并对共同立场的有关条款做出修改"④。

需要提及的是，日本是所有西方国家中对缅政策最为灵活和务实的。与其他西方国家在处理与缅甸关系时过分强调意识形态因素不同，日本在处理与缅甸的关系上，始终把国家利益置于最重要的位置。历史上日本与缅甸就有密切的往来，且日本在缅甸有巨大的经济利益和战略利益。作为曾侵略过缅甸的国家，日本曾是缅甸最重要的 ODA 提供国，"从 1948 年缅甸独立到 1988 年军政府上台 40 年间，日本将其对外经济援助的约　半提供给了缅甸"⑤。"日本 ODA 占缅甸自

① 杜兰：《美国调整对缅甸政策及其制约因素》，《国际问题研究》2012 年第 2 期，第 43 页。
② 钟智翔主编：《缅甸研究》，北京：军事谊文出版社 2000 年版，第 306 页。
③ 贺圣达、李晨阳编著：《缅甸》，北京：社会科学文献出版社 2009 年版，第 440 页。
④ 尹齐喜：《西方对缅甸的制裁及其影响》，暨南大学硕士学位论文，2010 年，第 16～17 页。
⑤ 到 1988 年为止，日本 ODA 对缅援助额为 22 亿美元。

1976 年至 1990 年间收到的 ODA 总额的 66.7%。"① 迫于美国的压力和防止中国在该地区影响的扩大，日本对缅甸采取的是表面上制裁实际上怀柔的策略。

在缅甸所面临的西方国家制裁中，美国的制裁是全面性和强硬性的，其他国家则更看重本国利益的得失。它们或迫于美国的压力，或响应美国的号召对缅甸实行制裁，基本目的都是促使缅甸成为西方式的民主国家，因为缅甸政府的反民主行为被认为是对西方国家在冷战刚结束时大力推行的民主价值观的巨大挑战。"冷战后没有任何一种'敌对的意识形态'敢于向'自由民主制度'提出挑战，民主国家之间不会发生战争，自由民主制度是民主和平的前提和可靠保证，因此，在世界范围内传播和推行自由民主制度将意味着世界'永久和平'的到来。"② 正如克林顿总统宣称："在世界上保卫自由和促进民主并不仅仅是我们的最深刻的价值观念的反映，这些都对我们的国家利益至关重要。民主意味着国家之间和平相处，思想和贸易相互开放。"③

缅甸此时建立军政府无疑是重重地撞在枪口上，当然西方国家也是从本国国家利益出发处理与缅甸的关系，它们的策略并不完全一致。在美国等西方国家的控制下，包括联合国在内的许多国际组织也对缅甸实行了不同程度的制裁措施。此外缅甸的许多邻国也在与缅甸的关系上磕磕绊绊。总之 1988 年缅甸军政府上台后，在外交上遇到困境，陷入孤立无援的境地，无论是与大国间的双边关系还是与相邻国家如印度、中国和东南亚国家的邻里关系发展都不顺利。在这种情况下，军政府为强化统治，在国内采取巩固统治基础的措施，却导致自身面临更大的制裁，使其国内经济发展和外交环境进一步恶化，陷入恶性循环。如图所示：

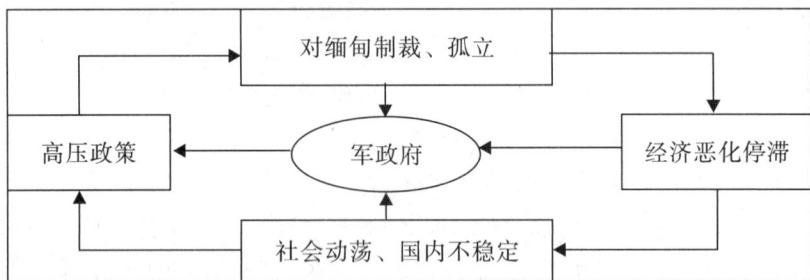

资料来源：朱雄兵：《美国对缅制裁政策及其调整（1988—2010）》，中国社会科学院硕士学位论文，2010 年，第 47 页。

---

① ［日］工藤年博著，张荔烨编译：《缅甸与日本：昔日友邦如何渐行渐远》，http：//icwar. bfsu. edu. cn/2008/06/602，2014 年 3 月 2 日登录。

② 倪世雄等：《当代西方国际关系理论》，上海：复旦大学出版社 2001 年版，第 452～453 页。

③ ［美］伯姆斯塔德著，学群译：《克林顿的内政、外交政策》，《现代外国哲学社会科学文摘》1993 年第 2 期，第 7 页。

缅甸的外交困局是在国际格局变化的大的国际背景下出现的，既有西方国家对外政策调整和外交战略重新布局的影响、国际政治经济发展形势的变化等外部因素的作用，也是其复杂的国内政治状况和外交政策所造成的。总的来看，冷战之后，面对外交困局，缅甸军政府并不是一味地坐以待毙，消极应对，它也在悄然地寻找外交突破，制定适合的外交策略，与邻国和大国积极改善外交关系。

二、冷战后缅甸的地缘外交策略

（一）缅甸的地缘政治环境

由于缅甸军政府上台后面临上述的外交困境，缅甸政府积极制定和调整外交政策，国内改革和外交调整同时谨慎进行，尤其是在地缘战略方面进行了新的选择。此处先对缅甸的地理概况和地缘战略位置进行简单介绍。从自然地理条件方面看，缅甸位于亚洲东南部、中南半岛西部，其北部和东北部同中国西藏自治区和云南省接壤，中缅国境线长约 2 185 千米，其中滇缅段有 1 997 千米；东部与老挝和泰国毗邻，缅泰、缅老国境线长分别为 1 799 千米和 238 千米；西部与印度、孟加拉国接壤。缅甸南临安达曼海，西南濒临孟加拉湾，海岸线总长 2 655 千米，自古被称为"佛塔之国""翡翠之国"。[①] 所以缅甸有着复杂的地理条件和重要的地缘战略位置。

一般而言，对于任何一个国家，都面临三个层次以上的地缘政治环境，即与相邻国家间的地缘关系，与周边国家共同相处的区域地缘环境，以及整个世界范围内的地缘政治环境。缅甸军政府上台恰逢冷战行将结束时期，整个国际关系格局和地区地缘形势都发生了新的变化。从缅甸的地缘环境看，缅甸是中国进入印度洋的最便捷的西南出海通道，且有丰富的油气资源，经过缅甸的油气管道对中国来说不仅仅扩大了油气来源，而且可以绕开马六甲海峡、经略印度洋，更加具有战略意义。对于缅甸的另一强邻印度来说，缅甸是印度"向东看"战略的重要一环，是印度进入更广阔的太平洋地区的重要跳板。同时缅甸又是东盟的最西北部分，也是唯一与东南亚国家在亚洲所同时面临的强邻——中国和印度接壤的国家，所以缅甸的地理位置非常重要，其地缘战略位置对应着重要的利益。

从区域地缘格局看，缅甸的战略位置也非常重要。缅甸处于东亚、南亚、东南亚的交汇地带，是联结南亚和东南亚的唯一陆上交通枢纽，也是纵深的亚洲腹地南下进入印度洋的非常便捷的出海通道，并且与马六甲海峡出入口相邻。由此看出，缅甸在地区层次上的地缘环境也非常复杂和重要。从全球层面上看，缅甸

---

① http：//www.myanmarembassy.com/english/tours_i.htm，2014 年 4 月 14 日登录。

地处亚洲的东南部，紧邻太平洋和印度洋，眺望大洋洲，是欧洲、非洲、亚洲和大洋洲之间海事航线的重要交通地带。冷战结束后，欧洲地区紧张对峙的格局消退，进入和平发展的轨道，亚洲在美国等大国国家战略中的重要性上升，使得缅甸在一定程度上融入大国矛盾斗争与利益合作的交汇圈，因而缅甸的地缘战略位置变得极为敏感和重要。缅甸的外交政策和地缘战略选择也必然受到大国利益分配和力量格局的影响。

尽管有着重要的地缘政治地位，但是这并未给缅甸带来相应的国际地位，相反这一时期缅甸却面临外交困境。缅甸是一个小国，在西方国家的制裁、封锁之下为获得生存，必须努力自救，积极扩展外交空间，打破外交困局。一般来说，"一国的外交政策的延续和变通需要考虑许多因素，包括面临新的问题、新的交往对象、新的战略调整、新的变化形势等，还要衡量积极和消极的影响两个方面的关系"①。也就是要及时准确地反映变化的现实和维护好国家利益的得失。缅甸军政府上台后面临的外交困局使其制定外交政策时更加小心谨慎，新政府面对前所未有的外交困境和地缘政治环境的变更，不得不重新调整地缘外交策略。

无论从国土面积或者是国家实力还是国际影响力的角度看，缅甸都只是一个小国或只有地区影响力的国家。在当今国际关系领域里，虽然名义上各国主权平等，但是大国间的利益分配和权力平衡支配着世界体系的运转是心照不宣的事实。在国际社会中，任何时候、任何地区、任何国际事务都是受到大国的约束和影响的。一般而言，对小国来说，其地缘战略选择要么是利用独特的地理优势保持相对独立自主的中立态度，如新加坡；要么是依附于某一大国，如以色列。缅甸重要的地缘地位使其难以摆脱大国间的战略和利益争夺。

在 1988 年军政府上台前的整个冷战时期，缅甸政府经历了吴努和奈温两个阶段，虽然在具体的外交政策和策略上有所不同，但缅甸当局基本上实行的是独立自主的不结盟外交战略。军人政权上台后，面对冷战结束的新形势和自身面临的被西方国家孤立和制裁的外交困境，为在夹缝中求得生存，维护国家利益，维持军政府的统治，缅甸的外交政策保持了传统的中立主义，但是更加看重利用自身的地缘区位特点，采取积极外向的外交策略，在积极参与国际事务、努力谋求改善同东西方国家关系的基础上，把改善和发展与邻国的双边或多边关系作为重中之重。缅甸把本国的外交定位与地缘环境结合起来，努力打破外交困局，实现最大限度的外交境况改善。这就决定了缅甸外交的努力方向是周边邻国。

---

① F. K. Lehman, *Military Rule in Burma since* 1962, Singapore：Maruzen Asia Pte. Ltd. Press, 1981, p. 9.

（二） 缅甸对中国的地缘外交

缅甸首先是促进和发展同中国的关系。缅中之间的良好关系一直对缅甸的稳定和发展起到积极的促进作用，是缅甸地缘战略中有利和不可或缺的一环。面对西方国家严厉的制裁与封锁，缅甸军人政权在外交上几乎完全陷入孤立。为了控制国内局势，改善国家即将崩溃的经济局面，军人政权开始了自独立以来在外交政策方面最为重大的调整，"放弃了坚持近四十年的中立主义外交，转向中国求援，提出要同中国结盟，共同抗击美国"。所以缅甸政府更加重视发展其同中国的友好关系，希望中国在维护缅甸国内稳定方面给予理解和支持。缅甸政府外交努力的目标是积极向中国靠拢，希望借助中国不断上升的经济力量渡过经济难关，尤其是中国作为联合国安理会常任理事国，若是联合国要做出全面制裁缅甸的决议，中国可以动用否决权，[①] 这对缅甸来说有很大帮助。

缅甸和中国是比邻而居的两个国家，两国有着悠久的交往历史，特别是在日本侵占缅甸时期，中缅并肩奋斗，共同抗击日本侵略者，数十万中国远征军在旺盛的士气和顽强的斗志下和英美盟军一道在中缅战场上浴血奋战，为抗击日本侵略的胜利和缅甸的独立贡献了巨大的力量，[②] 谱写了两国深厚情谊的华美篇章。新中国成立后，中缅继续保持友好往来，"中缅 1950 年建交以来，除了在 1967 年至 1970 年两国发生过不愉快外，两国一直睦邻友好，在国际和地区事务中保持高度一致，双边关系发展平稳。两国老一辈领导人建立起了'胞波'情谊，互访频繁"[③]。1962 年 2 月 22 日正式生效的《中华人民共和国政府和缅甸联邦政府关于两国边界问题的议定书》标志着历史遗留下来的中缅两国之间双边陆地边界问题最终得以全面彻底地圆满解决。[④] 缅甸和中国的另一个历史问题是华侨华人问题，缅甸虽然有过短暂的排华骚乱，但多数民众基本上对华人保持善意。"作为以信仰佛教为主的国家，缅甸人民生性温和，因而长期以来对于外来经商或定居的中国人基本上保持着包容、友好的态度。"[⑤] 中缅之间历史遗留的边界和在缅华侨问题的解决更是为两国关系的发展开辟了新的征程。这些友好交往的基础使得缅甸在地缘战略选择上把中国作为冲破西方国家孤立和制裁的突破口。

以美国为首的西方国家的制裁和孤立使苏貌政变后的缅甸陷入经济和外交困

---

① 莫大华：《缅甸军政府之对外关系》，《问题与研究》1997 年第 10 期，第 78 页。

② 徐康明：《中缅印战场抗日战争史》，北京：中国人民解放军出版社 2007 年版，第 9 页。

③ 邵建平：《中缅关系及其障碍因素探析》，《东南亚之窗》2013 年第 3 期，第 5 页。

④ 齐鹏飞：《大国疆域——当代中国陆地边界问题论述》，北京：中共党史出版社 2013 年版，第 222 页。

⑤ 阮金之：《冷战后中缅印三边关系研究》，暨南大学博士学位论文，2010 年，第 38 页。

境。为缓解困境，打破制裁，上台不久的军政府在地缘战略选择上将目光投向有着传统友好关系和类似境遇的北邻——中国。这一时期缅甸和中国改善关系的举动处于完全有利的历史节点，"中国不仅在经贸上大力援助缅甸，而且还对促成缅甸少数民族地方武装同军政府达成停战协议发挥了作用"①。

缅甸改善与中国的关系使其收获颇丰，中国变为缅甸的"重要盟国和武器供应国"②。因此较之前政府，缅甸军政府对中国采取了更为友好的政策。冷战结束之后，中国的改革开放进一步深化，在外交策略选择上逐渐消退意识形态的影响，转而更加务实，以国家利益为中心，以和平共处五项原则发展与他国关系，不干涉别国内政。这为缅甸在地缘战略选择中倾向中国提供了吸引力。中国的政策宣示不断地强化军政府的选择对华友好这一理念。"中国不干涉缅甸内政、不向军政府施压、反对西方国家插手昂山素季与缅甸政府之间的对抗，且不断提供援助。中国一直是少数几个向军政府提供武器、外交支持和援助的国家之一。"③"缅甸成为东南亚地区同中国关系最密切、对中国依赖程度最高的国家。"④ 甚至有学者称"军政府的存亡取决于中国"⑤。1988 年以来中国为缅甸提供了大量的经济技术援助和无息贷款，为促进缅甸的经济社会发展发挥着巨大的作用。为摆脱困境，巩固统治，缅甸新政府在促进政治民主、发展经济以及推动与民族地区的武装和解方面，展开了一系列改革。⑥ 在具体政策方面，中国改革开放的经验与模式对急于发展经济、摆脱困境、巩固政权的军政府颇有吸引力，中国的经验与支持也成为缅甸改革的重要资源。近年来，缅中关系继续保持着良好平稳的发展势头，特别是中国积极倡导的建设"中印缅孟经济走廊"设想，对缅甸经济社会发展和改善与地区国家间关系意义重大。这一设想既有利于加快交通通信等基础设施建设，促进各国经济发展，增强各国经济实力，也有利于吸引外来投资，优化资源配置，形成合理的国际分工，加快经济结构调整升级；既有利于促进南南合作，创造和平与发展的地区国际环境，也有利于拓展发展空间，增强经济发展动力，改善区域人民生活条件，实现共同发展。⑦ 该设想具有重大的现实

① 岳德明：《冷战后缅甸对华政策刍议》，《外交评论（外交学院学报）》2005 年第 4 期，第 58 页。
② Rodney Tasker and Bertil Lintner, "Danger: Road Works Ahead", *Far Eastern Economic Review*, 21 December 2000, p. 26.
③ 转引自岳德明：《冷战后缅甸对华政策刍议》，《外交评论（外交学院学报）》2005 年第 4 期，第 59 页。
④ 陈乔之：《冷战后东盟国家对华政策研究》，北京：中国社会科学出版社 2001 年版，第 317 页。
⑤ David Fullbrook, "China-SE Asia: Shades of Tribute Diplomacy", http://www.atimes.com/atimes/Southeast_Asia/FH31Ae02.html, 2014 年 3 月 21 日登录。
⑥ 陈霞枫：《缅甸改革对中缅关系的影响及中国的对策》，《东南亚研究》2013 年第 1 期，第 43 页。
⑦ 陈利君：《建设孟中印缅经济走廊的前景与对策》，《云南社会科学》2014 年第 1 期，第 3 页。

意义和战略意义，与缅甸积极改善和发展对外关系的地缘战略不谋而合。

（三）缅甸对东盟的地缘选择

在稳固和发展了同中国的外交关系之后，缅甸军政府继续为打破外交僵局而努力，其积极发展对外关系的另一个重要对象便是东盟，改善和发展同东南亚国家的关系是缅甸政府地缘战略选择的另一核心。1967 年东盟成立后，缅甸执行中立主义外交政策，以泰国、菲律宾境内驻扎有美国军队为由拒绝加入东盟，但在总体上与东南亚国家保持正常的关系。

1988 年后，面对变化了的国际形势和自身发展需要，东盟在缅甸地缘战略格局中的地位骤然提高，缅甸便积极地发展与东盟国家的关系，对缅甸新政府来说最迫切的希望就是加入东盟。因为对缅甸来说，首先，加入东盟就意味着东盟国家对缅甸军政府的承认和认可，从而进一步获得其存在的合法性。其次，加入东盟后的最大好处就是可以获得东盟成员国的外交支持，利用东盟的国际地位并通过东盟与西方国家的关系来扩大国际交往，从而改善缅甸与西方国家间的关系，摆脱被孤立和制裁的困境。当然，除了扩大国际交往、改善不利的外交环境之外，在政权渐渐稳固之后，从本国利益最大化出发，寻求改善与本地区其他国家关系以平衡中国对缅甸的影响，[①] 也是缅甸政府调整和改善对东盟外交政策的动机之一。

另外，缅甸政府认为加入东盟后，可以从东盟国家获得更多的投资和经济发展援助，以促进本国的经济社会发展，稳定局势，巩固政权。尽管当时东盟正面临欧美等西方国家孤立制裁缅甸的压力，缅甸加入东盟有较大难度，但是缅甸政府也看到东盟需要缅甸的加入以壮大组织实力，促进地区经济发展，提高东盟的国际地位，制衡大国强权，维护本地区长期繁荣稳定。鉴于这种"一拍即合"的契机，缅甸政府大力推行融入东盟的地缘战略构想，积极向东盟靠拢。缅甸政府高级官员开始频繁出访东南亚国家，参加东盟的重要会议。1994 年 5 月，缅甸军政府派代表参加了东南亚 10 国非正式会议，签署《建立东南亚 10 国共同体设想的声明》。

1996 年 7 月，在印度尼西亚首都雅加达举行的东盟第 29 届年会上，缅甸被批准为东盟观察成员国。1997 年 5 月 31 日，在马来西亚首都吉隆坡举行的东盟外长特别会议正式同意缅甸加入东盟。加入东盟后的缅甸特别重视利用东盟成员国的身份积极发展对外关系，虽然在有关民主、人权、毒品等问题上缅甸与东盟国家的关系发展并不顺利，但是缅甸仍然看重在东盟组织内发展和改善外交环

---

① 刘务：《缅甸独立后外交政策的演变与中缅关系的发展》，《当代亚太》2010 年第 1 期，第 117 页。

境，不断推动国内民主化改革，力争获得东盟政治、经济和外交等支持并发展壮大。

此外，尽管受到种种限制，缅甸还是寻求积极发展同国际组织的联系和交流合作，还包括许多国际非政府组织（NGO），"许多国际非政府组织为缅甸国内社会的发展进步做出了巨大的贡献"①。这不仅锻炼了缅甸的国际交往能力，一定程度上也提高了缅甸的国际影响。

总的来看，缅甸新政府在面临西方国家制裁的外交困局下，积极选择有利的地缘外交策略，发展和改善与中国、东盟等邻国的关系，符合缅甸的实际国情。但这并不是缅甸政府的权宜之计，而是缅甸政治、经济、外交和安全新选择，是缅甸国家战略的根本性调整，其根本目的是冲破西方的封锁和孤立，争取有利的发展环境，巩固政权。缅甸实施的地缘战略选择，加强了与中国、东盟国家等的关系。"缅甸的周边环境得到很大改善，且获取不少实利，承受西方压力的筹码增强，也有助于缅甸缓解经济困境。此外，缅甸也可在邻国之间搞平衡，以达到左右逢源，避免过分依赖任何一方。"② 缅甸一系列的寻求改善的"出击"是在内忧外患压力下共同作用的结果，根本上是为了维护缅甸的国家利益。缅甸军政府在西方国家的制裁下并没有被压垮，也没有像朝鲜那样自我封闭，而是积极主动地、稳步地推进国内改革和对外友好交往，并取得了一定的成就，不但巩固了政权，还改善了外交环境，其外交政策和地缘战略变得更加务实和独立自主。

第二节　缅甸对印外交的新变化

缅甸军政府通过一系列外交努力和外交策略的正确运用，取得了非常丰厚的收获，表现在缅甸军政府不仅没有被西方制裁和"孤立"政策所颠覆，而且恰当地利用了国际社会的多边力量来减轻西方国家的压制，并形成了一套完整成熟的外交斗争理念，使得缅甸在接下来处理与别的国家关系的外交实践中更加注重策略。以维护国家利益为根本目的，和平友好地与他国相处，这在缅甸的对印外交中很好地体现了出来。本节主要围绕缅甸军政府上台后针对印度的外交新策略，分析缅印关系的发展。

---

① Trevor Wilson, *Myanmar's Long Road to National Reconciliation*, Singapore & Canberra：ISEAS & Asia Pacific Press, 2006, p. 199.

② Christopher Jasparro, "Paved with Good Intentions? China's Regional Road and Rail Connections", http：//www. apcss. org/…/SAS/ChinaDebate/ChinaDebate-Jasparro. pdf, 2003, p. 5.

一、印度在缅甸外交战略中的地位

缅甸和印度曾同为英国的殖民地，两国人民在"二战"抗击日本侵略期间作为中印缅统一战场的一部分而共同奋战过，并先后获得独立；缅甸和印度在地理位置上又有着大片的领土接壤。这些因素使得印度在缅甸的内政和外交方面都是不可回避的影响因素。印度是不结盟外交政策的三个创始国之一，是最早倡导不结盟运动的国家。印度也一直较好地遵循了不结盟的原则，"作为印度外交政策的缘起，不结盟原则旨在不加入冷战集团中的任何一方，同时发展与世界上所有国家的友好关系并致力于维护世界的和平发展"[①]。所以，缅甸独立后长期实行的中立主义不结盟外交政策多多少少受到印度的影响。事实上印度对缅甸的影响不止如此。从缅甸独立到1988年，缅印关系一直很密切，尽管缅甸侨民问题导致两国关系一度紧张，但在总体上两国保持着友好的往来。缅印两国在重大国际和地区问题上经常进行磋商、协调。双方在联合围剿活跃在边境地区的反政府武装、扩大两国的经贸合作、划定两国海域界线及发展社会文化等事业的交流方面进行了有效的合作并取得许多成果。作为缅甸的主要邻邦之一，印度和缅甸有着很深的历史渊源和相似的经历，所以缅印关系在缅甸的对外关系中占有非常重要的位置，印度在缅甸外交战略中处于突出地位。从缅甸方面看，可以归纳为以下几个方面的原因。

（一）缅印的历史联系

缅甸和印度都曾是英国的殖民地，在历史上有着深厚的渊源和密切的交往。和印度一样，缅甸现代意义上的政治制度萌芽和形成于殖民时期，是外力作用的结果，缅甸在经历三次英缅战争后沦为英属印度的一个省。[②] 也就是说，缅甸的一切法令、法律均由英国议会批准，缅甸的政治、经济和司法都由英印政府管理。1935年8月英国议会正式批准的《1935年印度政府组织法》才规定从1937年4月1日起印缅分治，缅甸升格为英国的直接殖民地。在争取民族独立的斗争中，缅印两国的民族主义者相互支持，特别是缅甸的独立斗争深受印度独立运动的影响。由于殖民统治时期的紧密联系，缅甸和印度有着相似的政治经济历程，在政治制度、法律实践等方面有许多共性，更重要的是缅甸可以学习借鉴印度的

---

① Mohanan B. Pillai and L. Premashekhara, *Foreign Policy of India*, *Continuity and Change*, New Delhi: New Century Publications, 2010, p. 4.

② 钟智翔主编：《缅甸研究》，北京：军事谊文出版社2000年版，第211页。

民主政治制度，并将其加以改善，运用到本国的政治实践中去，推动国内的民主化改革。所以对缅甸来说，与印度保持和发展友好关系即符合缅甸切身的国家利益，既是缅甸传统国家发展战略的路径依赖，又是出于一种本能的选择。

（二）现实中的缅印国家关系

缅甸作为弱小国家要在大国间和平安稳地生存发展，必然要处理好与相邻大国的关系。印度是南亚次大陆最强大的国家，一直有做世界性大国的宏伟战略，并不甘心做特定地区内的大国。缅甸政府意识到印度外向型的国家发展战略，所以积极向印度靠拢，维持和印度的友好关系。缅甸和印度在许多重大国际问题上有着广泛的共识：两国都在外交实践中积极倡导和平共处五项原则，都坚持中立和不结盟的外交政策，外交战略遵循着相似的路径。同时，印度政治经济实力远远强于缅甸，缅甸也渴望从印度获得发展援助，和印度开展经贸往来，促进国内的经济发展，从印度正在崛起的历程中学习借鉴发展进步的成功经验。对印度来说，"缅甸是印度谋求发展和扩大同东盟国家政治、经济、安全联系的'东向政策'的基石"[1]。"缅甸的战略位置十分重要，是印度通往东盟的陆路门户以及扼守印度东部海域的重要屏障。"[2] 缅甸也注意充分利用这一对印度有利的战略条件获取更多的外交支持和发展援助，和印度在许多领域的交流合作有利于缅甸的发展壮大，所以缅甸将对印度的外交定位在重要的位置是缅甸国家利益的正确反映，也是国家间现实主义关系的必然要求。

（三）缅印间的地缘战略和地区格局状况

缅甸和印度在地理区位上是近邻，对这一区域进行角逐的不仅有中国、东盟这样快速发展的国家和国际组织，还有以西方国家为代表的强大域外势力。所以本区域内有着错综复杂的双边和多边关系，同时还夹杂着大国的利益博弈和战略争夺。缅甸要想在这种环境下求得生存发展就必须发展和维持好与各大国的关系，缅甸实行过的独立自主的中立外交策略就是这种局势的直接结果。一方面缅甸需要发展与印度的友好关系，借助印度的力量平衡中国和其他域外势力，并积极寻求扩展与西方国家的关系；另一方面缅甸也认识到印度需要缅甸的战略依托实现地缘战略布局。印度发展与缅甸的友好关系是印度实现"向东看"战略不可或缺的重要环节，尤其是缅甸加入东盟后，对于印度来说，中国和缅甸的能源

---

[1] ［日］徐本钦著，范宏伟译：《中缅政治经济关系：战略与经济的层面》，《南洋问题研究》2005年第1期，第36页。

[2] 李晨阳、瞿健文：《试论1988年以来印度与缅甸关系的发展》，《南亚研究》2005年第2期，第24页。

开发合作日益密切。"美国地质调查局的统计数据显示，缅甸天然气储量居世界第十位"①，在东南亚居首位。中国在缅甸影响力的增强引起印度的担忧，"中缅关系自 1988 年以来不断发展，包括军事和安全在内的各个领域的合作逐渐深入，这在印度看来是中国扩展影响力、排挤印度的举措"②。所以印度需要改善和发展与缅甸的关系，以获得缅甸丰富的油气资源和遏制中国的影响。同时印度也需要借助缅甸积极发展和东盟的友好往来，实行"向东看"战略。中国也积极发展和维持与缅甸的关系，争取有利的地缘战略伙伴关系。在这种多元的地缘政治环境中，缅甸把对印度的外交战略放在突出位置是必然选择。

综上所述，印度在缅甸的对外战略中一直居于重要位置，是有着深刻的历史背景和现实因素的考虑的。缅甸军政府通过非正常渠道上台后就更加重视与印度的双边关系，一方面发展与印度的友好关系有利于创造和平稳定的外交环境，另一方面通过对印策略提高自身地位，更广泛地扩大交流合作。缅甸紧紧抓住有利的地缘战略优势，在印度、中国、东盟国家以及西方国家中，或搞微妙的平衡策略，或搞有的放矢的倾向政策，以获得最大的战略利益和最有利的发展环境。也正因为如此，缅甸十分注重与印度关系的发展。

二、缅甸对印外交的新策略

缅甸独立后，对印外交一直是缅甸外交工作的重点。由于国际国内形势风云变幻，缅甸并没有形成对印外交的一套稳定成熟的策略，"冷战期间，缅甸实行的中立主义外交政策造成了自身的孤立，新政府上台后，开始积极参与全球化，实施外向型的外交政策"③，因此缅甸的外交政策展现得更加灵活。前文提到印度在缅甸的外交战略中具有重要地位，所以缅甸对印度的外交策略要随时反映两国关系的现实和缅甸的需求，因而缅甸的对印外交保持很大的灵活性和变通性。缅甸和印度的关系一开始是很不顺利的，"1988 年 9 月，缅甸新政府上台后，缅印关系的发展经历了从对抗到合作的过程"④。缅甸军政府执政之初，印度以缅甸侵犯人权、破坏民主运动为由对缅甸军政府持批判的态度并接纳了大批的缅甸政治流亡者，同时印度政府也试图通过支持缅甸的民主运动来抵消中国的影响，

---

①　United States Geological Survey，"2005 Minerals Year Book：Burma"，http：//minerals. usgs. gov/minerals/pubs/country/2005/bmmyb05. pdf，2007，p. 7，2014 年 4 月 21 日登录。

②　Lintner Bertil，" Friend of Necessity "，*Far Eastern Economic Review* ，27 December 2001，p. 25.

③　N. Ganesan，"Myanmar's Foreign Relations：Reaching out to the World"，in Kyaw Yin Hlaing, Robert H. Taylor and Tin Maung Maung Than，ed. ，*Myanmar*：*Beyond Politics to Societal Imperatives*，Singapore：Institute of Southeast Asian Studies，2005，pp. 30 - 35.

④　贺圣达、李晨阳编著：《缅甸》，北京：社会科学文献出版社 2009 年版，第 459 页。

所以"要求缅甸军政府无条件释放缅甸全国民主联盟领袖昂山素季并把政府权力移交给'民盟'"①,"印度政府甚至反对缅甸参加 1992 年 8 月在印度尼西亚首都雅加达举行的'不结盟运动'会议,印度部分高官和媒体还一再攻击缅甸是中国的'卫星国'"②,印度的基本态度是不与缅甸军政府接触。印度对缅政策的出发点和目的与欧美国家相似,一部分是基于支持缅甸国内的民主运动,另一部分是基于印度的开国总理尼赫鲁和缅甸将军昂山的交情及其女儿昂山素季曾在印度新德里求学等感情因素。鉴于印度的不接触策略,缅甸军政府主动谋求改善对印外交局面,其对印外交的新变化体现如下。

(一)双边国家层次上的缅印关系

首先是经济贸易领域的合作,缅印之间在经济贸易领域的合作包括贸易、投资、贷款、基础设施建设以及能源等多个方面。1994 年 1 月 23 日,缅甸副外长吴纽隋对印度进行了正式友好访问,实现了自 1988 年缅甸军政府上台以来相隔 6 年的两国首次高级别官员的会晤。在会谈中,两国同意改善和加强双边关系,扩大已有的贸易和经济合作,开拓新的合作领域,并签订了《边境贸易协定》和《合作打击边境地区非法活动的协议》;1995 年 2 月,缅甸开放了缅印边境缅方一侧全部的贸易口岸,正式恢复了两国的边境贸易;1995—1996 年度的缅印贸易额从 1991—1992 年度的 4.72 亿缅币增加到 13.82 亿缅币,双边贸易额不断稳步提升。1997 年 2 月,缅印根据已达成的《边境会晤协定》,在边境地区举行了首轮缅印边境委员会会议。1998 年 3 月,缅印两国就印度延长缅甸 1 000 万美元贷款偿还期限达成了协议;4 月,缅印两国农业部部长签署了《农业技术合作与土地开垦协定》。缅印两国在 2002 年联合对缅甸沿海进行了考察,重点是寻找合适水域开辟新航道、建立深水港和开展渔业、能源开发合作的可能性。为了发展两国之间的经贸合作,印缅两国还成立了缅甸—印度经贸联委会,第一次会议于 2002 年 7 月 15 日在缅甸首都仰光召开。缅甸商务部部长比宋准将和印度商务及工业部部长 Mr. Arun Jaitley 分别在开幕式上致辞。会议回顾了两国双边贸易、投资领域的合作,并就加强边贸、银行服务业、进出口项目、农业领域合作,举办展览会及互派贸易代表团等议题进行了深入细致的讨论。③ 2003 年 1 月,缅甸外长吴温昂访问印度,这是 1988 年 9 月缅甸军政府上台后缅甸外长首次访问印度。两国外长在会谈中同意建立外长磋商机制,印度同意向缅甸提供 2 500 万美元的

---

① 莫大华:《缅甸军政府之对外关系》,《问题与研究》1997 年第 10 期,第 78 页。

② 李晨阳、瞿健文:《试论 1988 年以来印度与缅甸关系的发展》,《南亚研究》2005 年第 2 期,第 19 页。

③ http://www.mofcom.gov.cn/article/i/jyjl/j/200307/20030700109773.shtml,2014 年 4 月 10 日登录。

贷款，并签署了一项旨在发展双边关系和边境贸易的协议，以加强在水电站和公路建设、油气开发和信息技术研发等方面的合作。同年 7 月，吴温昂作为丹瑞的特使再次访问印度。缅甸和印度的经济具有高度互补性，双边贸易额增长很快（如表 4 - 1），印度成为继中国、泰国和新加坡之后缅甸第四大贸易伙伴。

表 4 - 1 1988—2004 年的缅印贸易额

（单位：百万美元）

财政年度	缅甸向印度出口	缅甸从印度进口	总贸易额	贸易顺差
1988—1989	58. 97	3. 18	62. 15	55. 79
1989—1990	58. 10	7. 28	65. 38	50. 82
1990—1991	83. 20	5. 91	89. 11	77. 29
1991—1992	51. 37	23. 46	74. 83	27. 91
1992—1993	97. 72	19. 64	117. 36	78. 08
1993—1994	106. 63	44. 66	151. 29	61. 97
1994—1995	110. 38	48. 99	159. 37	61. 39
1995—1996	164. 57	54. 74	219. 31	109. 83
1996—1997	147. 46	95. 67	243. 13	51. 79
1997—1998	225. 64	102. 89	328. 53	122. 75
1998—1999	166. 44	68. 95	235. 39	97. 49
1999—2000	215. 35	72. 26	287. 61	143. 09
2000—2001	261. 99	83. 16	345. 15	178. 83
2001—2002	345. 74	82. 26	428. 00	263. 48
2002—2003	313. 96	110. 61	424. 57	203. 35
2003—2004	361	109	470	252

资料来源：李晨阳、瞿健文：《试论 1988 年以来印度与缅甸关系的发展》，《南亚研究》2005 年第 2 期，第 22 页。

从 1997—2003 年，缅甸累计得到印度贷款 5 000 万美元，用于国内的工业发展。2004 年 7 月，缅甸向印度贷款 5 700 万美元用于改造从仰光到曼德勒的铁路，其中印度的一家国有公司将提供价值 2 800 万美元的机车和其他设备。2004 年 10 月，印缅签署了《促进两国贸易投资协定》。2008 年 4 月，缅甸副大将、总理吴登盛访印，双方签署了《避免双重征税协定》，特别是就卡拉丹多模式交通运输计划达成一系列协议，这对印度开发东北部地区具有重要意义。

缅甸在积极发展与印度的关系的同时，两国的经济贸易合作不断拓展，近年来能源领域成为新的合作重点，"英国石油公司的统计数据显示，缅甸天然气储量为 0.49 万亿立方米，可以开采 39 年"①。"充足的能源供应是一国发展繁荣所必需的因素之一，它被认为是下一次技术革新的核心。"② 而目前印度国内缺乏充足的能源资源，面临严峻的能源安全问题，"印度 2006 年的能源政策报告对印度能源安全的定义是能持续不断地以最便捷和安全的方式满足国内民众的能源需求"③。为满足这一战略需求，印度很大一部分能源需要从海外进口。国际能源署（IEA）在其《世界能源展望》中曾预测，印度对进口能源的依存度到 2020 年将上升到 91.6%④。缅甸可利用丰富的油气资源和印度保持长期的合作关系。在当今经济全球化时代下，经济发展已经成为国与国关系中的核心内容，缅甸军政府执政后不遗余力地发展与印度的经济合作，积极拓宽两国的交流合作领域，这是缅甸对印外交新变化的重要举措，也是缅甸利用有利的条件积极主动地拓展外交策略的结果。两国经济贸易往来的加深，不仅为缅甸带来巨大的经济利益，也将在很大程度上促进两国在其他领域的合作，为推动两国关系的进一步发展奠定良好的基础。

其次是政治安全等领域合作的新举措。军事与安全领域的合作包括军方领导人和舰队的互访、非传统安全领域的合作、联合打击少数民族分离主义运动、提供军事装备以及人员培训等方面。因为"虽然两国在经济领域的合作较多，但是印缅关系更多地还是受到地缘政治和战略因素的影响，并在相关领域进行有效合作"⑤。在政治方面，对缅甸军政府来说，巩固国内政权是首要目标，"军人政权的合法性问题，无疑也是缅甸军政府面临的最大内部挑战。尤其是军人主持了 1990 年的民主大选，但又拒绝把权力移交给在大选中获胜的'民盟'，这使军人继续执政的合法性遭到了国际社会的普遍质疑，成为长期困扰缅甸军政府的最大难题"⑥。缅甸实际上是一个"普力夺"（Praetorian）程度非常高的社会，在这样一个社会中，"军人发挥了与其地位不相称的巨大作用，因此与西方民主制国家相比，军队倾向于干预政治并在行政机关实际上已不掌管国家时通过军人（临

---

① British Petroleum（BP），"BP Statistical Review of World Energy"，http：//www.scribd.com/doc/16304689/BPs-Statistical-Review-of-World-Energy-Full-Report—2009，p.22，2014 年 5 月 12 日登录。

② Vijay L. Kelkar，"Long-Term Energy Security for India"，*University News*，2003，Vol.41，No.33，p.17.

③ Planning Commission，*Integrated Energy Policy：Report of the Expert Committee*，New Delhi：Government of India，2006.

④ 张力：《能源外交：印度的地缘战略认知与实践》，《世界经济与政治》2005 年第 1 期，第 51 页。

⑤ Kyaw Yin Hlaing，Robert H. Taylor and Tin Maung Maung Than，ed.，*Myanmar：Beyond Politics to Societal Imperatives*，Singapore：Institute of Southeast Asian Studies，2005，p.39.

⑥ 李晨阳：《缅甸军人退出政治舞台的可能性及其路径分析》，《厦门大学南洋研究院 50 周年庆暨"当代东南亚政治与外交"学术研讨会论文集》2006 年未刊稿，第 38 页。

时）政府来驾驭行政机关"①。

就本质而言，政治统治的合法性就是社会成员对于政治统治的承认，就是社会成员对于政治统治正当性的认可。因为军政府作为一种特殊的政权组织模式，其面临的一个突出问题就是政权的合法性问题，合法性这一观念首先并且特别地涉及统治权力，合法性即是对统治权力的承认。② 所以对军政府来说取得国内民众的认可和国际社会的承认，是它必须努力追求的目标，因为这事关统治的稳定性与有效性。无疑，更好地维护和发展缅甸的国家利益成为军政府在国内民众中获得认可、取得合法性的最好途径。与此同时，能够获得国际社会的认可，从国外获得经济收益，也同样有利于说服国内民众承认其统治的合法性。除了在国内获得认可外，国家属性的重要外部标准是，它必须获得国际体系的承认，这是与国家资格不可分割的，因为如果不获得承认，就不能预示国家在其领土边界内获得生存权，那么就为其他国家争论它的地位开辟了道路，可能出现侵略、内战、混乱，或者是怨恨和不合作等后果。并且，缺乏外交承认和国际组织成员资格，必然剥夺国家在国际法中的地位以及在国际政治关系中的有效人格。③ 缅甸军政府在政治方面的非法性也正是西方国家对缅甸的指责之所在。同时和印度有着漫长边界线的缅甸必须要处理好和印度的关系，获得其对缅甸政府合法性的认可，为其生存和发展争取和平的环境。

为摆脱困局，一方面，缅甸政府在国内积极推进民主化改革，另一方面就是学习借鉴国外经验。印度是西方民主体制较为完善的国家，其政治制度许多方面的经验比较适合亚洲国家，缅甸推动与印度在政治领域的交往，既是从外部学习借鉴解决问题所需要的实质内容，也体现一种锐意改革的姿态，以争取更大的主动性，为此缅甸对印度开展了诸多的"外交攻势"。1999 年 5 月，缅甸内政部部长访问印度，表示愿意扩大两国合作交流的领域。2000 年 11 月 14—21 日，缅甸"和发委"副主席貌埃率团对印度进行了为期一周的正式访问，这是 5 年来缅甸高级领导人首次正式访问印度，在访问期间，貌埃与印度总理瓦杰帕伊等进行了会谈，两国发表了《联合公报》。2004 年年底，丹瑞访问印度。在其访问期间，辛格政府与其签署 3 项政治经济合作协议。2006 年 3 月印度总统卡拉姆访问缅

---

① Amos Perlmutter, "The Praetorian State and the Praetorian Army towards Taxonomy of Civil-Military Relations in Developing Countries", *Comparative Politics* , 1969, Vol. 1, pp. 382 - 404, 转引自 ［美］劳伦斯·迈耶、约翰·伯内特、苏珊·奥格登著，罗飞、张丽梅、胡泳浩、冯涛译：《比较政治学：变化世界中的国家和理论》，北京：华夏出版社 2001 年版，第 372 页。

② ［法］让·马克·夸克著，佟心平、王远飞译：《合法性与政治》，北京：中央编译出版社 2002 年版，第 10 页。

③ ［英］克里斯托弗·希尔著，唐小松、陈寒溪译：《变化中的对外政策政治》，上海：上海人民出版社 2007 年版，第 37 页。

甸，成为政变后访问缅甸的第一位印度最高级别领导人。

在军事安全领域，缅甸对印度的外交政策也同样有较大的变化，根据现实主义国际关系理论的描述和人类历史发展的历程，在现代国际关系中，一般来说，邻国边境是最有可能发生战争冲突的地带，邻国历来都是一国需要加以防范的首要对象国。缅甸军政府将国家安全与统一放在外交政策的核心位置。"作为一种强调纪律的命令式结构，军队被认为有能力摆脱普通政治生活中常见的不断争吵、优柔寡断和僵持不下，并能提供果断行动的权力"①，作为军政府，其首要追求便是维护政权安全，即国内统治的合法性。所以维护国家的安全和统一是维护政权安全合法的前提，那么缅甸军政府就必须维持和邻国印度的友好军事安全关系。"据不完全统计，自缅甸1997年加入东盟后，两国军队之间的互访已有20多次。"② 2004年10月。丹瑞访问印度期间，会见了印度总统卡拉姆和副总统谢卡瓦特，并同印度总理辛格举行了双边会谈。

在其他领域，缅甸对印度也采取了新的政策，并起到了良好的效果，如非传统安全领域的合作。冷战结束后，世界多极化和经济全球化趋势成为社会发展的主流，与此同时，跨国犯罪、国际恐怖主义、环境问题等各种非传统安全问题也日益引起人们的关注。非传统安全问题是政治安全、军事安全、经济安全和社会安全等方面问题相互交织、相互影响的结果，并严重威胁社会安定和国家间关系。缅甸和印度作为民族宗教关系复杂的国家，有许多潜在的非传统安全问题和隐患，两国间开展合作共同治理非传统安全问题是两国关系友好交往的重要内容。

1997年2月，缅甸和印度根据已达成的《边境会晤协定》，在边境地区举行了首轮缅印边境委员会会议。2000年9月，缅印两国决定加强对跨境毒品走私的打击。对缅甸来说，毒品禁而不绝有着复杂的政治、经济原因。考虑到毒品种植对缅甸群众生活水平提高和军政府灰色收入的关系，毒品问题是国家层面的重要问题。缅甸军政府为了发展和维护与印度的友好外交关系，选择与印度进行合作，对毒品问题进行标本兼治。2003年11月，两国同意进一步加强双边防务合作交流，努力使两国的共同边界成为一条和平、稳定和安宁的边界。2004年10月丹瑞访印期间，双方签署了《关于非传统安全问题合作的谅解备忘录》，印缅两国将根据此协定加强边境地带的安全警戒，在打击恐怖主义、洗钱、毒品走私、国际经济犯罪和网络犯罪等方面开展合作，并加强在安全领域的人员和信息

---

① ［美］劳伦斯·迈耶、约翰·伯内特、苏珊·奥格登著，罗飞、张丽梅、胡泳浩、冯涛译：《比较政治学：变化世界中的国家和理论》，北京：华夏出版社2001年版，第373页。

② 李晨阳、瞿健文：《试论1988年以来印度与缅甸关系的发展》，《南亚研究》2005年第2期，第23页。

交流。2007 年 1 月 4 日，丹瑞在独立节贺词中说，缅甸一贯重视在和平共处五项原则的基础上与世界所有国家发展友好关系，特别重视在相互尊重与合作的基础上与邻国发展睦邻友好关系，其中与邻国印度的关系特别需要加强。此外，他还批评了一些大国试图干涉别国内政，影响别国政治、经济和社会事务的行为。丹瑞呼吁全体国民加强团结，携手合作，维护国家的独立和主权，维护联邦的完整和民族的团结。

印缅两国陆地边界线有 1 600 多千米，在两国相邻的边境地区都存在着少数民族分离活动，缅甸自独立以来受到少数民族反叛势力的困扰。"其中印度东北部的部分少数民族反政府武装以缅甸西北部的实皆省为基地，缅甸钦邦的钦族反政府武装则将其大本营横跨在与印度米佐拉姆邦的边境线上。"① 在镇压反政府叛乱问题上，两国政府保持了高度的互助合作。缅甸很多叛乱少数民族武装都是在缅甸与其他国家接壤的边境地区活动，尤以地理条件复杂的缅印边境为甚，因此缅甸的少数民族问题并不是单纯的国内问题，如果由此发生大的动荡必将给邻国造成直接影响。

随着缅印关系的不断改善和发展，缅甸积极促进两国军队不断加大联合打击少数民族分离活动的力度，力求最大限度地取得印度的谅解和合作。而在印度和缅甸接壤的东北部地区，民族分裂势力也非常活跃，成为长期困扰印度中央政府的难题，印度总理尼赫鲁曾这样说过："印度东北部的部落人民从来都没有感到自己属于一个叫做'印度'的国家。"② 所以缅甸积极配合印度政府对其东北部反政府武装开展军事行动。"在 1995 年 5 月，为阻止印度那加族和阿萨姆人叛乱分子携带购买的新武器返回设在缅甸实皆省的大本营，缅甸就积极配合印度进行了一场名叫'金鸟'（Golden Bird）的联合军事行动，这是两军的首次合作。"③ 2000 年，缅军配合印度"联合对印度东北部的那加民族社会主义委员会、阿萨姆联合解放阵线和曼尼普尔人民解放军等三个反政府组织的营地发动进攻，缅军将这些反政府武装驱赶出缅甸，而印军封锁了这些游击队员逃回印度的路线。这是 40 年来在印缅边境进行的最大规模的围剿反政府组织的军事行动"④。

---

① 李晨阳、瞿健文：《试论 1988 年以来印度与缅甸关系的发展》，《南亚研究》2005 年第 2 期，第 23 页。

② Jawaharlal Nehru, "A Note by the Prime Minister on His Tour of the North Eastern Frontier Areas", 15 – 18 October 1952, in Sajal Nag, *Contesting Marginality-Ethnicity Insurgency and Sub Nationalism in Northeast India*, New Delhi: Manohar Publishers & Distributors, 2002, p. 21.

③ 李晨阳、瞿健文：《试论 1988 年以来印度与缅甸关系的发展》，《南亚研究》2005 年第 2 期，第 23 ~ 24 页。

④ 李晨阳、瞿健文：《试论 1988 年以来印度与缅甸关系的发展》，《南亚研究》2005 年第 2 期，第 24 页。

2004 年 2 月 4—8 日，缅甸国防部副部长应邀访问印度并参加 2004 年印度防务展。10 月丹瑞访印，印度同意未来向缅甸提供军事援助。2006 年 1 月，缅甸的一艘军舰访问印度安达曼—尼科巴群岛的布莱尔港，这是缅甸军舰第一次访问其他国家的港口。2006 年 11 月 22 日，印度空军司令 S. P. Tyagi 访问缅甸新首都内比都时，向缅甸军队提供数百万美元的援助。这些援助包括用于打击叛乱的直升机、缅甸的俄制和中制战斗机的升级，以及海军监察飞机。印度还向缅甸军政府出售了 T-55 型坦克和 105mm 火炮。[①] "2007 年，缅甸军队还发起了打击包括'阿萨姆联合解放阵线'（ULFA）和'那加民族社会主义委员会（K）'在内的印度反叛武装。"[②] "2010 年 1 月，印缅国务秘书层级展开了为期 3 天的对话，之后缅甸军政府计划与印度协调行动清除在其领土上的东北部叛乱军人并保证协助逮捕 ULFA 的神秘的指挥官 Paresh Baruah。"[③] 缅甸获得了印度的大量军事援助，两国建立了军队交流的长效机制。

（二）多边框架下的缅印关系

第一，东南亚国家联盟。对缅甸来说，作为一个东南亚国家，首先需要面对的地区多边合作组织就是东盟。缅甸对于印度来说毕竟只是小国，但是作为东南亚国家联盟成员国则是印度不容小觑的。"在西方的指责和制裁之下，缅甸要摆脱孤立无援的困境必须进行战略调整，缅甸的外交策略调整，首先就是在坚持不干涉内政的原则下积极参与地区多边国际组织。"[④] 1967 年东盟成立后，缅甸曾一度拒绝加入东盟。1988 年之后，新上台的缅甸军政府在内外交困的局面下，积极扩大对外交往的渠道，参与地区和国际事务，并且凭借自身有利的地缘位置和一系列对外友好交往的外交政策获得东盟的认可，终于在 1997 年正式成为东盟的成员国，这无疑大大提高了缅甸的国际地位和影响力，为缅甸与印度在更高层次上进行合作提供了机遇。缅甸特别注意利用东盟成员国的身份与印度开展"对等外交"，在多边组织机制内改善和发展与印度的关系。

2002 年，印度与东盟举行首次领导人会议，正式确定了双边年度峰会机制，成为东盟继与中、日、韩三国后建立的第四个"10+1"机制。2003 年 10 月，印度总理瓦杰帕伊出席第二届东盟—印度峰会，印度正式加入《东南亚友好合作

---

① Oken Jeet Sandham, "Why Northeast India 'Strategic'?", http://www.kanglaonline.com/index.php? template = kshow&kid =463, 2014 年 5 月 13 日登录。

② 阮金之：《冷战后中缅印三边关系研究》，暨南大学博士学位论文，2010 年，第 132 页。

③ Achinta Borah, "Myanmar to Help India Catch ULFA Chief Paresh Baruah", *Hindustan Times*, 24 January 2010.

④ Robert H. Taylor, *The State in Myanmar*, Honolulu: University of Hawaii Press, 2008, p. 464.

条约》，并与东盟签署《印度与东盟全面经济合作框架协议》和《印度与东盟联合打击恐怖主义联合宣言》。"这三个协议的签署标志印度与东盟关系发生了本质的变化，即进入全面合作的阶段。2004 年 11 月，在第三次东盟—印度峰会上，印度与东盟各国领导人共同签署了《和平、进步与共同繁荣伙伴关系协定》，正式确立了印度与东盟的合作伙伴关系。"① 2005 年成立印度—东盟自贸区促进会。2009 年 8 月 13 日，印度与东盟在曼谷签订《印度与东盟自由贸易协定》，该协定覆盖了印度和东盟贸易中近 5 000 种商品 90% 的关税，目标是逐步取消大部分关税。2010 年 1 月 1 日，该协定正式生效，其中所涵盖产品的关税将在 2013—2016 年降至零。印度和东盟进行了卓有成效的经贸合作，"印度—东盟的贸易额于 2005 年达到 170 亿美元，东盟已成为继欧盟、美国、中国之后印度的又一重要贸易伙伴。2006 年双边贸易额为 200 亿美元，2007 年超过 300 亿美元，提前实现了双方确定的贸易目标"②。此外，印度利用自己在军事技术上的优势，向相关东盟国家出口武器，密切多边的军事关系。印度政府相关部门拟订了一份优先考虑武器出口的"友好国家"名单，其中就包括缅甸。③ 印度与东盟的合作必然惠及缅甸。同时缅甸作为东盟成员国有权参与和决定东盟对印度的整体政策，缅甸也有效利用东盟与印度的多边框架机制来改善和发展同印度的关系。

第二，湄公河—恒河合作组织。湄公河是东南亚最长的河流，总长约 4 908 千米，流域总面积 81.1 万平方千米，是世界第九长河、亚洲第七长河、东南亚第一大河。缅甸的发展离不开湄公河的滋养。而恒河是印度北部的大河，自古以来一直是印度教的圣河。其大部分为宽阔、缓慢的水流，流经世界上土壤最肥沃和人口最稠密地区之一，所以把开发利用这两条河流域作为合作的载体具有非常重要的战略意义。"《湄公河—恒河合作倡议》的构想，最初可追溯到 1999 年东盟首脑会议期间泰国、缅甸、柬埔寨、老挝四国对开展地区性佛教旅游合作事宜达成意向之时。随后越南对此表示出兴趣并参与进来，印度作为佛教的兴起和传承大国，自然也对邻近国家的这一举措高度关注。"④ "2000 年 11 月 10 日，印度与泰国、缅甸、柬埔寨、老挝和越南等在老挝万象举行第一次部长级会议，正式

---

① 许利平、薛松：《冷战后印度与东盟关系：调整、发展与趋势》，《东南亚研究》2012 年第 1 期，第 29 页。

② 《印度总理建议东盟和印度设立新贸易目标》，《国际日报》（印度尼西亚），2008 年 1 月 25 日，转引自吴崇伯：《印度与东盟军事与安全合作试析》，《南洋问题研究》2008 年第 3 期，第 25 页。

③ 吴崇伯：《印度与东盟军事与安全合作试析》，《南洋问题研究》2008 年第 3 期，第 28 页。

④ 邓蓝：《湄公河—恒河合作倡议：十年发展与前景展望》，《东南亚南亚研究》2010 年第 4 期，第 67 页。

成立'湄公河—恒河合作组织'。"① 这是印度和湄公河流域五国出于自身外交安全战略考虑和在经济利益驱使下，顺应区域合作兴起潮流的产物。2000年11月10日在老挝首都万象召开的第一次部长会议上正式确立了《湄公河—恒河合作倡议》，并共同签署了《万象宣言》。《万象宣言》主要强调了六国拥有相似的文化根基和加强友好合作的共同愿望，并把旅游、文化、教育、交通确定为四个主要合作领域，并为该地区未来的贸易和投资奠定坚实基础。湄公河下游地区地缘位置优越，资源丰富，是亚太地区国际贸易和投资的热点地区，也是开展区域合作的重点地带。在这一个区域组织内，缅甸和印度不仅加强相互之间的经济联系，同时也在更加广阔的平台上推进交流合作，增强相互之间的影响力。

第三，孟印缅斯泰经济合作组织。孟印缅斯泰经济合作组织，全称是环孟加拉湾沿岸多领域经济技术合作组织（Bay of Bengal Initiative for Multi-Sectoral Technical and Economic Cooperation），由孟加拉国、印度、缅甸、斯里兰卡、泰国、尼泊尔和不丹7个环绕孟加拉湾的国家所组成，是泰国和东盟"西向政策"（Look West Policy）与印度和南盟"东向政策"（Look East Policy）相结合的产物，与湄公河—恒河合作组织有交叉重合之处，来自东南亚的成员国有泰国和缅甸。该组织成立于1997年6月6日，考虑到印度以及缅甸的其他一些邻国都加入了这一组织，为更好地发展周边外交关系，缅甸于1997年12月22日在曼谷举行的特别部长会议上从观察员转为正式成员。由于缅甸处于南亚和东南亚两个地区相连接的地理结合部，因此，缅甸在加入这一组织后可以发挥日益重要的作用。② 1999年7月，缅甸成立了同该组织孟、印、斯、泰四国加强能源合作的全国委员会。2000年6月，在缅甸仰光举行了孟印缅斯泰五国能源合作会议，与会各方一致同意在缅甸建立一个孟加拉湾沿岸国家能源信息中心。2004年7月，该组织成员国在曼谷举行了首次首脑峰会，发表了《曼谷宣言》，声称："要集中在贸易与投资、交通与通讯、旅游、能源、人力资源开发、农业、渔业、科技、人员交通等特定领域开展具体合作，并研究将合作领域扩大到文化、教育、卫生、生物多样性和传统文化的保护、乡村社区开发、中小企业、基础设施、环境、信息与通信技术、生物技术、天气与气候研究、天灾的防范与控制等方面。"③ 与会成员国还签署了建立自由贸易区的框架协议，启动自由贸易区的谈判进程，合作重点是贸易和投资能源合作与海洋资源利用的旅游合作和技术合作。虽然该组织面临着进展缓慢、资金匮乏、成员国政局动乱、印度的反恐形势

---

① https：//en. wikipedia. org/wiki/Mekong% E2% 80% 93Ganga _ Cooperation # Annual _ Ministerial _ Meetings，2014年5月12日登录。

② 孟印缅斯泰经济合作组织官方网站，http：//www. bimstec. org/about-us. php，2014年5月12日登录。

③ 阮金之：《冷战后中缅印三边关系研究》，暨南大学博士学位论文，2010年，第141页。

严峻、尼泊尔政权更迭等许多不利的因素，但是缅甸和印度还是努力克服困难，进一步在这一区域组织内加深合作。2009 年 12 月 11 日，该组织第 12 次部长级会议在缅甸首都内比都召开。此次会议上，签署了《打击国际恐怖主义、有组织跨国犯罪及毒品走私协定》。印度也将自 2004 年以来担任的该组织主席一职正式转交给缅甸。

最后提及的是尚未正式建成的中印缅孟经济走廊。中印缅孟四国山水相连，资源禀赋各异，合作交流的历史源远流长，自古就有相互合作贸易的经历，古代所称的"南方丝绸之路""茶马古道"等就是云南等中国西南地区与南亚沟通的贸易通道。"中印缅孟经济走廊是以昆明、曼德勒、达卡、加尔各答等沿线重要城市为依托，以铁路、公路、航空、水运、电力、通信、油气管道等国际大通道为纽带，以人流、物流、资金流、信息流为基础，通过共同打造优势产业集群、特色城镇体系、产业园区、口岸体系、边境经济合作区等，形成优势互补、分工协作、联动开发、共同发展的经济带。"[①] "在中印缅孟经济走廊建设倡议中，提出中印缅孟经济合作的重点是贸易自由化、基础设施建设及产业园区建设。"[②]建设中印缅孟经济走廊有利于创造良好的地区发展环境。中印缅孟经济走廊幅员辽阔、资源富集、人口众多、物产丰富、经济互补性强，同时，该经济走廊是连接亚洲各区域次区域的重要枢纽，可把中国、东南亚、南亚三大新兴市场紧密联系在一起，有巨大的合作与互动空间。四国加强合作，加快次区域经济发展，可增强各国的经济实力。缅甸拥有巨大的劳动力市场和丰富的资源，可以搭上印度和中国经济快速发展的列车，实现优势互补，同时缅甸和印度在这一经济带内可以促进互联互通，深化彼此间的经贸合作，共同发展，维护边境和谐稳定，有巨大的合作潜力，相信能更进一步推动缅甸和印度关系的发展。

综上所述，自 1988 年缅甸军政府上台以来，其对缅甸的外交策略和主要努力方向进行了重大的调整和重新布局，即"面对西方国家的孤立制裁，缅甸政府立即将外交策略投向周边邻国"[③]。缅甸特别重视对印度的外交，并不失时机地进行了内外政策的调整，紧紧抓住日益关键的战略地位。两国除了在军事和安全上加强合作外，还加强了在经贸领域和区域组织中的合作，无论是在双边还是地区层面都注意改善与印度的关系。缅甸从自身实力和地位出发，以维护国家利益、巩固统治、扩大对外交往、获得经济发展为目标对印度实行了新的外交政策，给该地区的地缘政治与经济格局带来了新的变化。

---

① 陈利君：《建设孟中印缅经济走廊的前景与对策》，《云南社会科学》2014 年第 1 期，第 1 页。

② 梁双陆、梁巧玲：《中印缅孟经济走廊产业集群研究》，《中大管理研究》2013 年第 4 期，第 69 页。

③ Jurgen Haacke, *Myanmar's Foreign Relations: Domestic Influence and International Implications*, London: Routledge for the International Institute for Strategic Studies, 2006, p. 25.

放眼缅甸的外交环境，缅甸对印度外交的新变化有着宏大的战略背景，缅甸与诸大国的关系也有所改善，其中美缅由敌对关系迅速实现了关系正常化，其速度之快出乎很多人的意料。"从更长的时间段进行考察，美缅关系正在逐步形成的继续改善趋势，是由其变量和常量所决定的。基于美缅关系的'常量'来看，美缅关系正常化符合双方的利益诉求；基于美缅关系的'变量'来看，除了民族地方武装这一不确定性因素外，昂山素季和缅甸民主改革这一因素继续推动美缅关系改善的可能性较大。"①

此外，在缅甸与大国关系中，日本也是不可忽视的对象。日本重返缅甸、重建日缅亲密关系的意图非常明显。近几年，日缅两国已经基本形成了双边政治、经济技术、社会和民族问题以及地区安全防务等领域的全方位合作。日本调整对缅政策，除了受传统的美日同盟及西方舆论影响外，还有维护国家利益、推行日式价值观及摆脱对华经济依赖、遏制中国在东南亚的影响力等方面的考虑。日缅关系的改善为日本实现在缅利益创造了条件，日本进军缅甸的趋势已经不可逆转。日本的介入将加剧大国在缅甸的竞争，从而可能会带来在缅甸乃至整个中南半岛的势力再平衡，届时缅甸的竞争格局将会更加复杂。

从整体来看，缅甸对印政策将必然面临新的问题和挑战。因为缅甸重要的地缘战略位置被各大国所重视，缅甸无法也不能保持对印度外交的明显倾向，而对缅甸来说印度又是其维护统治、促进发展的重要合作伙伴，对其有着高度的依赖性，但是缅甸又不能无视其他大国的权益要求，尤其是当其他大国与印度的战略利益有冲突的时候更是无法做到独善其身。所以，在新的政治经济格局下，加强和发展对印友好关系仍然是缅甸所必须推行的策略。缅甸还需努力推进两国在地区和其他层面关系的正常发展，建立更加稳固的战略合作伙伴关系。

第三节　缅甸对印政策调整的原因

缅甸的对印外交的新变化为缅印关系带来了新机遇。除了缅甸根据国家利益的现实需要而不断进行调整和变化外，缅甸对印外交的新变化还与缅甸对印度战略变化的深刻把握有很大关系。缅甸意识到印度国内对缅甸地缘战略重要性认知的共识有所提高，印度政府对缅政策发生积极转变，印度也有意加强印缅关系，并采取了一系列有力措施。所以缅甸对印外交的新变化受多方面的因素影响，是

---

① 《印度洋地区蓝皮书：缅甸地缘战略地位日益凸显》，中国网，http://news.china.com.cn/world/2014-03/27/content_31923832.htm，2014 年 1 月 13 日登录。

两国国家战略调整综合作用的结果，本节将主要探讨缅甸对印政策背后的原因。

一、缅甸对印政策调整的内因

总体上看，1988 年 9 月缅甸军政府执政以后，宣布继续执行独立的、积极的外交政策，宣称其对外政策的实质是维护世界和平与安全，防止世界战争，在反帝、反殖，在平等、合作、坚持和平共处五项原则的基础上与所有国家保持友好关系。从缅甸对印外交等政策的实践看，缅甸对印度的政策有相当程度上的调整，这其中既有缅甸方面需要加以改变的内因，也有印度等其他方面的外在激励。当然，缅甸政府调整对印度的政策从根本上看是为了维护和巩固军政府统治并获得国内认可和国际承认，取得合法性，从而从根本上维护缅甸的国家利益。缅甸军政府认为军人统治能够很好地解决缅甸所面临的诸多问题，维护和发展国家利益。从缅甸国内方面看，主要有以下几点具体原因。

（一）政治方面

缅甸新政府上台后面临着内外交困的局面，尤其是其政治制度面临着西方国家和国际社会的广泛诟病，迫切需要改善和发展与"民主政体"国家的友好关系来转变自身的国际形象。在传统色彩浓厚的亚洲，许多国家都在传统和现代的挤压中踽踽前行，不仅经济发展普遍落后，政治制度方面的建设更是远未达到现代文明所要求的程度。印度是世界上人口第二大、面积第七大的发展中国家，在亚洲有着不可忽视的地位。印度曾是英国的殖民地，受到英国殖民统治的影响，印度的政治体制基本上沿袭了英国式的议会民主制度以及与之配套的司法制度和文官体系。经过印度独立后 60 多年的政治实践，印度的政治体制基本结构未变，但也逐渐增添了印度特色，反映了印度社会的多元化的政治生态。印度形成了一套完整和先进的与本国实际相切合的政治制度，且这一制度已深深地根植于印度政治生活和社会生活中，从上层精英到中产阶级再到普通民众，都对此表示习惯和认同。西方国家对印度的议会民主推崇备至，许多印度人也为此深感自豪。这是印度国家"软实力"的重要组成部分。而印度作为成功的民主国家和缅甸的邻国，具有许多亚洲国家的特点，其政治实践和理论刚好满足缅甸改善国家形象、进行民主改革的战略需要。

缅甸曾是英属印度的一部分，1988 年 9 月 18 日国防军发动军事政变，宣布中止宪法，接管国家政权，改国名为缅甸联邦，组成了以苏貌将军为主席的国家恢复法律与秩序委员会，并在 1997 年改组为国家和平与发展委员会，继续行使国家的最高行政、立法权力，建立了事实上的纯军人独裁统治。在冷战末期及结束以后，全世界充斥着西方民主制度胜利的呼声，缅甸军政府的军事政变被认为是"倒行逆施"的举措，为民主自由政体所不能容忍，所以缅甸军政府上台之初便遭遇严峻的生存危机。以美国为首的西方国家以缅甸存在人权、民主问题以及大量输出毒品等为由，长期对缅甸实行经济制裁和外交孤立，包括采用对缅甸实行武器禁运，停止对缅甸的经济、技术援助，阻止国际金融机构向缅甸提供援助，以及不向缅甸高官及其家属发放入境签证等各种不断强化的制裁措施使得缅甸的生存发展受到极大的挑战，陷入困境。面临被孤立和制裁的窘境，缅甸军政府不是不愿意与西方国家发展友好的关系，而是西方国家不愿意与缅甸接触。在这种情况下，缅甸只能重点突破印度，通过与印度这一"民主政体"国家的和平友好往来积极消减自身所面临的国际社会对其独裁政治体制的指责。

事实上，通过对印政策调整，改善和发展与印度的关系，缅甸在民主化改革和政治制度改善方面取得了一定的成就。在 2003 年的缅印《联合公报》中，印度就明确表示支持缅甸在向民主国家转型过程中的建设和进步，并愿意最大限度地帮助缅甸进行政治体制改革。同时，印度也在国际社会中支持缅甸参与国际和地区事务，两国在多个地区组织内形成了良好的交流往来。缅甸根据自己的国情，特别是国内政治发展的实际形势，与印度进行了有的放矢的政治交流和学习，借鉴其在立法、行政及政府管理等方面的经验，收到了不错的效果，改善了缅甸的国家形象，拓宽了对外交往的渠道。在政治方面，缅甸把邻国印度的可资利用的资源加以发挥，维护和体现了国家利益，是其对印政策调整的积极效果。

（二）社会经济发展方面

缅甸独立后的很长一段时间内，产业和地区经济结构不平衡，社会缺乏活力，经济发展状况非常落后，1987 年缅甸还是联合国所标注的世界上最不发达国家之一。缅甸国内经济建设的失败引起国家政局动荡，社会矛盾日益突出，这也是军政府能够接管国家政权的直接原因。所以，缅甸军政府上台伊始就把经济建设和改善人民生活作为政府工作的重中之重。在缅甸军政府一系列经济改革措施中，有两点非常重要：一是加大对外开放的力度，推动对外贸易发展，鼓励外国投资，争取外援；二是开放边境地区，发展边境经济，积极参与区域合作。

为此，缅甸需要积极发展同印度的经贸往来，不遗余力地调整和改善对印政策，以适应缅甸不断增加的对印经济需求。因为在缅甸看来，印度确实能够在经济方面给缅甸带来巨大回报，从而提高缅甸的经济水平，提高缅甸人民生活质量，进而维护和巩固军政府的统治。

从 1991 年开始，印度经济改革就已经取得成效，除了受 1997—1998 年的亚洲金融危机的影响而发展较慢之外，其他绝大多数年份的经济增长率都能够保持

在6%以上。更重要的是，印度具有巨大的经济发展潜力，其人口众多、市场巨大、劳动力价格低廉、人才资源丰富，在生物遗传工程和计算机软件设计等领域处于世界领先水平。2000年11月，印缅两国签署了《印度向缅甸提供1 500万美元信贷的协定》，该信贷将用于缅甸从印度进口机电设备。2003年1月，印度同意向缅甸提供2 500万美元的贷款，并承诺进一步发展两国在私营经济方面的合作。"印度政府多次承诺帮助缅甸改善通信、铁路和电力等基础设施。2001年2月13日，由印度军队边境道路组织出资10亿卢比（约合3 000万美元）修建的连接印度的莫雷至缅甸中部的曼德勒的德穆—葛列瓦—吉灵庙公路正式竣工。这条长160千米的边境公路是缅印边境地区的重要交通枢纽，建成后不仅缅甸与印度的边境贸易更加容易，而且将大大促进缅甸西北边境地区社会和经济的发展。"[①] 2004年7月，印度向缅甸提供700万美元贷款用于修建两国直拨电话网，在仰光和曼德勒安装新的电信设备，在缅印边界的德穆和莫雷安装光纤电缆。[②]此外，缅甸和印度在历史传统、风俗信仰等方面也有密切联系。双方都有大量的侨民从事经贸事业，印度侨民和印度裔人可以促进两国民间往来。一方面印度侨民和印度裔人比较熟悉印度文化，又在缅甸生活，可以成为两国跨文化沟通的桥梁。印度侨民和印度裔人为缅甸经济的发展做出贡献，另一方面印度侨民和印度裔人的侨汇也增加了印度的国家收入。

更为重要的是，印度虽然对缅甸军人统治的政治体制有些微词，但是基本上还是从最大化国家利益的角度出发，使用务实的政策处理与缅甸的关系。正如伦敦大学玛丽·拉尔教授所言："国际社会长期以来以民主人权问题为由孤立制裁缅甸，但印度自20世纪90年代开始就已实施与缅甸接触的政策。"[③] 缅甸抓住了印度有意改善与缅甸的关系的机遇。缅甸是中南半岛自然资源最为丰富的国家，是世界上最大的柚木生产国，宝石、玉石以储量大、质地优而享誉世界，被称为"宝石王国"，更重要的是缅甸拥有丰富的油气资源。为促进其油气资源的收益最大化，拓宽销售渠道，缅甸在这一方面大打印度牌。印度目前是世界的第四大能源消费国，对海外进口石油的依赖程度很高。随着印度经济的进一步发展，它对海外油气依赖程度还将进一步提高，缅甸积极促使印度与中国等国家形成竞争关系，从而从中获取更大利益。2007年9月，印度石油部部长迪奥拉在缅甸仰光访问时，与缅甸军政府签署《印度石油和天然气公司维德什子公司开发缅

---

① 李晨阳、瞿健文：《试论1988年以来印度与缅甸关系的发展》，《南亚研究》2005年第2期。

② 李晨阳、瞿健文：《试论1988年以来印度与缅甸关系的发展》，《南亚研究》2005年第2期，第22页。

③ Marie Lall，"Indo-Myanmar Relations in the Era of Pipeline Diplomacy"，*Contemporary Southeast Asia*，2006，Vol. 28，No. 3，pp. 424 – 446.

甸沿海石油的合同》，并承诺向缅甸投资 1.5 亿美元用于天然气开发。[①] "2008 年 4 月，缅甸军政府第二号人物貌埃上将访问了印度并受到高规格的接待，在访问期间与印度签署了一项价值 1.3 亿美元的重要运输协议。按照协议规定，印度将获准开发缅甸卡拉丹河的实兑港。"[②] 缅甸在经济领域积极向印度靠近，两国保持着良好的经济联系。通过改善和发展与印度的关系，缅甸同印度在双边关系及诸多地区性经济合作组织内都有良好的互动，两国的经贸联系更为强化。通过对印政策的调整，缅甸不仅获得了印度大量的无偿发展援助和急需的贷款，还可以与印度进行密切的经贸往来，实现优势互补，促进缅甸的经济发展。印度成为继中国、新加坡和泰国之后缅甸的第四大贸易伙伴。

（三）战略和安全方面

在国际关系中，一个国家外交政策的制定既是意识形态的产物，又是国家利益的产物，在维护政治统治和促进国家利益方面，缅甸军政府实行现实主义的务实外交政策。从地理区位看，缅甸位于中国、印度之间，扼守印度洋与太平洋要道及马六甲海峡的出入口，也是唯一连接东南亚与南亚的陆路通道，重要的战略地位使其成为大国争相拉拢的对象。

在这一地区中，中国是印度最大的对手，中国有意通过缅甸打通进入印度洋的通道，实施"两洋战略"。"而缅甸军政府从 1988 年开始了向中国'一边倒'的对华友好外交政策，中缅两国的良好关系甚至给全世界留下了两国结盟的印象，以至于这段时期被称为'一边倒'的亲华政策或中缅结盟时期。"[③]

然而，缅甸过分依赖中国的局面是印度所不愿看到的，所以缅甸必须刻意与中国保持距离，避免给印度造成缅甸投靠中国的形象。因此，缅甸需要调整其对印政策，在中印间寻求最大限度的平衡。缅甸和印度有着绵延 1 000 多千米的边境线，都濒临孟加拉湾，在地缘战略区位上非常接近，"考虑到地缘战略因素，以及印度东北部和缅甸西北部之间防务关系的相互作用，缅甸把两国关系中的地缘战略防务合作看作两国关系的重要组成部分。这可以通过印度向缅甸提供培训设施、海军舰艇互访、供应设备等看出。双方实现和加强了定期的战略对话，缅

---

① Siddharth Srivastava, "India Cuts to the Chase with Myanmar", Asia Times Online, 5 October 2007, http://www.atimes.com/atimes/South_Asia/IJ05Df02.html, 2014 年 5 月 14 日登录。

② Siddharth Srivastava, "India Lays out a Red Carpet for Myanmar", Asia Times Online, 5 April 2008, http://www.atimes.com/atimes/South_Asia/JD05Df01.html, 2014 年 3 月 12 日登录。

③ 刘务：《缅甸独立后外交政策的演变与中缅关系的发展》，《当代亚太》2010 年第 1 期，第 116 ~ 117 页。

甸和印度之间的合作有进一步扩大和多样化的潜力"①。

从另外一个角度看，缅甸作为东盟成员国，对印度的战略利益非常重要。在印度的战略构想中，缅甸的枢纽位置对于印度加强在东南亚的地缘政治地位具有重要作用，缅甸是印度谋求和东盟加强政治、经济、安全联系的"东向政策"的基石。所以缅甸调整对印政策一方面可以获得印度发展带来的好处，另一方面可以在东盟与印度之间左右逢源，实行平衡战略，借机提高自己在东盟中的地位和国际影响力。

此外，在国家安全战略上，缅甸军政府还面临国内少数民族冲突和反政府武装势力的困扰。缅甸边境地区存在着大量反政府武装力量并成为影响缅甸军政府统治和威胁国内安全的重大隐患，这些不安全因素还常常伴有毒品泛滥、暴力犯罪及恐怖主义活动等事件，因此缅甸军政府迫切需要印度的援助和配合，共同打击反政府势力，维护国内安全和社会稳定。

二、缅甸对印政策调整的印度因素

缅甸对印政策的调整除了如上文所述受到自身国家利益的驱使及根据现实主义战略做适当变动外，还受到外在因素的影响，其中最重要的外因就是印度对缅政策的变化。缅甸需要调整和改变其对印政策来适应新的情况。关于这方面的原因我们可以把它称作来自印度方面的拉力或者吸引力或者压力等。印度有意改善和发展同缅甸的关系并及时地调整了自己的对缅政策，作为响应，缅甸也调整其对印政策。"缅甸对于印度领土完整、东北部地区的安全稳定和经济发展、在孟加拉湾和东印度洋的安全利益、能源需求战略等方面具有重要战略价值。"② 从印度角度看，具体有以下几个原因。

（一）印度的"东向政策"

"东向政策"是印度改变对缅政策的根本原因。正如有的学者所言，印度主动推行"东向政策"是综合考虑大国战略和"中国因素"的结果。③ 印度的"东向政策"有不同的解读。作为南亚地区综合国力最强的国家，印度历届政府一直将跻身于世界大国行列作为其长远战略目标。自 20 世纪 90 年代起，印度就推行

---

① "India-Myanmar Relations：A Critical Review"，http：//voiceof. india. com/online-chat/india-myanmar-relations-a-critical-review/7182，2014 年 3 月 21 日登录。

② Mohanan B. Pillai and L. Premashekhara，*Foreign Policy of India*，*Continuity and Change*，New Delhi：New Century Publications，2010，p. 218.

③ 尹锡南：《论冷战后印度的"东向政策"》，《南亚研究季刊》2003 年第 2 期，第 11 页。

了"东向政策"。由于进行经济改革，印度经济发展越来越快，对参与国际事务和经济合作的热情越来越高涨。印度非常重视发展和东盟及亚太国家之间的关系，但是真正有力推动"东向政策"还是近几年。尤其是近年来印度和邻国如缅甸及东南亚国家的频繁交流与互动，让人们看到了"东向政策"的更多内容。

印度"东向政策"开始实施的一个标志是印度尼西亚总统苏西洛对新德里的高规格访问。辛格对孟加拉国的访问，则被视为印度近年来积极推动"东向政策"的重要一步。印度"东向政策"的第一次高潮是越南和缅甸领导人相继访问印度。不少媒体大力渲染印越和印缅关系背后的中国因素，认为中国在这一地区不断扩大的影响力使得印度加快了"向东迈进"的步伐。在国际关系中，国家之间的关系并非一种零和博弈，中国和印度在支持这些国家的发展过程中都扮演举足轻重的角色。

在冷战后的国际格局中，经济全球化和区域经济一体化成为国际关系发展的最重要特点，而"东向政策"实际上是印度以东盟为重点，重新发展与东南亚关系的政策。① 目前，东南亚区域经济一体化已经是大势所趋，缅甸现在归属于东盟。印度与缅甸关系友好，有利于参与功能性更强的东盟一体化进程，有利于加强和东南亚国家的交流。早在1991年，印度就采取了"东向政策"，旨在扩大其在亚太地区的影响力。实际上，这项政策的对象集中于东盟成员国，展示了印度加强和东南亚联系的迫切要求。而缅甸是印度通向东南亚的陆上之桥，也是保护印度东海岸的重要屏障。

缅甸是印度实行新"东向政策"的最重要一环。"缅甸是三种地缘文化的交汇点，西邻印度，北靠中国，东连东南亚，对印度来说是东南亚国家中地缘政治价值最大的政治体。"② "在印度的战略构想中，缅甸的地理位置对于加强印度在东南亚的地缘政治地位占有重要地位。缅甸是印度谋求发展和扩大同东盟国家政治、经济、安全联系的'东向政策'的基石。"③ 印度新对外战略的实施以及与缅甸的地缘政治关系又不允许印度长期与缅甸交恶，所以印度政府逐渐放弃了把政治体制和意识形态的差异作为制定对缅政策基石的做法，不再公然谴责缅甸政府或支持缅甸反政府运动。在印度新的对外战略下，印度对印缅关系改善释放的积极信号被缅甸捕捉，因而缅甸也能够相应地调整对印政策以适应两国关系的发展。这从间接上促使了缅甸对印政策的调整。

① 马嬲：《90年代印度与东南亚的关系》，《当代亚太》2002年第6期，第49页。

② Atish Sinha and Madhup Mohta, ed., *Indian's Foreign Policy: Challenges and Opportunities*, New Delhi: Academic Foundation, 2007, p. 607.

③ ［日］徐本钦著，范宏伟译：《中缅政治经济关系：战略与经济的层面》，《南洋问题研究》2005年第1期，第36页。

（二）印度限制和平衡中国在缅甸影响力的考虑

中国和缅甸一直保持着友好的关系，中国为缅甸提供了许多援助和支持，在缅甸有很大的影响力。有学者曾断言："北京和仰光之间不断密切的军事联系标志着缅甸传统的不结盟政策的终结。"[1]　"印度尤其担心和怀疑中国借助缅甸从东面对印度进行遏制，向其统治薄弱的东北地区渗透，进而控制孟加拉湾和印度洋，与西面的巴基斯坦遥相呼应，对印度形成两面夹击之势。"[2]自从 1962 年中印战争之后，印度就一直认为受到中国的威胁，加上中印两国经济竞争的白热化，印度的对外战略一直紧盯中国的动向。有学者这样解释印度的外交政策："印度和邻国的关系与其担忧中国及中国盟友有关。"[3]　在印度看来，中国的支持不仅表现在军事上，而且表现在经济上，包括帮助缅甸建立基础设施、培训使用这些设施的人员。中缅关系的全面深化让印度感到非常担忧。印度自 1990 年以来就把中缅关系的密切发展视为对自身的一种威胁，甚至以此作为研制核武器的一个理由。印度意识到假如不在政治方面与缅甸加强合作，就会导致与缅甸在经济、贸易关系上的落后，就会导致印度在利用石油、天然气方面落后。这就是印度平衡中国在缅甸持续增长的影响力的利益所在。所以，印度为了降低中国在缅甸的影响力，而与缅甸加强合作。印度为缅甸提供政治上和经济上的支持以制衡中国在缅甸经济和军事方面的影响力。基于中立传统，缅甸也不希望长久维持对华"一边倒"的局面，而是更希望保持力量平衡。所以在平衡中国影响力这一点上缅甸和印度有着高度的战略共识，这直接促使了缅甸对印政策的调整。

（三）印度解决东北部民族问题的需要

与缅甸接壤的印度东北部长期存在的少数民族叛乱问题，严重制约了该地区的经济社会发展，也影响了印度与周边其他国家的关系。学者伽马森认为"印度外交政策不仅仅与中国因素有关，还与其东北部问题及缅甸和巴基斯坦的合作有关"[4]。很多分离主义分子利用设在周边国家的基地进行训练，并经常越境袭击

①　J. Mohan Malik，"Myanmar's Role in Regional Security：Pawn or Pivot?"，*Contemporary Southeast Asia*，1997，Vol. 19，No. 1，p. 57.

②　Marie Lall，"Indo-Myanmar Relations in the Era of Pipeline Diplomacy"，*Contemporary Southeast Asia*，2006，Vol. 28，No. 3.

③　Renaud Egreteau，*Wooing the Generals：India's New Burma Policy*，New Delhi：Authors Press，2003，p. 178.

④　N. Gamsen，"Myanmar's Foreign Relations，Reaching out to the World"，in Kyaw Yin Hlaing，Robert H. Taylor and Tin Maung Maung Than，ed.，*Myanmar：Beyond Politics to Societal Imperatives*，Singapore：Institute of Southeast Asian Studies，2005，p. 31.

印度境内目标。这也是印度决定改善与缅甸军政府的关系的一个重要原因。在印缅边境，"分裂主义者从事反政府活动已经有很多年了，要求更多的自治权乃至独立"①。东北部问题已经困扰印度超过半个世纪。解决东北部问题不仅仅要控制武装冲突，还要改善当地基础设施和提高教育水平。印度认识到边境问题的解决需要缅甸的合作。印度的商业部部长说，尽管边境的进一步开放会带来更多的武器、毒品和性疾病等方面的问题，但是他还是倾向于通过开放边境增加边境贸易额，促进经济发展，改善当地民生，从而从根本上解决这些犯罪问题，而这些犯罪问题的根本解决还是需要和缅甸合作。② 缅甸是印度从陆上深入东亚、东南亚的必经之路。"缅泰印边界还是一条毒品和武器走私通道。基于这样的地缘联系，印度与缅甸的合作必然基于陆上安全，合作形式以基础设施建设、联合打击毒贩和反政府武装为主。"③ 缅甸看到东北部问题给印度政府造成的困扰，也积极向印度示好，实施配合和协助印度的政策。"2003 年，缅甸宣布不允许任何危害新德里利益的反政府集团利用缅甸领土进行活动。"④ 2004 年 11 月，印度出动军队在曼尼普尔邦针对反叛武装采取军事行动，缅甸军队严密封锁边界并予以配合。此外，为了从根本上降低印度东北部地区的离心主义程度，印度试图通过发展与缅甸的边贸打破该地区经济封闭状态，改善东北部各邦的经济状况，缩小该地区与印度发达地区的差距。

（四）印度发展社会经济的需要

经济因素在外交政策中变得越来越重要。印度的科技和基础设施建设水平都比缅甸要高很多。而缅甸是海上丝绸之路的交接点，作用不可低估。历史上，印缅两国之间的经济关系是双边关系的一个重要组成部分。薄昂（Thin Aung）和梭敏（Soe Myint）就认为："印缅关系和印缅贸易及边境贸易有关。"现在印度和缅甸的经贸关系是稳定的，但是仍然有着很大的发展潜力。缅甸有其优势产业如农业、石油、天然气、煤和柚木，特别是缅甸拥有丰富的印度急需的石油和天然气等战略资源，所以印度特别看重与缅甸的油气项目合作，"在 2007 年 2 月，印度为了改造缅甸的实兑港建设项目，投资了 1.3 亿美元。一方面是为了开拓一

---

① Marie Lall, "Indo-Myanmar Relations in the Era of Pipeline Diplomacy", *Contemporary Southeast Asia*, 2006, Vol. 28, No. 3.

② Marie Lall, "Inida-Myanmar Relations-Geopolitics and Energy in Light of the New Balance of Power in Asia", http://www.burmalibrary.org/docs09/Geopolitics&Energy-Lall-red.pdf, 2008, p. 14.

③ 许利平、薛松：《冷战后印度与东盟关系：调整、发展与趋势》，《东南亚研究》2012 年第 1 期，第 28 页。

④ Helen James, "Myanmar's International Relations Strategy: The Search for Security", *Contemporary Southeast Asia*, 2004, Vol. 3.

条通往东南亚的贸易通道，另一方面则是可以通过对实兑港的建设为将缅甸近海天然气通过海底管道输送奠定基础，该项目的资金全部来源于印度政府"①。

印度的优势产业是基建、教育和 IT，加强双边的经济关系可以有效地实现资源的优化配置。"现在双边的贸易额是 14 亿美元。印度定了一个目标，到 2015 年，双边的贸易额要达到 30 亿美元。中国现在是缅甸最大的贸易伙伴，贸易总额为 47 亿美元，边境贸易额占到了一半。缅泰贸易额是 29 亿美元，边境贸易额是 3 亿美元。孟缅贸易额是 1.5 亿美元，边境贸易额是 900 万美元。而印缅贸易额是 14 亿美元，边境贸易额却只有 209 万美元。印度在缅甸的投资额是非常低的，如果不考虑投资额为 13.3 亿美元的印度石油天然气公司（ONGC）和印度国有公用事业公司、天然气配送公司 GAIL 项目，印度在缅甸的投资额仅为 1.89 亿美元。"② 所以，印度在缅甸投资的前景被普遍看好。特别是印度还和东盟签订了自由贸易区协议（FTA），前景更为看好。目前印缅之间的贸易和经济关系仍然远远低于其发展潜力。这是因为合格的贸易法有限，缺乏合适的基建项目，边境贸易的投资还不够。③ 经济的发展将会直接保障社会的安全。在印度看来，假如经济合作在印度的东北部和缅甸的西北部取得了成功，社会发展将有可能取得进展。因此，不管面对怎样频繁的安全冲突，印度都会采取"建设性参与"的态度。这样一种态度，有利于促进两国基建项目的建设和社会的发展，特别是边境地区的发展，所以印度谋求改善和加强与缅甸的合作有着强烈的国家利益动机。

缅甸的具体国情决定了其国家利益的内容，而国家利益的内容又决定了其国家外交目标与政策。对于印度有意调整对缅政策、改善双边关系的举措，缅甸给予了积极的回应。印度在实施其"东向政策"、平衡中国的影响力、解决国内民族和边境问题、发展社会经济等诸多方面都需要缅甸的合作，而缅甸也在很多方面需要印度的支持，这样你来我往、互相需要，很容易达成共识，所以印度对缅甸政策的调整在很大程度上引起了缅甸对印政策的新变化，两国形成很好的互动，推进两国关系不断向前发展。

① 庞孟昌：《跨境油气管道政治研究及其对中国能源安全的启示意义》，云南大学硕士学位论文，2011 年，第 64 页。

② Aspen Institute India，"India's Moment with Myanmar—The Promise and Challenges of a New Relationship"，http：//www. anantaaspencentre. in/pdf/India_moment_myanmar. pdf，p. 7.

③ Rakhee Bhattacharya，"Does Economic Cooperation Improve Security Situation：The Case of India-Myanmar Relations"，*Asia-Pacific Journal of Social Science*，2010，Vol. 1.

第五章　影响印缅关系的外部
因素及印缅关系的前景

影响印缅关系的发展和变化的外部因素主要分为三种：从全球层面上看，美国、日本、欧盟等发达国家和地区组织对印缅关系的发展产生了重大的影响，特别是美国因素的影响；从地缘战略层面上看，中国因素对印缅关系的发展产生了重要的影响，特别是对促进20世纪90年代印度主动改善对缅关系方面起到了重要的推动作用；从地区组织层面来看，缅甸作为东盟成员国之一，东盟是影响印缅关系的另一大重要因素。

2010年后，印缅关系进入了全面合作与发展的阶段，印缅关系发展的前景是非常乐观的。从印度角度来看，2012年印度总理曼莫汉·辛格访问了缅甸，两国在多层次、多领域深化了合作。这次访问表明了印度政府对缅甸民选政府合法性的承认与支持，印度的对缅政策显得更加务实与主动。从缅甸方面来看，2010年缅甸民选政府上台，缅甸开始实行逐渐推进政治民主化的进程，这为印度政府加强两国各领域的交往扫清了国内外舆论的障碍；缅甸开始改变向中国"一边倒"的外交战略，实行大国平衡战略，同美国等西方国家展开接触，试图利用印度来平衡中国对缅甸的影响，这为两国关系的发展奠定了政策基础。

从国际环境来看，美国与缅甸军政府开始了接触，两国关系正在好转，西方国家对缅甸的经济制裁正在随着缅甸民主化进程的推进逐渐消失，缅甸与西方国家关系的改善为印缅关系的发展营造了良好的国际舆论环境。从地区大国来看，中国并未将印度与缅甸的合作看作"零和竞争"，相反，在美国"再平衡"战略指导下的美缅关系的改善引起了中国方面的警惕。而且，印度提倡的中印孟缅地区合作论坛框架下的次区域合作等地区经济合作计划得到了中国方面的支持与参与，两国正在中印孟缅地区通过共同修筑史迪威公路等计划建成历经中国—缅甸—孟加拉国—印度的国际公路网，为中印边界贸易和中缅边界贸易打开战略通道，这符合中印两国的国家利益。从东盟方面来看，印缅关系的发展有利于提高缅甸的经济实力和推进缅甸的民主化进程，这对东盟的团结和实现东盟政治经济一体化是非常重要的。

但是，印缅关系的发展仍然面临着不小的挑战。对于印度来说，印缅经济关系的主要挑战有印度财政部门的不支持；非透明的外国直接投资（FDI）政策；

银行基础设施陈旧；边境基础设施陈旧；港口、货运和航运的基础都非常薄弱；国有企业和私有企业缺乏协调，私有企业少且脆弱。政治关系的主要挑战有政治不稳定，缅甸的部分地区和印度的东北部存在安全隐患，增加了投资风险，降低了跨境地区基础设施发展的可行性。对于缅甸来说，印度只是其大国平衡战略的一种选择，缅甸看中的是印度作为民主国家对其军政府合法性的承认，印缅经济合作相较于中缅、缅泰规模较小。

从国际环境来看，美缅关系的改善有可能对印缅关系产生负面影响，因为美国势力的介入是以其国家利益为基础的，美国同样看中了缅甸的战略地位和能源资源，不排除美国挤压印度在缅甸影响力的可能性。从地区环境来看，泰缅、中缅经济合作领域与方式已经成熟，中泰两国为缅甸的前两大贸易合作伙伴，两国对缅甸的影响力也不容忽视。从东盟的角度来看，东盟国家推进一体化进程是在东盟的主导下进行的，东盟看好印缅关系，但会防止两国走上同盟道路。

第一节　国家及地区组织因素对印缅关系的影响

对印缅关系能够产生重大影响的国家及地区组织为：中国（本章第二节单独讨论）、美国与欧盟、俄罗斯和日本。缅甸军政府自 1988 年上台以来，其人权问题、民主化问题和毒品问题一直都受到世界的关注，各国和各个国际组织也对缅甸采取了不同的外交政策，这同样影响了印度的对缅政策，进而影响印缅关系。

一、美国与欧盟因素对印缅关系的影响

自 1988 年以来，美国对缅甸一直采取严厉的全方位制裁措施，以经济制裁为主，不仅限制美国企业在缅投资，而且在美国领导或有重大影响的国际组织中制裁缅甸，特别是阻止世界银行、国际货币基金组织、联合国开发计划署等向缅甸提供多边贷款、双边贷款和援助。在缅甸问题上，欧盟基本上采取了与美国步调一致的做法。另外，美国也对其他国家的对缅政策施加较大的压力。美国对缅全方位制裁政策也影响了印缅关系。印度对缅政策呈现两面性：从地缘战略角度来看，印度需要加强与缅甸的政治、经济、外交、军事合作关系，扩大在缅甸的影响力，因此 21 世纪以来两国关系快速发展；从国际舆论来看，西方国家不断向印度施加压力，希望印度干预缅甸民主化进程，所以印度政府在缅甸民主化问题上仍有所保留。

考察冷战后印缅关系的历史发展过程和关键时间点可以发现：1988—1992

年印度与美国一起反对缅甸军政府，甚至利用作为缅甸邻国的优势支持缅甸"反对派"。1993—1999 年印缅两国关系缓慢发展，自印度"向东看"战略出台后，印度虽然也认识到缅甸在沟通印度与东南亚国家经贸合作方面重要的地缘战略优势，但是印度政府的对缅政策即使发生重大改变、提出了"建设性接触"政策，印缅关系仍处于较低层次，印度"经济外交"主要的目标仍是获得以美国为首的西方国家的经济援助、投资和贸易协议，印缅关系的改善受到了印度与以美国为首的西方国家关系的重要影响。1998 年核试验以后，印度人民党政府面临着以美国为首的西方国家的经济制裁，这促使印度政府采取重大实际行动改善印缅关系。自 2000 年开始，印度部长级高官开始不顾西方国家的反对访问缅甸，因此 2000—2010 年印缅关系进入了快速发展的阶段。但是，即使两国高层互访不断，印度总理也未对缅甸进行访问，其中一个重要的原因就是西方国家在缅甸民主化问题上对印度施加了压力。2010 年后，随着缅甸民选政府的上台和缅甸民主化进程的开启，2011 年 11 月美国国务卿希拉里访问缅甸，印度总理曼莫汉·辛格于 2012 年 5 月正式访问缅甸，这两次官方访问能够看到美缅关系和印缅关系改善的影子。

（一）1988—1992 年美国与欧盟对印缅关系的影响

1988 年缅甸政变发生后，印度迅速与缅甸军政府断绝交往，并采取孤立缅甸军政府的外交政策。印度政府强烈谴责缅甸军政府镇压学生示威运动和使用武力镇压民主运动者的行为。印度政府明确表示支持昂山素季和由她领导的反对党"民盟"。1990 年 5 月缅甸举行大选，结果"民盟"获胜，军政府以先制宪后组阁为由得以继续执政，再次镇压了民主运动者，特别是"民盟"的成员。印度政府表示"希望选举的裁决被军队领导人尊重"[①]。

在这一阶段中，印度采取了与美国步调一致的孤立缅甸、批评缅甸军政府的对缅政策，印缅关系降至冰点。在此阶段中，美国因素对印缅关系的影响并不是很大。印度政府的对缅政策虽然受到以美国为首的西方国家孤立政策的影响，但印度并未对缅甸采取制裁措施。与美国等区域外大国不同，印度与缅甸是邻邦，两国在边界问题、禁毒问题等方面有合作的紧迫性与必要性。

在这一阶段中，美国与欧盟因素为印缅关系的改变提供了巨大的间接动力。以美国和欧盟为首的西方国家的制裁使得缅甸采取了"一边倒向中国的外交战略"，中缅关系进入了快速发展的新时期。鉴于对中国战略上的不信任，印度政府担心中国会通过缅甸进入印度洋，进而影响印度在印度洋的重要地位。而且，

---

① 朱昌利主编：《当代印度》，昆明：云南大学出版社 1995 年版，第 326 页。

由于中国在缅甸影响力的膨胀，印度政府担忧中国会阻碍印度"向东看"战略的实施。因此，1993年后，印度政府逐渐改变了在缅甸民主化问题上的态度，不再公开支持缅甸反对派，通过了"建设性接触"的对缅外交新政策。

（二）1993—1999年美国与欧盟因素对印缅关系的影响

这一时期印缅关系的主要特点是印度开始软化对缅甸军政府的强硬态度，谨慎接触缅甸军人政权，两国关系缓慢发展。在这一阶段中，印度提出了新的地区战略——"古吉拉尔主义"，提出印度不干涉邻国内政、不允许其他国家势力利用印度反对现政权等原则，为两国关系的恢复和发展扫清了理论性的障碍。

这一时期，美国与欧盟继续坚持并加强对缅甸的经济制裁力度，并且逐渐扩大到外交、缅甸国内政治的领域。1997年4月和1999年2月美国政府连续两次加大了对缅甸的经济制裁力度，并向流亡国外的缅甸民主人士提供1 000万美元的政治活动经费。[1] 同时，美国加大了对其他大国对缅友好政策，特别是对缅甸政府经济援助的批评力度。1998年2月28日，美国政府公开指责日本在缅甸人权状况没有改善的情况下向缅甸提供政府援助。[2] 美国这种批评其亚太盟友——日本的做法在亚洲其他国家中颇有"杀鸡儆猴"的意味。

在这段时间内，印度政府的经济目标仍是改革开放，外交目的仍是构建有利于印度和平发展的国际环境和地区环境。印度的经济发展需要美国等西方国家的经济援助、投资和市场，印度的核心利益是与美国等西方国家的经济合作和政治交往。印度政府不会为了与缅甸的政治和军事交往而得罪西方国家，进而影响到印度与西方国家的关系。缅甸对于印度经济发展的重要地位还未完全展现出来。

（三）2000—2010年美国与欧盟因素对印缅关系的影响

2000年印度突然改变对缅政策，主动与缅甸进行高层往来和互访。推动双边关系快速发展的原因有三点：1996年印度升级为东盟地区论坛成员，印度外长首次参加了东盟部长级会议和外长扩大会议，缅甸在印度经济发展战略中的地位提高；印度人民党政府实力至上的外交风格；1998年印度开展核试验后，西方国家对其实行经济制裁。1998年印度核试验后，西方国家对印度进行了经济制裁，并通过国际舆论向印度施加压力，印度瓦杰帕伊政府为摆脱这种不利局面加强了对周边国家的外交攻势。印度快速发展了同中国和东盟国家的关系，通过一系列高层互访在地区格局上打破西方国家的经济制裁。同样，印度政府趁此机

---

① 贺圣达、李晨阳编著：《缅甸》，北京：社会科学文献出版社2009年版，第427页。

② 贺圣达、李晨阳编著：《缅甸》，北京：社会科学文献出版社2009年版，第427页。

会加强了同缅甸军政府的高层往来，打通印度与泰国等中南半岛国家的陆路通道。

在2000—2010年这一阶段中，美国与欧盟因素对印缅关系的影响主要体现在政治层面。在此阶段中，印缅高层互访频繁，特别是2004年缅甸领导人丹瑞访问印度后，两国关系快速发展。这一阶段两国关系的亮点在经贸领域，双边的贸易额由1997—1998年的2.733 2亿美元，到2007—2008年，则增长到9.953 7亿美元，到了2013年已经增长到19.573 5亿美元。[①] 但是，印度总统和总理并未访问缅甸，印度访问缅甸的最高领导人是2003年11月访问缅甸的印度副总统辛格·谢卡瓦特。究其原因，仍是以美国为首的西方国家对缅甸军政府的批评以及对缅甸民主化进程的不满，西方国家特别是美国对印缅关系的快速改善施加压力。2003年"5·30事件"后，美国加大了对缅甸的制裁力度。同年9月29日，美国参议院外事委员会主席理查德·卢卡在《华盛顿邮报》上发文要求美国政府把缅甸问题作为与俄罗斯、中国、印度和东盟外交中的首要问题。[②]

（四）2010年后美国与欧盟因素对印缅关系的影响

2011年缅甸民选政府上台以来，缅甸与西方国家特别是美国的关系有了明显的改善。2011年11月30日美国国务卿希拉里访问缅甸；2012年11月19日美国总统奥巴马与国务卿希拉里同时访问缅甸。这两次访问拉开了缅甸与西方国家改善关系的大幕，直接影响了印缅关系，特别是促进了印度对缅甸的高层访问。

在美国国务卿希拉里访问缅甸后，2012年5月27日印度总理辛格对缅甸进行了为期3天的国事访问，这是印度总理1987年以来首次访印。

随着缅甸与西方国家关系的改善和其自身民主化进程的推进，印度高层领导人访问缅甸面临的国内外舆论压力逐渐消失，印度可以更加积极主动地参与到缅甸事务中来。但是，美缅关系的改善对印度来说仍是一个巨大的挑战。美国作为世界头号大国，其经济实力和国际影响力远远超过印度，印度在缅甸谋求能源资源的举动有可能受到来自美国、日本、欧盟等国家和组织的强有力的竞争，印度在缅甸外交战略中的地位会相对下降，美国对印度邻国——缅甸的政治影响力反而会相对上升，不利于提高印度在缅甸的影响力。

---

① 数据来自印度驻缅甸大使馆网站：http：//www.indiaembassyyangon.net/index.php?option=com_content&view=article&id=60&Itemid=287&lang=en，2014年2月6日登录。

② 贺圣达、李晨阳编著：《缅甸》，北京：社会科学文献出版社2009年版，第430页。

二、俄罗斯因素对印缅关系的影响

俄罗斯与缅甸的合作主要集中在三个领域：军事领域、能源开采与开发领域和核能合作领域。缅甸政府加强与俄罗斯关系的目标是：游说俄罗斯运用联合国安理会常任理事国的否决权，反对把缅甸问题提上联合国安理会议程，防止出现安理会通过对缅甸制裁的决议的情况；得到俄罗斯的政治和外交承认，增强政权合法性；从俄罗斯获得武器，巩固政权；与俄罗斯展开能源领域的合作，提高缅甸的经济实力。2001 年，缅甸政府向俄罗斯订购 12 架米格 - 29 战斗机，每架战斗机售价约为 1 300 万美元，总价值约 1.5 亿美元；2009 年 12 月，俄、缅签署一项合约，俄罗斯向缅甸出售 20 架米格 - 29 战斗机，总价值约 4 亿欧元。[①]

缅甸位于中国、印度和东盟之间，其战略地位重要，俄罗斯试图通过扩大其在缅甸的影响来增强它在印度洋、南亚和东南亚的影响力。俄罗斯发展对缅关系可以牵制中国、制约印度、抗衡欧美、影响东盟，是其实施大国战略及能源战略的重要环节，也是其东西方平衡的新欧亚主义外交战略的组成部分。[②]

俄罗斯对印缅关系的影响并不如美国对印缅关系的影响那么深远。但是，俄罗斯作为世界大国，特别是作为能源大国、军事大国和安理会常任理事国，其对缅甸的影响力和吸引力是不容忽视的。俄罗斯对印缅关系的影响主要体现在两方面：从积极的角度来说，俄罗斯与缅甸合作的领域（除能源领域外），基本与印缅两国合作的领域不重合，印缅合作的重点在于基础设施建设、边界安全和经贸合作；从消极的角度来说，俄罗斯对缅甸逐渐强大的影响与印度在缅甸的战略利益构成了竞争，而且俄罗斯可以利用缅甸的地理优势制约印度。

三、日本因素对印缅关系的影响

日本是对缅甸提供官方经济援助最多的国家。冷战期间，日本曾联合缅甸的民族主义者发动反对英国殖民统治的斗争，以昂山为首的民族主义者更是得到了日本的支持，因此"二战"后日本与缅甸关系迅速发展。"二战"后，考虑到缅甸的战略地位、丰富的资源和市场，日本对缅甸采取了以政府经济援助为主的"经济外交"政策，意图与缅甸建立良好的政治关系和经济关系，从西南方向向中国施加压力。1988 年缅甸军政府上台后，1989 年日本政府率先承认了缅甸军

---

① 宋效峰：《亚太格局视角下俄罗斯的东南亚政策》，《东北亚论坛》2012 年第 2 期，第 78 页。
② 刘务：《缅俄关系的发展演变及其影响因素分析》，《东南亚南亚研究》2011 年第 2 期，第 9 页。

政府，成为发达国家阵营中第一个承认缅甸军政府地位的国家。一方面，日本希望通过与缅甸军政府保持接触来对缅甸的民主化进程施加更大的压力，并且从缅甸获得能源、原材料等实实在在的经济利益；另一方面，通过扩大政府开发援助的规模增强在缅甸军政府内部和缅甸国内的政治影响。

日本对缅甸的影响主要体现在对缅经济贸易和政策方面。缅甸军政府可以通过加强同日本的合作获得经济发展所需的外国政府援助、贷款等，有利于缅甸平衡外汇，减少西方国家经济制裁带来的不利影响。印度与缅甸之间的合作主要集中在军事、边境和外交领域，其对缅甸的经济影响仍有待提高。

"二战"后，日本试图将缅甸作为其在东南亚地区扩充势力、发挥影响力的平台。为此，日本先后通过战争赔偿、贸易、直接投资以及政府开发援助等渠道，积极构建与缅甸的特殊关系。1954年9月，日本与缅甸签订《战争赔偿和经济技术合作协定》；同年11月，双方签署和平条约；同年12月，日本与缅甸正式建交。之后，日本一共向缅甸支付了2亿美元的战争赔偿款以及总额为473.36亿日元的准赔偿款，从而重建了与缅甸的政治与经济关系。其后，随着日本经济的迅速崛起，缅甸得到了日本大量的经济援助。从缅甸独立到1988年，日本将其对外发展援助中的约一半提供给了缅甸。日本成为冷战时期缅甸最大的援助与投资国。[1]

1988年之后，日本虽然迫于美国的压力降低了对缅甸经济援助的额度，但是两国之间仍保持着密切的经济联系和外交联系。日本1989年承认缅甸军政权的决定有利于打破西方国家对缅甸的经济制裁，从合法性方面为缅甸军政府做出了贡献。日本一度追随美国对缅甸政府实施制裁，但为了保持与缅甸的特殊关系并维护日本在缅甸的既得利益，其政策逐渐发生了转变。日本希望通过与缅甸军政府保持"建设性接触"的方式，来促使缅甸逐步走向民主化进程。[2]日本一方面呼应美国制裁缅甸的要求，另一方面则恢复了对缅甸的投资与援助，对民间企业在缅甸的投资更是采取较为宽松的政策以继续保持与缅甸政府的联系渠道。

随着缅甸民主化进程的加快，日本对缅甸的经济影响力日益加大，印度在发展对缅贸易和扩大与缅甸的经济合作方面面临着日本的竞争与挑战。缅甸与印度加强合作很大程度上是为了得到印度对其军政府的外交认可，增强其政权的合法性，双方的经济合作规模目前还较小。但是，考虑到地缘优势和印度逐渐强大的经济实力，印度对缅甸的经济影响力会逐渐加大，甚至挑战日本。但从另一个角度来看，随着中日在东海领域争端的加剧，日本在中国周边邻国向中国施加压力

---

① 毕世鸿：《冷战后日缅关系及日本对缅政策》，《当代亚太》2010年第1期，第121页。
② 毕世鸿：《冷战后日缅关系及日本对缅政策》，《当代亚太》2010年第1期，第123页。

的情况会逐渐增多，日本在自身影响力减弱的情况下联合印度一同利用缅甸来制约中国的情况也有可能发生。

第二节　中国因素对印缅关系的影响

"二战"后，缅甸实行积极的"中立政策"。缅甸是最早承认中华人民共和国的国家之一，中缅关系进入了快速发展的阶段，特别是中缅边界问题解决后，两国高层领导人互访不断，中国老一辈领导人与缅甸时任领导人建立了密切的友谊。1988 年后，缅甸面临着西方国家的经济制裁和人权压力，逐渐与中国走到了一起，缅甸军政权采取了向中国"一边倒"的外交战略，通过加强与中国的联系以增强其政权的合法性。自此，中缅关系进入了全面发展的新阶段，中国为缅甸提供了超过 50% 的武器以及大量的经济援助和贷款，并在能源领域展开了更加紧密的合作。

缅甸军政府自 2000 年以来就通过加强同邻国印度的合作来制约中国在缅甸的影响，防止出现过分依赖中国的情况。同样，2010 年缅甸民选政府上台后，采取在大国之间平衡的政策，通过暂停密松水电站等措施拉开了与中国的距离，同时与美国等西方国家展开接触，争取打破西方国家的经济制裁和减轻人权压力。

中国因素对印缅关系的影响，本节主要从纵向的角度来分析，即从历史发展的角度和中、印、缅三国关系发展过程的角度，分阶段论述中国因素对印缅关系的影响。

从历史的角度来看，中国是冷战后印缅关系发展的"重要的刺激者"，其对印缅关系的影响分为三个阶段：冷战后至 2004 年辛格政府上台期间，中印之间的战略不互信影响了印缅关系，中国在缅甸日益扩大的影响力引起印度的担忧，促使印度政府采取实际行动逐渐加强同缅甸军政府的外交关系和经济联系；辛格政府上台后，印度实行全方位的务实外交战略，中印战略互信和经贸合作不断加强，印度证实中国海军并未通过缅甸在孟加拉湾建立军事存在，中印在缅甸呈现一种竞争合作的关系；2010 年缅甸民主化进程开始后，中国因素对印缅关系的影响力逐渐减弱，区域外大国的介入有可能促进中印在缅甸问题上采取更多合作，但双方竞争的情况仍然存在。

一、1988—2004 年中国是印缅关系的"刺激者"

(一) 1988—2000 年中国因素与印缅关系

1988—2000 年，印缅关系经历了三个阶段：1988—1992 年印度敌视缅甸军政府，印缅关系陷入低谷；1992—2002 年，印度主动改善对缅关系，印缅处于较低层次和级别的交往；2000—2004 年，印度人民党政府大踏步地发展对缅关系，首先派出高层领导人访问缅甸，双方关系进入了快速发展的时期。

1988—1992 年印度敌视缅甸军政府，印缅关系陷入低谷。印度政府对缅甸军政府的敌视和在国际舞台上施加的压力是与以美国为首的西方国家对缅甸的制裁同步的，缅甸军政府面临着严峻的国际环境和地区环境的考验。在被西方国家联合经济制裁、印度敌视和东盟国家不欢迎的情况下，缅甸军政府选择了向中国"一边倒"的外交战略，双方在政治、军事、经济、外交等方面展开了全方位的合作，中缅关系进入了另一个良好发展的时期。

缅甸对中国具有重要的战略意义和安全利益。缅甸是中国维护周边和平与安全的重要一环，是南下印度洋的最佳陆路战略通道，是打击跨国犯罪的重要的合作伙伴，是区域与次区域合作的重要枢纽。[①] 中国领导人历来重视缅甸在地缘战略和地区安全中的重要地位，一直致力于同缅甸发展友好合作的、平等的双边关系。1988 年缅甸军政府上台后，中国政府的对缅政策为：在坚持独立自主外交战略的前提下，以和平共处五项原则为基础，不干涉缅甸内政，积极发展对缅友好关系，为缅甸经济发展提供力所能及的经济援助和贷款，促进缅甸经济发展和中缅友好关系进一步发展。

同中国相反，印度政府采取的是敌视缅甸军政府的政策，并且公开支持缅甸持不同政见者在印度领土从事反对缅甸军政府的宣传和活动，两国关系降到冰点。缅甸军政府在权衡中印两国不同的对缅政策后，选择了向中国"一边倒"的外交政策，力图通过加强与中国的合作达到维护政权合法性、防止缅甸问题国际化和安理会化、获得经济援助和发展经济的目的。

1991 年 8 月，缅甸国家恢复法律与秩序委员会主席苏貌大将对中国进行了友好访问；1993 年中国外交部部长钱其琛访问缅甸；1994 年中国总理李鹏率领一个 79 人组成的代表团访问缅甸。1995 年 12 月，中国政协主席李瑞环访问缅甸，再次强调和平共处五项原则，并提出"四个相互"——相互尊重、相互学习、

---

① 阮金之：《冷战后中缅印三边关系研究》，暨南大学博士学位论文，2010 年，第 49~75 页。

相互支持、相互谅解的睦邻原则。① 1996 年，缅甸国家恢复法律与秩序委员会主席兼政府总理丹瑞首次访问中国，双方签订了《中缅经济技术合作协定》《中国向缅甸提供贴息贷款的框架协定》《中国文化部与缅甸文化部合作协定》等重要文件。

基于印度对中国南下印度洋的担忧和中缅关系的快速发展，印度政府认识到敌视军政府的外交政策只会把军政府进一步推向中国，因此印度政府自 1992 年起逐渐改变了其敌视军政府的政策。但是由于美国等西方国家要求印度一起制裁缅甸的压力和印度国内的舆论压力，印度政府同缅甸军政府仅仅进行了较低层次的外交接触和边界地区的合作。

印度政府担忧中国的军事力量通过缅甸进入孟加拉湾，进而进入印度洋，威胁印度在印度洋的重要地位。此外，针对中国在缅甸日益扩大的影响力，印度政府担心中国会阻碍印度"向东看"战略区域经济一体化领导地位的目标的实现。正是在这种战略思维的影响下，在印度"向东看"战略和"经济外交"战略的指导下，印度政府为了平衡中国在缅甸日益扩大的影响力，不顾国内外反对，逐渐与缅甸军政府展开了较低层次的合作。

（二）2000—2004 年中国因素与印缅关系

2000 年，印度政府派遣陆军参谋长兼参谋长联席会议主席马利克上将率团访问缅甸。印度政府主动通过高层访问促进印缅关系的全面发展，两国高层互访不断，两国合作的层次明显提高，两国关系全面快速发展。印度外交部部长辛格访问缅甸，缅甸和发委主席丹瑞大将于 2004 年访问印度，这种高级别领导人的互访为印缅关系快速发展提供了强有力的保证。

在此阶段中，中国因素对印缅关系的影响主要体现在中缅关系的快速发展对印度改善缅甸政策的刺激作用。与印缅关系的快速全面发展同步的是，中缅关系继续稳步快速发展，并且两国在经贸、能源领域的合作日趋加强，印度发展对缅关系的主动性明显加强，印度高层领导人主动访问缅甸验证了这种假设。

进入 21 世纪后，中缅高层互访不断，双边睦邻友好合作关系进一步发展。2000 年，为庆祝中缅建交 50 周年，缅甸"和发委"副主席貌埃上将和中国国家副主席胡锦涛进行了互访；6 月 6 日，中缅两国政府签订了《关于未来双边关系合作框架文件的联合声明》，就两国在政治、经济、外交、边境、人文交流、打击犯罪、加强区域合作等方面进行了规划，为 21 世纪的两国关系指明了方向。2004 年，缅甸"和发委"主席丹瑞访问中国，双方签署了经济技术合作等三个

---

① 阮金之：《冷战后中缅印三边关系研究》，暨南大学博士学位论文，2010 年，第 76 页。

协定。①

中缅贸易的快速发展对印度政府发展印缅关系起到了积极的推动作用。中缅贸易额在 2002 年创造新高，达到 8.67 亿美元；2003 年，中缅贸易额首次突破 10 亿美元，达到 10.79 亿美元；2004 年中缅贸易额达到 11.45 亿美元。② 相较于中缅之间的贸易额，印缅经济合作程度则较低。2003 年 11 月印度副总统谢卡瓦特访问缅甸，双方决定将两国的双边贸易额从 2002 年的 4 亿多美元提高至 2006 年的 10 亿美元。③

缅甸作为连接东南亚和南亚的陆路通道，其战略地位和构建地区安全的作用不容忽视。印度积极发展对缅关系正是看中了缅甸的地理位置，希望打通南亚和东南亚区域合作的陆上通道，防止中国通过缅甸进入孟加拉湾进而对印度实现战略包围。同样，缅甸积极发展对印度的友好关系，看重的是印度作为民主国家这一角色，希望通过印度对其政府合法性的承认使自己在国际社会得到更多的认可与支持。在两国外交关系和政治关系恢复快速发展之初，两国之间的经贸合作并未被放在战略层面考虑。印度希望打通陆路通道，进而与东盟中经济较发达的国家合作，实现"向东看"战略。但是，中缅之间快速发展的经贸关系刺激了印度积极发展对缅贸易。

二、2005—2010 年中国因素对印缅关系的影响

2005—2010 年中国因素对印缅关系的影响主要体现在两个方面：中缅在能源领域的合作，特别是中缅石油管道的修建对印缅关系的发展产生了重要的影响；随着中印两国战略互信加强，中印在缅甸能源领域和中印孟缅域合作中展开了一定的合作，在缅甸问题上开始找到利益契合点，在缅甸处于一种竞争与合作并存的态势。

一方面，中缅在能源领域的合作对印度在缅甸获取能源，与缅甸进行能源合作造成了较大的压力。2010 年，中国过境缅甸的石油管道和天然气管道开工建设，促进了中缅在能源领域和经济领域的进一步合作。中缅油气管道是中国第四条能源进口战略通道，于 2010 年开工建设，管道总体设计为天然气、石油双线并行。石油管道设计年输原油 2 200 万吨，天然气管道年输天然气 120 亿立方米。该项工程总共耗资 25 亿美元。但是，印缅关系仍然在多方位快速发展。2004 年

---

① 贺圣达、李晨阳编著：《缅甸》，北京：社会科学文献出版社 2009 年版，第 414 页。

② 李继云：《中缅贸易发展的制约因素与对策分析》，《人民论坛》2013 年第 20 期，第 238 页。

③ 贺圣达、李晨阳编著：《缅甸》，北京：社会科学文献出版社 2009 年版，第 462 页。

10月缅甸"和发委"主席丹瑞访问印度后，两国关系进入了全新的发展阶段。2005年3月24日，印度外交部部长辛格对缅甸进行了为期3天的访问，2006年3月8日，印度总统卡拉姆应丹瑞大将邀请访问了缅甸，两国签署了若干项合作协议，缅方确认印度石油天然气公司为缅甸天然气的优先购买方。[①] 此外，印缅双边经贸关系迅速发展，2005年缅印双边贸易额为4.7亿美元，2006年突破了10亿美元大关。

另一方面，中印在缅甸的能源领域展开了合作。印度持有中缅天然气管道的股份。[②] 2005年2月，中国燃气控股有限公司与印度燃气公司签订意向书，印度燃气公司将以战略投资者的身份认购中国燃气控股有限公司10%的股份，这可能是中印上市公司的第一次合作，也是中印两国在能源下游产业的首次合作。[③] 中印在缅甸能源领域的合作有利于中印在缅甸能源问题上实现共赢。

第三节　东盟对印缅关系的影响

一、东盟发展历史及取得成就

东盟全称是"东南亚国家联盟"，其雏形是菲律宾、马来西亚和泰国三国于1961年7月31日在曼谷建立的东南亚联盟。1967年8月8日，在严峻的冷战形势和如火如荼的区域经济合作浪潮的双重作用下，菲律宾、新加坡、泰国、印度尼西亚和马来西亚在曼谷举行会议，发表了《东南亚国家联盟成立宣言》，东盟正式宣告诞生。根据《东南亚国家联盟成立宣言》，东盟的宗旨和目标是本着平等与合作精神，共同促进本地区的经济增长、和平稳定、社会进步和科技文化发展，为建立一个繁荣、安定的东南亚国家共同体奠定良好的基础；同时与具有类似宗旨和目标的国际和区域性组织保持紧密和互利的交流，探寻与其更深入合作的有效途径。[④]

东南亚各国历来不是一个相互依存的统一整体，今天能够形成举世瞩目的区域性组织，得益于各国几代领导人的不懈努力和国家之间的长期友好合作。其发展历史大致经历了冷战时期和冷战后两个阶段。

冷战时期（1967年东盟宣告成立至20世纪90年代初）：东南亚由地理邻近

---

① 马燕冰：《印缅关系的发展及对中国的影响》，《亚非纵横》2009年第6期，第16页。

② 赵洪：《中国—缅甸经济走廊及其影响》，《东南亚南亚研究》2012年第4期。

③ 阮金之：《冷战后中缅印三边关系研究》，暨南大学博士学位论文，2010年。

④ http://www.asean.org/asean/about-asean/overview，2014年11月登录。

而向心力不足的国家构成，被外界视为一盘散沙的小国、弱国的集合，各国间在人口、经济发展、政治制度和社会发展水平等方面存在巨大的多样性和不平衡性。因此东盟成立的初衷只是为了保护区域安全利益和维持与西方的战略互信。这一时期东盟在经济方面的合作乏善可陈，东盟各国的合作一直局限于优惠贸易安排阶段，[①] 主要贡献是消除政治上的矛盾，将东南亚各国逐渐团结起来，培养地区认同，为东盟区域经济合作奠定良好的政治基础。如 1976 年东盟成员国在巴厘岛举行的东盟第一次首脑会议上签署的《东南亚友好合作条约》以及强调东盟各国协调一致的《巴厘宣言》，均体现了这一时期东盟的重心主要放在政治安全方面，究其根源，主要是殖民统治和冷战时代造成了东南亚各国内部社会、文化和政治等的分裂。近代以来，东南亚国家饱受西方殖民统治之苦和日本军国主义侵略之害。因此，这些国家获得民族解放之后，都将注意力放在国家建设和捍卫国家主权上，而地区层面的合作仅仅是为了巩固各国政府的合法统治地位和保护各国国家利益。引用新加坡前外长拉贾拉南在 1970 年的一次演讲中的观点："东盟成员开展区域合作，是为了各自的国家利益，他们尽一切可能保护和扩大他们的利益。地区主义只是保护和扩展国家利益的一种手段。"另一个较少被人提及的因素则是印度尼西亚的相关领导人对推进区域经济合作并无兴趣。他们认为自由贸易会损害本土经济利益，进而成为本国工业化进程的绊脚石。由于当时印度尼西亚在东盟中实际扮演着举足轻重的政治盟主角色，因此其他各国也就不便在经济合作领域大展拳脚，以免伤了和气。

冷战后（20 世纪 90 年代至今）：冷战结束后，全球国际关系发生了根本性的变化，意识形态的地位被削弱，全球化和区域化成为两股不可逆转的时代潮流，深刻影响并改变了全球与地区的国际关系格局。而冷战后的东盟逐渐走向制度化和进入全面发展阶段，成为东南亚地区事务的主导者和中坚力量，在各个领域都取得了令人瞩目的成果。具体而言，主要表现为以下几个方面：

第一，冷战后的东盟挣脱意识形态的束缚，积极吸收新成员如越南、老挝、缅甸和柬埔寨，如今已成为涵盖整个东南亚十国，拥有总人口近 6 亿、土地面积达 440 万平方千米的地区一极，[②] 在国际舞台上的地位和作用迅速提高。新近吸纳的几个发展中国家保证了"大东盟"设想的最终实现，增强了东盟的整体实力，更为本地区的和平稳定做出了重要贡献。[③]

---

① 朱进、王光厚：《冷战后东盟一体化论析》，《北京科技大学学报（社会科学版）》2009 年第 1 期，第 38 页。

② 韦红：《东盟地区主义的发展与中国》，华中师范大学博士学位论文，2006 年，第 13 页。

③ 朱进、王光厚：《冷战后东盟一体化论析》，《北京科技大学学报（社会科学版）》2009 年第 1 期，第 38 页。

第二，冷战后的东盟开始着手经济领域的实质性合作，其标志便是1992年新加坡的第四届东盟首脑会议上，当时的东盟六国正式决定设立"东盟自由贸易区"（ASEAN Free Trade Area，简称"AFTA"）。在其后十几年中，东盟经济合作跃升至新的台阶。[①] AFTA成立的主要目标是建立一个单一市场和生产基地，最终实现区域内零关税，促进东盟各成员国人才、资本、服务等的自由流动。其余目标还包括：制定竞争战略、建立消费者保护机制、保护知识产权以及加强区域基础设施建设；保持区域经济的均衡发展，包括以中小型企业为推动力最终加快东盟一体化的进程；采取协商一致的方式处理对外经济关系，积极与国际经济体制接轨。[②] 尤为引人关注的是，在2005年12月举行的第十一届东盟首脑会议上，参与国通过了《吉隆坡宣言》，将东盟经济一体化的时间提前到2015年；而2007年11月召开的第十三届东盟首脑会议上，东盟各国领导人又签署了《东盟经济共同体蓝图宣言》，明确了2015年在东盟地区内建成单一市场和生产基地的战略目标。[③]

第三，冷战后东盟树立的另一里程碑是宣布建立东盟共同体。2003年10月，第九届东盟首脑会议通过了《东盟第二协调一致宣言》，首次提出2020年建成东盟共同体；2007年1月，东盟在宿务召开的第12届首脑峰会上，宣布2015年要建成包括三个支柱的经济、安全、社会文化共同体。同年11月，作为具有约束力的东盟共同体法律框架的《东盟宪章》正式签署，标志着东盟一体化建设走向法制化，另外还发表了《东盟经济共同体蓝图宣言》。[④] 而2014年第24届东盟峰会的主题为"团结起来，迈向和平与繁荣的共同体"，会议重点再次聚焦如何加强联合，缩小成员间发展差距以及发表了到2015年建成东盟共同体的《内比都宣言》。[⑤] 这一切都为东盟今后的发展和深化各个领域的合作指明了方向。

第四，冷战后的东盟除了加强本地区国家间的全方位合作，还积极投身发展与区域外大国间的联系，扮演了东南亚地区合作设计师和"驾驶员"的角色，逐步形成了一系列以东盟为中心的区域合作机制：相继开创了东盟分别与中、日、韩的"10＋1"机制，以及东盟共同与中、日、韩的"10＋3"的东亚合作框架，其中"10＋3"有望成为东亚一体化的前期基础。而从2005年起，按照外向、开放和包容性原则，东盟又主导了东亚峰会（"10＋6"）的新机制，实行与

①　程信和、呼书秀：《东盟自由贸易区的发展模式及其启示》，《南方经济》2004年第7期，第75页。

②　陆建人：《从东盟一体化进程看东亚一体化方向》，《当代亚太》2008第1期，第27页。

③　朱进、王光厚：《冷战后东盟一体化论析》，《北京科技大学学报（社会科学版）》2009年第1期，第39页。

④　张锡镇：《东盟的历史转折：走向共同体》，《国际政治研究》2007年第2期，第124页；王子昌：《东盟外交共同体主体及表现》，北京：时事出版社2011年版，第117页。

⑤　樊诗芸：《东盟首脑峰会成果未提及南海》，《东方早报》，2014年5月12日，第A13版。

邻近国家如澳大利亚、新西兰和印度的战略对话与合作。此外，东盟还倡导亚欧合作，举办了亚欧首脑峰会，从而把东亚 14 国同欧盟联系起来。同时，东盟还与美国、加拿大、欧盟、韩国、俄罗斯、巴基斯坦和印度等 10 余个国家和地区形成对话伙伴关系。① 而近期最引人瞩目的莫过于以东盟为轴心，中国经济、政治影响占主导地位的区域全面经济伙伴关系（RCEP）。东盟通过削减关税及非关税壁垒，邀请中国、日本、韩国、澳大利亚、新西兰、印度共同参加建立 16 国统一市场的自由贸易协定。若 RCEP 达成，将覆盖超过 30 亿人口，区内经济总量达 20 万亿美元，占全球贸易比重达到 40%，成为全球规模最大的自贸区。② 在这些合作框架中，东盟通过引入多方力量互相影响和制约，实现了大国平衡战略，并牢牢控制主导权，从而服务于东盟的自身利益。

第五，冷战后的东盟在发展过程中，形成了独具特色的运作方式，即东盟方式（ASEAN Way）。③ 其核心价值体现在三个方面：其一是协商。东南亚各国内部存在巨大的多样性和差异性，缺乏凝聚力，推动联合只能靠协商。其二是和谐。东盟在区域合作中坚持的基本原则是尊重各国的独立、主权、平等、不干涉他国内政，坚持以和平非暴力的方式解决争端。其三是合作。东盟的"软方式"区别于欧盟制度性的"硬方式"，决策方式更为灵活，适用于各国的具体国情。

二、东盟与缅甸

从区域层面来看，缅甸所处的东南亚地区位于太平洋和印度洋之间并连接亚洲和大洋洲大陆，成为沟通亚洲、非洲、欧洲、大洋洲之间海上航线的要塞；而位于中南半岛西部的缅甸，身处南亚、中国和东南亚的三岔路口，拥有通往南海和印度洋的重要地理位置，见证了海权与陆权的交汇并在一定程度上成为亚欧各大国利益争夺的缓冲地带。④ 长久以来，东盟一直对缅甸抱着复杂而微妙的感情，历史上双边关系也经历了高峰与低谷。

（一）冷战时期东盟和缅甸的双边关系（1967—1990 年）

冷战时期的东盟并非一个封闭性组织，而是包容、开放地欢迎所有认同该组织原则的东南亚国家加入。深谙缅甸现实和潜在的地缘政治意义，且当时缅甸也

---

① 陆建人：《从东盟一体化进程看东亚一体化方向》，《当代亚太》2008 年第 1 期，第 33 页。

② 暨佩娟：《东亚经济一体化呈现新亮点》，《人民日报》，2013 年 5 月 9 日，第 23 版。

③ 刘少华：《后冷战时期东盟在亚太区域合作中的地位与作用研究》，复旦大学博士学位论文，2008 年，第 114 页。

④ 何跃：《缅甸政局中的地缘政治因素》，《东南亚纵横》2008 年第 11 期，第 80~81 页。

面临超级大国干预等问题，东盟创始国起初就有意拉其入盟。可惜作为东南亚国土面积第二大的缅甸，对东盟的热情邀约并不感兴趣。缅甸冷漠的态度与冷战时期它的"中立"和"不结盟"的外交政策有关。缅甸发言人更在多个场合反复重申"我们已经通过双边或其他多边机制实现了合作"①。

短期"触电"失败后，东盟与缅甸的关系似乎是两条平行线，在各自的世界中发展：前者着重协调成员国内部的矛盾和把经济发展视作首要目标；后者在奈温政权的统治下体制僵化，经济严重倒退，逐渐陷入闭关锁国的状态，1987年甚至沦为世界上最不发达国家之一。

（二）冷战后东盟和缅甸的双边关系（1991—1997年）

冷战结束后，基于政治、安全和经济三个方面的考虑，东盟迫切希望吸收缅甸入盟②：政治上，扩盟可以增强东盟的综合实力，显示东盟解决地区事务的能力，进一步摆脱大国控制，在未来东南亚乃至世界舞台上发挥更大的作用；安全上，东盟希望借由缅甸实施大国平衡战略，在中国和印度之间建立战略缓冲带，为"大东盟"战略目标的早日实现创造和平稳定的周边环境；经济上，缅甸自然资源丰富，比如缅甸油气资源已探明储量排在东南亚第一位，因此东盟其他成员国对缅甸这个潜在市场的兴趣也是扩盟的动力之一。

东盟的"满腔热情"迅速得到了缅甸的积极响应，双方一拍即合。这时的缅甸已然意识到，加入东盟是摆脱内外困境的唯一出路。首先，在人民抗议声中垮台的奈温政府被以苏貌上将为首的军政府接管，加入东盟可以增强军政府统治的合法性；其次，缅甸希望借助东盟这个平台改善与其他西方国家的关系，从而摆脱一贯被孤立的外交状态；再次，缅方务实地认为加入东盟有望获得原成员国的经济援助，进而改善民生、刺激经济，摘掉贫穷落后的帽子，从而更好地巩固政权。最终，1997年7月23日，缅甸如愿加入东盟。在此期间，西方国家多次就人权问题向东盟施压，要求禁止缅甸入盟。但东盟态度强硬，一致反对西方国家干预他国内政，坚持吸收缅甸加入。如泰国政府发言人声明："尽管美国反对接纳缅甸成为东盟成员，泰国坚持立场不变"。菲律宾也表示"将不会受任何一种形式的美国压力影响而不接受缅甸为成员"。马来西亚总理马哈蒂尔则明确表态："不喜欢别人颐指气使告诉我谁是朋友谁是敌人。"③

① 孔鹏：《浅析东盟对缅甸政策的变化发展》，《东南亚纵横》2008年第2期，第71页。
② 王士录、王国平、孔建勋编著：《当代东盟》，成都：四川人民出版社1998年版，第170页。
③ 左晓安、李瑞光、童铁丁、吴普生：《美国制裁缅甸对东南亚局势的影响》，《东南亚研究》1997年第4期，第16～17页。

（三）1997 年金融危机后东盟与缅甸的双边关系（1997—2010 年）

缅甸入盟后的日子一点也不好过。1997 年震惊世界的东南亚金融危机爆发，风雨飘摇中的东盟意识到无法依靠自身力量渡过难关，只得向国际货币基金组织（IMF）求救，并被迫接受严苛的附加条件——以西方模式为标准进行内部经济结构调整和民主改革。此时软弱的东盟在缅甸人权问题上逐渐响应西方的呼吁，之前强硬的姿态缓和下来，更多地表现出一种两边平衡甚至倾向西方的态度，因为东盟意识到保护缅甸而疏远西方国家不符合东盟的长期利益。如在 1997 年的东盟地区论坛会议上，美国公开抨击缅甸为"东盟的异类"①，东盟其他成员国无一出面为其辩护；此后菲律宾和泰国等国领导人多次在公开场合批评缅甸民主和人权问题，更要求东盟对缅甸进行集体干预。

另一个明显的例子是东盟在西方国家的压力之下劝告缅甸放弃 2006 年东盟轮值主席国资格。因为东盟各国意识到美国和日本都不出席 2005 年 7 月在老挝举行的东盟地区论坛，代表西方世界不会顾及与东盟的伙伴关系而对缅甸的人权民主状况置若罔闻。②此时的缅甸感觉成了东盟的"弃儿"，对于东盟在缅甸关键问题上对西方的一再退让深感愤怒与失望，双边政治经济关系再一次跌入低谷，同时关于"东盟要求缅甸退盟"的说法广为流传。

（四）走上民主化进程的缅甸与东盟的双边关系（2010 年至今）

2010 年缅甸举行了具有历史意义的多党制大选，2011 年以吴登盛为首的新政府上台。此后缅甸政治改革的进程突然加快：对内，缅政府进行自由化和民主化的一系列改革，以释放反对派领袖昂山素季为典型例子;③对外，着重发展与周边国家的经贸合作，特别是东盟国家，因为缅甸出口贸易一半以上都是面对东南亚国家的。自 2011 年美国国务卿首次访缅实现破冰之旅后，其他西方国家也纷纷表示将考虑解除对于缅甸的制裁以及恢复外交正常化。

尤为引人瞩目的是，在东盟成员国的一致同意和支持下，缅甸 2013 年成功举办了世界经济论坛东亚峰会和第 27 届东南亚运动会，并担任 2014 年东盟轮值主席国，在该年度承办多达 300 场的大大小小的东盟会议，这对缅甸的组织、协调、领导能力以及基础设施建设等都提出了新的挑战。这也说明缅甸积极融入东盟成效显著，经济政策和对外关系也有更快的发展，并可以更好地与国际接轨。

---

① Jurgen Haacke, *ASEAN's Diplomatic and Security Cultural Origins, Development and Prospects*, London and New York：Routledge Curzon, 2003, p. 144.

② 李晨阳：《2005 年缅甸形势综述》，《东南亚纵横》2006 年第 2 期，第 33～34 页。

③ 肖克：《缅甸改革的难点、走势与对华影响》，《东南亚研究》2013 年第 1 期，第 4～5 页。

总体来说，冷战后东盟对缅政策的调整变化体现了对传统"不干涉原则"的灵活调整。固守体制使得成员国应对危机的能力下降，决策和执行力迟缓，反而加深了东盟各国间的隔阂和深化了危机。于是在缅甸问题上，东盟提出"建设性接触"的政策——运用东盟的价值观和理念接触、影响并推进缅甸的民主改革，主要采取劝说、鼓励、呼吁和有限施压等非对抗性方式，帮助缅甸形成与外界接触的多元管道和提升其国际地位。[①] 尽管多年来不少人质疑这一政策缺乏解决问题的有效机制，但观察缅甸近两年的表现，其似乎潜移默化地接受着东盟一体化建设的影响，朝着和平、和谐、民主、稳定的方向发展，有望成为东盟努力整合内部、提升地区事务主导权的最佳缩影。

三、印度与东盟的关系以及缅甸在其中扮演的重要角色

印度与东南亚的双边关系源远流长，印度文明很早便扎根当地社会并不断发展壮大，这种历史、传统、宗教、文化方面的悠久联系也为双边关系的开展奠定了良好的前期基础。

纵观历史，冷战时期东盟与印度这个大国之间的接触十分有限。东盟内部意见分歧是印度未受到邀请的主要原因；而印度本身也对东盟缺乏兴趣，东盟成立宗旨中军事与政治合作占主导，这与印度提倡的经济合作组织的理念不符。[②] 虽然印度对东盟这个新生组织的疑虑、重视不够，但并不妨碍其与东盟各国之间发展双边友好关系。

冷战后，在国际形势剧烈变化的大背景下，东盟和印度的外交政策都发生了巨大变化，使得双方关系迅速升温。一方面，印度政府在 20 世纪 90 年代初推出"东向政策"，希望通过加强与东盟各国的合作与联系，重返生机勃勃的亚洲地区，树立起印度的大国地位和威信；另一方面，冷战后的东南亚由于地缘政治的重要性和资源优势，逐渐成为多方力量角逐的舞台。东盟因此开始实践"大国平衡"战略，以实力较弱的自身为平衡点，维持各大国在东南亚地区的均势，于是恢复与印度的关系自然被列入东盟的议题之中。在东盟眼中，印度是一个具有潜力的区域大国，能够成为保障东南亚稳定和牵制其他大国的重要角色。印度的"东向政策"和东盟的大国平衡战略不谋而合，是双方利益互补、寻求共赢的结果。

在印度的"东向政策"中，东南亚地区一直具有举足轻重的分量，印度也

---

① 范宏伟：《东盟对缅甸"建设性接触"政策评析》，《国际问题研究》2012 年第 2 期，第 31～33 页。
② 余芳琼：《1967—1991 年印度对东盟政策的演变》，《南亚研究》2010 年第 3 期，第 54 页。

将东盟国家视为其进入亚太地区的突破口。印度与东盟双边关系的发展可细分为两个阶段：第一阶段是1991—2002年，这主要是印度恢复与部分东盟国家双边关系的"试水期"，因此着重发展经贸关系；第二阶段是2003年至今，印度扩大了与东盟国家合作的议题领域，建立合作机制，开始从单纯的经贸合作走向政治和安全领域的合作，其"东向政策"的内涵和外延都发生了变化。[1]

印度全面加强与东盟的双边合作有明显的战略重点，缅甸便是其中之一。从地缘战略看，缅甸是印度连接东南亚的陆路通道以及扼守印度东部海域的重要关卡，印缅关系的良好发展无疑是印度实现"东向政策"的重要保障，因此缅甸是印度外交"东进"的前哨，自然成为印度外交优先发展的对象。"全面发展与缅甸的关系，既可以打通通向亚太及东盟国家的陆路通道，便于印度同上述地区国家的往来，推动与各国的政治对话及经济、军事、贸易和安全等领域的合作，又有利于维护印度东北部各邦边疆稳定，促进当地的经济社会发展，因此发展与缅甸的关系关乎印度国家利益，是印度谋求发展和扩大同东盟国家政治、经济、安全联系的基石。"[2] 经过20多年的努力，东盟印度双边关系经济和军事安全领域取得的长足进步，缅甸在其中起到了关键性作用。

(一) 经济领域

1992年印度成为东盟的"部分对话伙伴"，主要在投资、贸易、旅游等领域展开合作，之后双方派遣代表团互访，并签署了多项合作协议。1995年印度成为东盟的"全面对话伙伴"，并在此框架下与几乎所有东盟国家签订了双边经贸合作协议。如今东盟印度的双边贸易占印度全球贸易的10%，近年来印度与东盟的贸易迅速增长，自2000年以来年均复合增长率为27%。[3]

在经济合作不断深化的同时，关于双边自由贸易区的建设方案也开始浮出水面。然而由于双方在执行时间表和敏感产品清单方面意见相左，谈判一度停滞不前。直到2009年8月，双方才最终签署了《印度—东盟自由贸易协定》，"对包括汽车零部件、家电产品在内的5 000多种交易产品中的90%实施关税减让"[4]，2011年在印度和东盟十国之间正式生效，开始分阶段实施。这为双方贸易和经济合作打了一剂强心针，为建立印度—东盟自由贸易区做了有力铺垫。

为了更好地借缅甸这个桥梁提升与东南亚各国的经贸伙伴关系，印度不惜重

① Shibashis Chatterijee, "Conceptions of Space in India's Look East Policy: Order, Cooperation or Community?", *South Asian Survey*, 2007, Vol. 14, No. 1, pp. 65 –81.
② 吴崇伯：《印度与东盟军事与安全合作试析》，《南洋问题研究》2008年第3期，第27页。
③ 左连村、贾宁：《印度与东盟经贸合作研究》，《南亚研究季刊》2010年第2期，第55页。
④ 余芳琼：《东向政策框架下的印度与东盟经贸关系》，《亚太经济》2012年第5期，第62页。

金帮助缅甸改善基础设施，其中三项工程尤为引人瞩目。第一项是"三边高速"，经缅甸连通印度东北各邦和泰国。这条连接泰国、缅甸和印度的三边高速公路"友谊之路"计划于2016年竣工。印度外交部官员高度评价这一工程，称其将帮助推动印度与东盟之间的合作。第二项是被视作东南亚最大基础建设项目的"土瓦计划"，由印度参与投资建设缅甸土瓦深水港。按照建设构想，土瓦港将建成深水海港，为海上货运提供新航线。届时，土瓦至曼谷的航程将缩短至300千米，大大缩短印度到东南亚的海路时间，增强了与东盟各国的互通性，而且最终将消除亚洲乃至欧洲和非洲国家的贸易障碍。在陆上，通过公路和铁路网络连接中国、印度及其他东南亚国家。土瓦港还将建设发电厂、化工厂、炼油厂等各种工厂。该项目估计需要经费逾500亿美元，将分多个阶段完成，并有望为东盟共同体的建成贡献重要力量。第三项是作为印缅之间最为重要的基础设施工程——卡拉丹多模式交通运输工程。按照协议规定，印度将获准开发缅甸卡拉丹河并维护河道的畅通，改善缅甸实兑港的基础设施，以及在印度东北部米佐拉邦和缅甸的卡立特瓦间修建一条公路。印度将出资并对缅方提供信贷援助，共同完成该工程。该工程对印方战略意义深远：首先，一旦该工程完工，处于内陆的印度东北部地区将经过卡立特瓦，利用卡拉丹河与海洋相连接。从缅甸进口大豆将不再经新加坡运抵印度，可直接通过轮船运抵印度，大大缩短运输距离，降低运输费用，印缅双边贸易将因此而加速发展；其次，缅甸的天然气主要集中在西南部的孟加拉湾，而实兑港的扩建和印缅公路的完工将有利于保持印度东北部和缅甸间交通要道的畅通，加速两国间天然气的输送，以避免印度因能源缺乏而对经济造成负面影响。

印缅之间的交通建设将提升印度与东盟的海陆连通性及潜在联系，提高印度与东盟的经济契合度，还能使印度扩大对外交通网，成为亚太与中东等地的货物转运与资金流通中心，充分发挥其地缘战略优势，避免印度的南亚邻国向中国倾斜。

（二）军事安全领域

冷战后随着印度在东南亚地区的地位不断提升，双边军事安全合作日益增多，合作层次逐步提高，主要体现在两个方面。

在传统军事安全方面，印度积极与东南亚各国签署军事合作协议，在印度洋上举行联合军事演习，使自身与许多东盟国家的军队交流和合作经常化及制度化；同时还利用自己在军事技术和成本上的优势，向周边的东盟国家出售先进武器。这其中，缅甸可谓印度的重点照顾对象。首先，印度不仅为缅甸国防军提供高级军事训练，而且从2000年开始，印度还允许缅军军官到印度军校进修。

2001 年开始组建的缅甸海岸警卫部队也是由印军协助培训。其次，2003 年 9 月，印度海军参谋长访问缅甸，此后印缅两国海军进行了 20 年以来的首次联合军事演习。自从缅甸 1997 年加入东盟后，印缅两国军队高层之间的互访已有 20 多次。再次，印度还热心赠予缅方武器装备和培训缅甸军队使用先进武器，以帮助缅甸更好地完成军备的现代化建设。① 当然不少分析人士也指出，印度加强与缅甸的军事合作，也颇有与中国抗衡的意味，以减少中国对缅甸施加的影响。

在非传统军事安全方面，印度与东盟已经开展了禁毒、反恐等多领域的合作。而缅甸作为印度的邻国，与其共享 1 600 多千米的陆地边界，边界上出现的任何毒品走私、恐怖主义或反政府武装力量活动的情况都将对印度的边境稳定造成动荡与不安，直接威胁印度的国家安全与利益。因此近些年来，在不断的协商与谈判之后，印缅双方已就打击恐怖主义、清除反政府武装和逮捕毒枭等达成共识，并派遣双方军队在边境开展联合巡逻和实现了情报共享。②

另一个印度高姿态参与的领域是马六甲事务。印度近年来一直宣称在马六甲海峡拥有安全利益，其新的海军战略也强调维护从波斯湾到马六甲海峡的合法利益。由于印度寻求缅甸、越南和印度尼西亚的石油、天然气供应，因此通往印度东部的海上航线的重要性也因能源安全而大大提高，控制印度洋特别是马六甲海峡，是印度加强与东盟合作战略的一部分。这其中，印度积极寻求与东盟各国共同保护马六甲海路的安全，提议共同巡逻、联合军事演习以及共享情报资源。③

出于地理位置的原因，缅甸作为唯一与印度接壤的东盟国家，在印度的"东向政策"中起着不容忽视的桥梁作用，是印度通向东南亚的门户。同缅甸开展全面伙伴关系，既可以打通通向亚太地区及东盟国家的陆路通道，又有利于维护印度东北部的稳定，促进当地经济社会的发展。因此，发展与缅甸的关系关乎印度国家利益。在可预见的将来，东盟—缅甸—印度的三边关系也将会随着多边利益的深化而朝着有序、健康、稳定的方向发展。

第四节　印缅关系的前景分析

印缅关系未来的发展前景为：总体良好，机遇与挑战并存。2010 年缅甸民主化进程开启后，美国国务卿希拉里和美国总统奥巴马先后访问缅甸，并且在美

① 吴崇伯：《印度与东盟军事与安全合作试析》，《南洋问题研究》2008 年第 3 期，第 27～29 页。
② 许利平、薛松：《冷战后印度与东盟关系：调整、发展与趋势》，《东南亚研究》2012 年第 1 期，第 28 页。
③ 吴崇伯：《印度与东盟军事与安全合作试析》，《南洋问题研究》2008 年第 3 期，第 27 页。

国的支持下，昂山素季摆脱了被软禁的状态，成为国会议员，获得了诺贝尔和平奖。缅甸国内政局和国际环境正在经历着翻天覆地的变化，美国等西方国家逐渐取消了对缅甸的经济制裁，并且各国领导人迫不及待地访问缅甸，这既突显了缅甸重要的战略地位，也预示着缅甸局势的复杂化。因为参与缅甸事务的行为体正在增多，而且这些新增加的行为体都是综合国力较强大的国家。这对印度是一把双刃剑，印缅关系机遇与挑战共存。

印缅关系发展的机遇是：缅甸民主化进程开启后，美国等西方国家开始与缅甸民选政府接触，印度与缅甸加强合作面临的国内外压力大大减弱，印度政府的对缅政策能够发挥更大的自主性与独立性；缅甸民选政府通过暂停建设密松水电站等方式开始拉开与中国的距离，这对印度来说是一个重大的机遇；缅甸民选政府正在逐渐融入国际社会、全球经济一体化和地区经济一体化进程，印缅两国在发展双边经贸方面有更多的合作空间。

印缅关系发展的挑战是：缅甸军政府主动发展对印关系是为了得到印度的政治承认，证明其合法性。随着缅甸民主化进程的加快，西方国家对缅甸施加的经济制裁和人权压力逐渐减轻，印度在这方面的优势正在缩小，缅甸民选政府发展对印友好政策的动力减弱；印度在缅甸获取能源不仅要面临中国的竞争，而且要面临其他世界大国如美国等国家的竞争，缅甸政府选择多元化，印度面临着更加严峻的竞争环境；印度在面临政治影响力减弱的情况下，其与缅甸在经济领域的合作并不出色，印缅贸易有可能发展缓慢；美国等介入缅甸问题，有可能成为印度"向东看"战略实现的障碍，西方国家的军事势力有可能通过缅甸实现在孟加拉湾和印度洋的军事存在，对印度在印度洋的重要地位造成不利影响。

一、印缅关系发展的机遇

（一）印度发展印缅关系面临的国内外压力减弱

1988—1992 年，印度公开批评缅甸军政府，支持"民盟"，这反映了当时印度在缅甸问题上的基本态度，而这种态度的背后反映了两大势力对印度对缅政策的影响：印度国内支持昂山素季领导"民盟"的政治势力和西方国家的影响。1992—2000 年，印度政府同缅甸军政府逐渐开始接触，同样受到了这两大势力，特别是美国等西方国家的压力。1998 年印度核试验后，印度面临着以美国为首的西方国家的经济制裁，印度人民党政府正是利用这个时机在缅甸问题上迈开了关键性的一步，派遣部长级官员访问缅甸。美国一直对缅甸实施经济制裁，但经济制裁并未达到美国想要的结果。美国把原因归结于印度、中国、日本等缅甸周边国家向缅甸提供经济援助和支持。因此，美国不断向印度、中国、日本等缅甸周边国家施加压力，迫使其放弃对缅甸的友好政策，取消对缅甸的经济援助。

缅甸民主化进程开始后，美国迫不及待地与缅甸民选政府展开了接触，美国国务卿希拉里和美国总统奥巴马先后访问缅甸，特别是 2011 年希拉里访问缅甸为 2012 年印度总理曼莫汉·辛格访问缅甸扫清了国内外的障碍。在希拉里访问缅甸后，印度总理访问缅甸不会遭到国内支持昂山素季政治势力的质疑与反对，也不会遭到美国的舆论压力和外交压力。印度总理辛格访问缅甸标志着印度政府在缅甸问题上可以采取更大的自主性、独立性的决策，印度主动发展印缅关系的障碍正在逐渐消除。

（二）缅甸与中国拉开距离的机遇

2011 年缅甸民选政府上台后，通过暂停建设密松水电站等方式逐渐拉开与中国的距离，向西方国家示好，逐渐实现外交的多元化。1988 年缅甸军政府上台后，采取了向中国"一边倒"的外交政策，中缅关系迅速发展，中国成为少数对缅甸有较大影响力的国家。密松水电站是中缅两国政府签署的伊洛瓦底江上游水电开发项目中最大的一座水电站。2009 年 3 月，中缅两国政府签署《关于合作开发缅甸水电资源的框架协议》。密松水电站装机容量 600 万千瓦，总投资 36 亿美元，2009 年 12 月开始动工，计划 2017 年首台机组发电。然而，2011 年 9 月 30 日，缅甸总统吴登盛突然以"人民意愿"为由，宣布在其任期内暂时搁置密松水电站项目。①

中缅石油和天然气管道于 2010 年开始修建，双方在能源领域的合作进一步加强，而中缅贸易的另外两大块是中国公司在缅甸基础设施建设中的工程承包和水电建设投资。到 2003 年底，中国对缅甸承包合同金额达到了 21.66 亿美元；2003 年 8 月中国云南省机械设备进出口公司与缅甸电力部签署了总装机容量为 40 万千瓦、合同金额 1.5 亿美元的瑞丽江电站项目协议书。②

缅甸在中缅长期保持良好合作的领域——水电站建设与投资向中国发难，虽然是因为其对国内反对派的妥协，但这对其他国家也是一个机会。特别是印度，作为一个快速发展的、缺少电力的国家，缅甸的水电资源对其有很大的吸引力。印度在缅甸的基础设施建设领域也可以有更大的投资和发展前景。

（三）缅甸积极参与区域经济一体化的机遇

缅甸民选政府正在通过与西方国家的接触，试图重返国际舞台，参与到全球

---

① 《人民日报记者探访停工后的缅甸密松水电站：中缅两败俱伤》，观察者网，http：//www.guancha.cn/Neighbors/2014_01_06_197706.shtml，2014 年 2 月 15 日登录。

② 贺圣达、李晨阳编著：《缅甸》，北京：社会科学文献出版社 2009 年版，第 418 页。

经济一体化和区域经济一体化中来，这对印度来说是一个重要的战略机遇。进入21世纪以来，印度逐渐加强了与缅甸的经贸合作，2013年两国双边贸易额达到了19.5735亿美元，印缅两国经贸合作的潜力巨大。

此外，印度看重缅甸在其"向东看"战略中的重要地位。印度"向东看"战略和"经济外交"战略主要面对的对象为东南亚国家和日本、中国、美国等亚太国家，印度与这些国家的经贸交往通过两条贸易通道来进行，即陆路通道和海路通道。缅甸作为连接印度与中国、南亚与东南亚的重要陆上通道，打通这一战略通道对印度的经济快速发展非常重要。但是，印度要打通缅甸的通道并不容易，印度需要单方面向缅甸投入巨资来进行公路、铁路等基础设施建设，因为缅甸的陆路通道建设进程缓慢。

缅甸积极参与全球经济一体化和区域经济一体化的战略决策表明缅甸正在以更加积极、更为开放的心态参与到地区合作中来。在此背景下，随着缅甸国内局势的稳定，国际社会特别是中南半岛国家和中国，通过在缅甸修筑泛亚铁路、史迪威公路等基础设施建设的方式来加强同印度、缅甸的经贸往来和互利合作。缅甸积极参与地区合作的政策有利于周边国家采取与缅甸合作的方式积极参加到缅甸的基础设施建设中来，有利于形成贯穿南亚、东南亚和中国的陆路通道，从而降低印度通过陆路通道实现"向东看"和"经济外交"战略的成本，加强印度与中南半岛国家的经济合作，促进地区经济一体化进程。

二、印缅关系发展的挑战

（一）印度对缅甸政治影响力相对下降

缅甸军政府执政时期，为了打破西方国家的经济制裁和封锁，希望通过与区域大国的外交合作，从外部来增强其合法性。对于缅甸而言，印度对缅甸军政府的承认和两国外交关系的建立有利于缅甸军政府维护和增强其合法性，印度对缅甸的政治影响力集中体现在这一点上。

缅甸民选政府上台后，美国、日本、欧盟等国家和地区组织首脑不断访问缅甸。随着缅甸民主化进程的不断发展，缅甸民选政府打破西方国家经济制裁和政治封锁的可能性越来越大。缅甸民选政府通过发展与美国等西方国家的政治和外交关系，从外部确保其政权合法性。美国等西方国家作为对缅甸经济制裁和政治封锁的施加者，在符合其国家利益的情况下，会主动取消对缅甸的经济制裁，而不需要通过印度政府的外交承认来证明其合法性。

美国等西方国家同缅甸民选政府展开接触，这意味着缅甸民选政府或多或少赢得了西方国家对其政权合法性的认可，军政府时代通过印度的外交认可来打破西方国家封锁、从外部增强其合法性的可能性的客观需要正在消失，印度在缅甸的政治影响力正在下降。即使印度政府支持昂山素季领导的"民盟"，并且"民盟"取得了国家政权，但"民盟"的外交首选仍是美国等西方国家，而不是印度。

（二）印度在经济领域面临着西方国家的竞争压力

随着缅甸民选政府与西方国家展开接触，缅甸的能源和水电资源自然也引起了西方国家、特别是西方国家的跨国公司的兴趣。在缅甸的经济和能源领域，印度不仅要面对中国、泰国、新加坡等缅甸邻国的竞争，而且要面临西方跨国公司的竞争压力。

缅甸民选政府上台后，逐渐与西方国家展开接触，西方国家的跨国公司在缅甸的投资环境逐渐得到保护，缅甸政府选择合作的对象越趋多元化。在这种背景下，印度公司取得缅甸能源开发权的可能性正在降低，西方跨国公司取得缅甸能源开采权的可能性正在增加。

（三）印缅贸易重要性相对降低

2012 年度，印度对缅贸易总额为 18.7 亿美元，2012 年度中缅贸易总额为 69.7 亿美元[1]，同期中缅贸易额为印缅贸易额的 3.72 倍，中印对缅贸易差距很大。2013 年，缅甸前三大贸易伙伴为中国、新加坡和泰国，印度与缅甸的经贸合作仍处于较低水平。印度东北部边界纷争不断，而且经济发展水平较低，印缅两国通过陆上通道进行经贸合作受到了诸多因素的制约。

2012 年 7 月 11 日美国政府批准美国企业对缅甸进行投资，可以与缅甸国有石油和天然气公司合作，这标志着美国明显放松对缅甸的制裁。[2] "《缅甸时报》英文版 2014 年 3 月 10 日报道：'欧盟驻缅甸大使柯比亚透露，欧盟委员会与缅甸财政部已于上周就投资保护协定展开谈判。欧盟方面拟在协定中加入投资者—国家争端解决（ISDS）条款，该条款将允许外国投资者通过国际仲裁途径起诉被投资国政府。'他表示，签署协定将极大提升欧盟公司投资缅甸的信心。报道称，缅甸已与 7 个亚洲邻国签署了类似协定。"[3]

美国政府放开美国企业对缅甸的急转直下的投资限制，势必引起其他大国放

---

① 中华人民共和国商务部亚洲司：《中缅（甸）经贸合作简况》，中华人民共和国商务部网站，http://yzs.mofcom. gov. cn/article/t/201302/20130200027469. shtml，2014 年 1 月 5 日登录。

② 《美国解禁对缅甸投资，22 年来首位美国驻缅甸大使递交国书》，《京华时报》，2012 年 7 月 13 日。

③ 中华人民共和国商务部驻曼德勒总领馆经商室：《欧盟正与缅甸商签投资保护协定》，http://www. mofcom. gov. cn/article/i/jyjl/j/201403/20140300515757. shtml，2014 年 4 月 5 日登录。

松对缅甸的投资限制，进而把西方国家引入到缅甸能源等领域的竞争中，这对印度、中国等缅甸周边国家形成了较大的竞争压力。在印度本身对缅甸的经济合作不如缅甸其他邻国的情况下，引入世界大国虽然可以改善缅甸整体的贸易环境，却不利于印度在缅甸能源领域发挥更大的作用。印度希望从缅甸获得能源的需求也得不到保证。

（四）印度"向东看"战略面临较大压力

西方国家同缅甸民选政府接触后，西方国家对缅甸民主化进程和经济领域的影响力会越来越强，缅甸政府通过海路同西方国家发展经贸合作与能源合作的动力愈来愈强，缅甸政府通过陆路合作打通东南亚和南亚经贸合作通道的动力会相对减弱。

不论是缅甸现政权还是昂山素季领导的"民盟"，其首选的外交和经贸合作的对象仍是西方国家，而不是印度。西方跨国公司进入缅甸市场后，缅甸同邻国加强经济交往的动力会相对减弱，这不利于印度打通缅甸的陆路通道同中南半岛国家展开贸易合作，而且，西方国家有可能会在印度陆路通道问题上向缅甸政府施加压力。印度作为一个正在崛起的国家，西方国家虽然认可其为"世界上最大的民主国家"，但其快速崛起的环境并不能得到西方国家的完全支持。

结　论

印度与缅甸早在公元前 3 世纪就有了交往。在 19 世纪之前，印度与缅甸的交往主要是以印度宗教文化单向输出方式来进行的，印度文明对古代缅甸的影响不仅是古代印缅交往的一部分，更是古代缅甸文明发展的助推器。直至今日，缅甸在文化、宗教、建筑、思想理念等方面都仍然可以看到印度文明的影子。英国殖民统治时期，由于缅甸是英属印度的一个省，印度的政治精英和商人促进了印度与缅甸的政治交往和经济交往，但印度移民占据了英属缅甸的政府工作岗位，夺取了大量的财富，缅甸人对此感到不满。在争取独立的过程中，两国曾有过一些合作。英国殖民统治结束之后，印缅两国都以独立自主国家的身份保持着友好的交往。20 世纪 60 年代，缅甸军人政权的上台打破了这种和平友好的局面，印缅关系一度陷入冷淡疏离的状态，到 1988 年印缅关系更为恶化。

两国关系是一个互动的过程，在印度主动改变对缅政策的同时，缅甸军政府也在按照其国家利益需要积极主动地响应印度的友好政策。印缅两国在经济、政治等领域逐渐开展和扩大了合作，这是一个随着两国关系发展而深化的过程。两国交往与合作的主要领域，如经济贸易领域的合作，具体体现在基础设施建设、能源开发、边境贸易、投资贷款等方面，因此两国可以实现良好的互补。在政治外交领域，两国进行了良好的合作，特别是缅甸和印度关系的改善使得缅甸扩大了国际交往，改善了国际形象，对打破缅甸面临的西方国家孤立起到了直接的作用。两国在军事安全领域的合作也取得很大的成绩，主要体现在打击边境反政府武装力量、打击毒品暴力犯罪等方面进行了有效的合作，共同维护了两国的边境和平稳定。

但是，两国之间也存在着不和谐的因素。两国之间的经贸合作水平和规模相对较低。缅甸民选政府上台后，印缅经济和能源领域的合作面临着美国等西方发达国家的竞争压力，在经贸领域合作方面，缅甸面临着更多选择。印度和缅甸边境存在的一些争端和问题，如在印度东北部曼尼普尔邦与缅甸接壤部分，两国就边境线划分问题一直存在争议，以及这一地区存在的少数民族反政府武装力量和跨国毒品走私、恐怖主义活动、暴力犯罪等问题，成为两国关系在友好基础上进一步深化合作交流的最大障碍。两国还存在难以逾越的政治制度方面的差异，印度一直以来都是民主国家，而缅甸长期实行军政府统治，虽然在国家利益面前彼

此心照不宣，但是缅甸总是担心印度对其国内政治的干涉和指责，而印度总是对缅甸军政府抱有疑虑，这种根植于战略观念上的分歧更是难以消除，且有随时转化为具体的国家政策的可能性。

冷战后初期，印度面临着内忧外困的局面。印度拉奥政府提出了施行经济改革开放的国家战略决策，其目的是营造有利于印度经济发展的国际环境和地区环境。印度政府提出的整体外交战略以"经济外交"和"向东看"战略为核心。其地区战略以"古杰拉尔主义"为核心。印度历届政府虽然外交风格不同，但基本延续并发展了这三大战略。

印度对缅政策经历了四个阶段：1988—1992年，批评、孤立缅甸军政府阶段；1992—2000年，缓和接触阶段；2000—2010年，快速发展阶段；2010至今，全面合作阶段。印度拉奥政府为了打通过境缅甸与东南亚腹地国家加强合作的陆上通道和维护地区安全，采取了对缅缓和接触的外交政策。印度人民党政府在遭到西方国家的制裁后，采用大胆的外交措施突破了两国交往的现状，印度部长级别的高层领导人开始不顾西方国家反对访问缅甸。2004年曼莫汉·辛格政府上台后，采取了务实多元的外交政策，两国关系进一步发展。2010年缅甸军政府在民主化问题上做出较大让步后，两国关系进入了全面发展的新时期。

印度对缅政策调整以维护和实现印度的国家利益为目的，在其整体外交框架和地区外交战略的指导下，根据印度国情、国际环境、缅甸的国内外环境而不断变化发展。缅甸对印政策也以国家利益为出发点。军政府执政时期，缅甸加强对印友好关系的主要目的是赢得作为民主国家的印度的政治承认，进而从外部增强其合法性；民选政府上台后，通过与西方国家的接触，从印度政治承认获得合法性的需求减弱，转而注重经贸合作和区域经济一体化。

从印度整体的外交政策目标来看，修复与加强同缅甸军政府的外交关系有利于印度"经济外交"和"向东看"战略的实现，从而推动印度领导的地区经济一体化进程，加强同东盟、东北亚国家的经济合作；从印度地区外交战略来看，加强同缅甸的关系有利于为印度经济发展构建和平稳定的周边环境，扩大印度的国际空间和地区空间，保证印度在地区问题上的影响力，平衡中国在缅甸日益扩大的影响力；从缅甸在印度的国家利益来看，发展同缅甸的友好关系有利于印度利用缅甸丰富的能源资源和地缘位置发展两国之间的经济和政治联系，进而推动两国在印度东北部边境剿灭反政府武装、禁毒等领域的合作，加强印度对缅甸的影响力。

1988年后，缅甸外交政策新布局的国际背景是：缅甸军政府上台之后面临西方国家的制裁，对外交往局面艰难。制裁对缅甸的影响主要表现在政治、经济和外交三个方面。政治上，制裁对缅甸民主化进程和军政府均产生影响。西方国家一直以来宣称缅甸是个"极度缺乏民主与人权的国家"而对其实施制裁,对军政府的国内政策进行了种种指责,希望借制裁措施对缅甸施加压力并促使其改变政策,加快其国内民主化进程,建立符合西方民主价值观的政治体制。经济上,制裁对军政府的上层影响极小,但对缅甸的对外贸易、投资影响较大,制裁的内容直接导致了缅甸普通民众失业问题严重,社会经济发展缺乏活力,使普通民众的生活日趋恶化。在外交上,西方国家孤立缅甸,不与缅甸政府进行正常的往来接触,这迫使缅甸加强与周边国家的联系,调整和改变对周边国家的政策和策略,以获取政治、经济和军事上的支持与帮助,从而打破西方国家的孤立,确保军政府统治的稳定。而缅甸要打破这种来自西方国家的"孤立"政策,需要与相邻的国家,特别是大国建立友好关系,获得外交承认和经济援助,增强其政权的合法性。

缅甸加强与周边国家及地区组织关系的目标主要是:中国、印度和东盟。与中国加强友好关系,可以从中国获得经济援助和外交承认,更可以借助中国的安理会常任理事国地位防止缅甸民主问题继续国际化。加强与东盟国家的友好关系可以改善缅甸的经济环境,从东盟国家中获得经济援助和政治认可。缅甸军政府上台以后,在内外交困的情况下实行对其重要邻国——印度的友好政策,与印度在缅甸外交战略中的定位是一致的,即缅甸期望通过印度对其的外交承认,增强其政权的合法性,进而打破西方国家的封锁。缅甸根据自身国家利益的需要调整对印度的政策和印度调整对缅甸的政策两个因素共同作用于印缅关系。印缅两国在地域上的相邻和缅甸重要的战略地位增强了双方国家利益的互补性。

冷战后,影响印缅关系的主要外部因素为:中国、美国、俄罗斯、日本、欧盟和东盟。缅甸的战略地位、能源资源和国内政局引起了这些国家和地区组织的关注甚至是干涉。按照缅甸国内政局的发展历程,外部因素对印缅关系的发展分为两个阶段:2010 年民主化改革前与 2010 年民主化改革后。

2010 年缅甸进行民主化改革前,西方国家和地区组织,特别是美国和欧盟从政治、经济和外交三个方面对缅甸军政府进行制裁,西方国家一直以缅甸存在人权问题和民主化问题为由向缅甸施加压力,并试图通过提交联合国安理会的方式来对缅甸民主化问题形成实质性、有约束力的决议,但遭到了中国和俄罗斯的反对。另外,美国在约束本国企业的同时,也要求自己的盟友和其他国家参加到对缅甸制裁的阵营中来。美国要求日本停止对缅提供政府开发援助,并且呼吁中国、印度、俄罗斯、东盟等国家和地区组织停止与缅甸军政府接触。

美国和欧盟的制裁虽未完全奏效,却影响到印缅关系。20 世纪 90 年代,印度与缅甸维持较低层次外交关系的一个原因是美国和欧盟的外交压力,印度政府不可能为了发展印缅关系而过分得罪美国和欧盟。只有在 1998 年核试验后,印

度在面临西方国家制裁的情况下，印度人民党政府才大胆采取行动，主动恢复了与缅甸的双边高层往来。

1988 年后，缅甸政府采取向中国"一边倒"的外交战略，中缅关系迅速发展，在中印战略互信程度较低的情况下，这引起了印度政府的担忧，进而使印度政府自 1992 年开始与缅甸维持一个较低层次的外交接触。2000 年，随着印缅关系的快速发展和中印战略互信的加强，中印在缅甸能源领域呈现出一种合作竞争的局面，中缅能源合作和经贸合作水平高于印缅合作水平。

俄缅关系处于一个快速恢复的阶段，双方在军事领域、能源领域、核能领域的合作前景喜人，俄罗斯在安理会等国际舞台上向缅甸提供了支持。冷战期间，日本是缅甸最大的经济援助国，而且在美国要求日本参与对缅经济制裁的情况下，日本仍然向缅甸提供了一定的经济援助，日缅经济合作基础良好。缅甸作为东盟成员国一员，东盟对其的影响力是不言而喻的。1997 年金融危机后，东盟向西方国家寻求资金援助，在缅甸民主化问题上逐渐向西方靠拢，这间接促进了缅甸主动发展对印度的友好关系。

2010 年缅甸进行民主化改革后，美国等西方国家迅速与缅甸民选政府展开接触。2012 年，美国政府取消了美国企业对缅投资限制。西方国家看中了缅甸丰富的能源资源、广阔的市场和重要的战略地位。西方国家与缅甸的接触对印缅关系产生了正反两方面的影响：从积极的方面来看，这为曼莫汉·辛格总理访问缅甸扫清了障碍，有可能进一步拓展双方在经贸领域的合作；从消极的方面来看，参与到缅甸经济领域和能源领域的行为体正在增多，印度在缅甸面临着来自西方国家的竞争压力。

缅甸民选政府上台后主动拉开了同中国的距离，这对于印度来说是一个利好消息。但是，随着缅甸与西方国家的接触和缅甸民主化进程的开展，印度在缅甸的政治影响力逐渐下降，缅甸军政府所需求的印度承认其合法性、打破西方国家制裁的因素正在消失。此外，在政治领域和外交领域，印度同样面临着西方国家、中国、俄罗斯、日本、欧盟、东盟等国家和地区组织的竞争压力。

尽管印缅关系中还有一些不和谐的因素和潜在冲突，区域内外国家实力在缅甸的权力博弈也在日益凸显，但缅甸正在加快民主化进程和对内和解、对外开放的政治步伐，这有利于印缅两国领导人采取更加具有前瞻性和建设性的战略巩固并深化双边关系。

参考文献

一、中文部分

（一）中文专著

1. ［澳］A. L. 巴沙姆主编，闵光沛等译：《印度文化史》，北京：商务印书馆 1997 年版。

2. ［澳］约翰·芬斯顿主编，张锡镇等译：《东南亚政府与政治》，北京：北京大学出版社 2007 年版。

3. 陈继东主编：《当代印度对外关系研究》，成都：巴蜀书社 2005 年版。

4. 陈继东主编：《中印缅孟区域经济合作研究》，成都：巴蜀书社 2009 年版。

5. 陈乔之：《冷战后东盟国家对华政策研究》，北京：中国社会科学出版社 2001 年版。

6. ［法］让·马克·夸克著，佟心平、王远飞译：《合法性与政治》，北京：中央编译出版社 2002 年版。

7. 贺圣达：《缅甸史》，北京：人民出版社 1992 年版。

8. 贺圣达：《东南亚文化发展史》，昆明：云南人民出版社 1996 年版。

9. 贺圣达、李晨阳编著：《缅甸》，北京：社会科学文献出版社 2009 年版。

10. 胡志勇：《文明的力量：印度的崛起》，北京：新华出版社 2006 年版。

11. 李晨阳主编：《缅甸蓝皮书——缅甸国情报告年（2011—2012）》，北京：社会科学文献出版社 2013 年版。

12. 李谋等译注：《琉璃宫史》，北京：商务印书馆 2007 年版。

13. 李谋、李晨阳、钟智翔主编：《缅甸历史论集——兼评〈琉璃宫史〉》，北京：社会科学文献出版社 2009 年版。

14. 林承节：《印度史》，北京：人民出版社 2004 年版。

15. 林太：《大国通史·印度通史》，上海：上海社会科学院出版社 2007 年版。

16. 林锡星：《中缅友好关系研究》，广州：暨南大学出版社 2000 年版。

17. 刘建、朱明忠等：《印度文明》，北京：中国社会科学出版社 2004 年版。

18. 罗艳华：《美国输出民主的历史与现实》，北京：世界知识出版社 2009 年版。

19. ［美］劳伦斯·迈耶、约翰·伯内特、苏珊·奥格登著，罗飞、张丽梅、胡泳浩、冯涛译：《比较政治学：变化世界中的国家和理论》，北京：华夏出版社 2001 年版。

20. ［缅］貌丁昂著，贺圣达译：《缅甸史》，昆明：云南省东南亚研究所 1983 年版。

21. ［缅］波巴信著，陈炎译：《缅甸史》，北京：商务印书馆 1965 年版。

22. 倪世雄等：《当代西方国际关系理论》，上海：复旦大学出版社 2001 年版。

23. （宋）欧阳修：《新唐书》，上海：汉语大词典出版社 2004 年版。

24. 培伦：《印度通史》，哈尔滨：黑龙江人民出版社 1990 年版。

25. 齐鹏飞：《大国疆域——当代中国陆地边界问题论述》，北京：中共党史出版社 2013 年版。

26. ［苏］瓦西里耶夫著，中山大学历史系东南亚历史研究室、外语系编译组合译：《缅甸史纲 1885—1947》，北京：商务印书馆 1975 年版。

27. 王缉思、徐辉、倪峰主编：《冷战后的美国外交（1989—2000）》，北京：时事出版社 2008 年版。

28. 王士录、王国平：《从东盟到大东盟——东盟 30 年发展研究》，北京：世界知识出版社 1998 年版。

29. 王士录、王国平、孔建勋编著：《当代东盟》，成都：四川人民出版社 1998 年版。

30. 王子昌：《东盟外交共同体：主体及表现》，北京：时事出版社 2011 年版。

31. 吴永年、赵干城、马嬑：《21 世纪印度外交新论》，上海：上海译文出版社 2004 年版。

32. 徐康明：《中缅印战场抗日战争史》，北京：中国人民解放军出版社 2007 年版。

33. ［印度］恩·克·辛哈、阿·克·址纳吉著，张若达、冯金辛等译：《印度通史》，北京：商务印书馆 1973 年版。

34. ［英］D. G. E. 霍尔：《缅甸》，北京：商务印书馆 1956 年版。

35. ［英］戈·埃·哈威著，姚梓良译：《缅甸史》，北京：商务印书馆 1973 年版。

36. ［英］克里斯托弗·希尔著，唐小松、陈寒溪译：《变化中的对外政策政治》，上海：上海人民出版社 2007 年版。

37. 张曼涛主编：《现代佛教学术丛刊》，台北：大乘文化出版社 1978 年版。

38. 钟智翔主编：《缅甸研究》，北京：军事谊文出版社 2000 年版。

39. 朱昌利主编：《当代印度》，昆明：云南大学出版社 1995 年版。

（二）中文论文

1. 毕世鸿：《冷战后日缅关系及日本对缅政策》，《当代亚太》2010 年第 1 期。

2. 陈利君：《建设孟中印缅经济走廊的前景与对策》，《云南社会科学》2014 年第 1 期。

3. 陈霞枫：《缅甸改革对中缅关系的影响及中国的对策》，《东南亚研究》2013 年第 1 期。

4. 程信和、呼书秀：《东盟自由贸易区的发展模式及其启示》，《南方经济》2004 年第 7 期。

5. 邓蓝：《湄公河—恒河合作倡议：十年发展与前景展望》，《东南亚南亚研究》2010 年第 4 期。

6. 杜兰：《美国调整对缅甸政策及其制约因素》，《国际问题研究》2012 年第 2 期。

7. 范宏伟：《东盟对缅甸"建设性接触"政策评析》，《国际问题研究》2012 年第 2 期。

8. 龚明：《在石油天然气地缘政治角力中的中印缅甸关系研究》，《当代经济》2011 年第 4 期。

9. 顾海：《古代印度与锡兰著作中的东南亚：东南亚史料简介之一》，《东南亚》1985 年第 3 期。

10. 何跃：《缅甸政局中的地缘政治因素》，《东南亚纵横》2008 年第 11 期。

11. 黄正多：《古杰拉尔主义及其对印度外交的影响》，《南亚研究季刊》2005 年第 4 期。

12. 姜永仁：《婆罗门教、印度教在缅甸的传播与发展》，《东南亚》2006 年第 2 期。

13. 孔鹏：《浅析东盟对缅甸政策的变化发展》，《东南亚纵横》2008 年第 2 期。

14. 李晨阳：《2005 年缅甸形势综述》，《东南亚纵横》2006 年第 2 期。

15. 李晨阳、瞿健文：《试论 1988 年以来印度与缅甸关系的发展》，《南亚研究》2005 年第 2 期。

16. 李继云：《中缅贸易发展的制约因素与对策分析》，《人民论坛》2013 年

第 21 期。

17. 李昕：《从"孤立"到"互联互通"：印度对缅甸外交演变》，《东南亚研究》2014 年第 1 期。

18. 李益波：《冷战后印缅关系的变化及原因分析》，《国际论坛》2005 年第 6 期。

19. 李益波：《印缅军事安全合作：现状、走势及影响》，《当代世界》2013 年第 9 期。

20. 梁双陆、梁巧玲：《中印缅孟经济走廊产业集群研究》，《中大管理研究》2013 年第 4 期。

21. 林锡星：《缅甸的印度人》，《世界民族》2002 年第 2 期。

22. 刘务：《缅甸独立后外交政策的演变与中缅关系的发展》，《当代亚太》2010 年第 1 期。

23. 刘务：《缅俄关系的发展演变及其影响因素分析》，《东南亚南亚研究》2011 年第 2 期。

24. 陆建人：《从东盟一体化进程看东亚一体化方向》，《当代亚太》2008 年第 1 期。

25. 马燕冰：《印缅关系的发展及对中国的影响》，《亚非纵横》2009 年第 6 期。

26. 马嫚：《90 年代印度与东南亚的关系》，《当代亚太》2002 年第 6 期。

27. 马嫚：《冷战后印度南亚政策的变化》，《当代亚太》2004 年第 5 期。

28. ［美］伯姆斯塔德著，学群译：《克林顿的内政、外交政策》，《国外哲学社会科学文摘》1993 年第 2 期。

29. ［美］大卫·斯登伯格著，袁菁、刘务译：《美国及其盟国在对缅政策上的难题》，《东南亚之窗》2009 年第 1 期。

30. 门洪华：《美国外交中的文化价值观因素》，《国际问题研究》2001 年第 5 期。

31. 莫大华：《缅甸军政府之对外关系》，《问题与研究》1997 年第 10 期。

32. 任佳、张毅：《试析冷战后印度对东盟的经济外交》，《国际论坛》2006 年第 6 期。

33. 邵建平：《中缅关系及其障碍因素探析》，《东南亚之窗》2013 年第 3 期。

34. 宋清润：《美缅关系改善的现状、动因及前景》，《亚非纵横》2010 年第 2 期。

35. 宋效峰：《亚太格局视角下俄罗斯的东南亚政策》，《东北亚论坛》2012 年第 2 期。

36. 孙吴：《论外来文化对古代东南亚社会的影响》，《徐州师范大学学报（哲学社会科学版）》1999 年第 4 期。

37. 韦健锋：《文化视野下的古代印缅关系——兼论印度文明对缅甸的影响》，《东南亚南亚研究》2013 年第 2 期。

38. 卫灵：《论印度安全战略及中印安全关系》，《中国人民大学学报》2005 年第 6 期。

39. 吴崇伯：《印度与东盟军事与安全合作试析》，《南洋问题研究》2008 年第 3 期。

40. 吴永年：《曼莫汗·辛格政府外交政策的调整》，《外交评论》2006 年第 1 期。

41. 肖克：《缅甸改革的难点、走势与对华影响》，《东南亚研究》2013 年第 1 期。

42. ［日］徐本钦著，范宏伟译：《中缅政治经济关系：战略与经济的层面》，《南洋问题研究》2005 年第 1 期。

43. 许利平、薛松：《冷战后印度与东盟关系：调整、发展与趋势》，《东南亚研究》2012 年第 1 期。

44. 尹锡南：《论冷战后印度的"东向政策"》，《南亚研究季刊》2003 年第 2 期。

45. 余芳琼：《1967—1991 年印度对东盟政策的演变》，《南亚研究》2010 年第 3 期。

46. 余芳琼：《东向政策框架下的印度与东盟经贸关系》，《亚太经济》2012 年第 5 期。

47. 岳德明：《冷战后缅甸对华政策刍议》，《外交评论（外交学院学报）》2005 年第 4 期。

48. 张力：《能源外交：印度的地缘战略认知与实践》，《世界经济与政治》2005 年第 1 期。

49. 张锡镇：《东盟的历史转折：走向共同体》，《国际政治研究》2007 年第 2 期。

50. 赵洪：《冷战后印度与东盟关系的变化及其原因》，《国际论坛》2006 年第 2 期。

51. 赵洪：《中国—缅甸经济走廊及其影响》，《东南亚南亚研究》2012 年第 4 期。

52. 钟智翔：《略论印度文化对缅甸文化的影响》，《南亚研究季刊》2002 年第 3 期。

53. 周安理、石小岳：《浅析近期印缅关系升温对中缅关系的影响》，《东南亚之窗》2011 年第 3 期。

54. 朱锋：《"价值外交"与亚洲政治新变局》，《现代国际关系》2007 年第 9 期。

55. 朱进、王光厚：《冷战后东盟一体化论析》，《北京科技大学学报（社会科学版）》2009 年第 1 期。

56. 左连村、贾宁：《印度与东盟经贸合作研究》，《南亚研究季刊》2010 年第 2 期。

57. 左晓安、李瑞光、童铁丁、吴普生：《美国制裁缅甸对东南亚局势的影响》，《东南亚研究》1997 年第 4 期。

58. 刘少华：《后冷战时期东盟在亚太区域合作中的地位与作用研究》，复旦大学博士学位论文，2008 年。

59. 庞孟昌：《跨境油气管道政治研究及其对中国能源安全的启示意义》，云南大学硕士学位论文，2011 年。

60. 阮金之：《冷战后中缅印三边关系研究》，暨南大学博士学位论文，2010 年。

61. 尹齐喜：《西方对缅甸的制裁及其影响》，暨南大学硕士学位论文，2010 年。

62. 朱雄兵：《美国对缅制裁政策及其调整（1988—2010）》，中国社会科学院硕士学位论文，2010 年。

（三）中文报纸

1. 杜朝平：《印忙着拉拢印度洋周边国家》，《中国国防报》，2010 年 7 月 27 日，第 2 版。

2. 樊诗芸：《东盟首脑峰会成果未提及南海》，《东方早报》，2014 年 5 月 12 日，第 A13 版。

3. 李志强：《印度投资 13.5 亿美元开发缅甸天然气》，《光明日报》，2010 年 3 月 9 日，第 12 版。

4. 廖政军：《缅印着力发展务实关系》，《人民日报》，2010 年 7 月 29 日，第 3 版。

5. 钱峰：《印缅共筑合作路》，《人民日报》，2001 年 2 月 20 日，第 3 版。

6. 暨佩娟：《东亚经济一体化呈现新亮点》，《人民日报》，2013 年 5 月 9 日，第 2 版。

7. 苏展：《印度防长访缅甸谈边境安全》，《东方早报》，2013 年 1 月 23 日，第 A18 版。

8. 威廉·恩达尔：《缅甸事件背后的地缘政治斗争》，《亚洲时报》，2007 年

10 月 20 日。

9. 薛雨闻：《缅甸：印度地缘战略新焦点》，《世界报》，2007 年 4 月 4 日，第 5 版。

10. 虞非凡：《印度加强与缅甸关系看重能源》，《世界报》，2007 年 8 月 1 日，第 6 版。

二、英文部分

（一）英文著作

1. S. Bahttacharya, *India-Myanmar Relations*, 1866 – 1948, Kolkata: K. P. Bagchi and Co. , 2007.

2. Gauranganath Banerjee, *India as Known to the Ancient World*, Humphrey Milford: Oxford University Press, 1921.

3. E. H. Carr, *The Twenty-Year' Crisis*, 1919 – 1939. London: Macmillan, 1939.

4. Chakravarti and Nalini Ranjan, *The India Minority in Burma*: *The Rise and Decline of an Immigrate Community*, London: Oxford University Press, 1971.

5. M. W. Charney, *A History of Modern Burma*, Cambridge: Cambridge University Press, 2009.

6. Noam Chomsky, *Hegemony or Survival*: *America' s Quest for Global Dominance*, New York: Metropolitan Books, 2003.

7. Sudhir Devare, *India & Southeast Asia*: *Towards Security Convergence*, Singapore: ISEAS Publications, 2006.

8. Matheo Falco, *Burma, Time for Change*: *Report of an Independent Task Force Sponsored by the Council on Foreign Relations*, Washington D. C. : Council on Foreign Relations, 2003.

9. Stephen Gill, ed. , *Gramsci*: *Historical Mater and International Relations*, Cambridge: Cambridge University Press, 1993.

10. Jurgen Haacke, *ASEAN's Diplomatic and Security Cultural Origins, Development and Prospects* , London and New York: Routledge Curzon, 2003.

11. Jurgen Haacke, *Myanmar's Foreign Relations*: *Domestic Influence and International Implications*, London: Routledge for the International Institute for Strategic Studies, 2006.

12. Kyaw Yin Hlaing, Robert H. Taylor and Tin Maung Maung Than, ed. , *Myanmar*: *Beyond Politics to Societal Imperatives*, Singapore: Institute of Southeast Asian

Studies, 2005.

13. Ian Holliday, *Global Justice and the Quest for Political Reform in Myanmar*, Hong Kong : Hong Kong University Press, 2011.

14. Kyaw Min Htun, Nu Nu Lwin, Tin Htoo Naing and Khine Tun, *ASEAN-India Connectivity: A Myanmar Perspective*, *The Comprehensive Asia Development Plan*, Phase 2, Jakarta: ERIA, 2010.

15. F. K. Lehman, *Military Rule in Burma since* 1962, Singapore: Maruzen Asia Pte. Ltd. Press, 1981.

16. R. K. Mookerji, *Indian Shipping: A History of the Sea-Borne Trade and Maritime Activity of the Indians from the Earliest Time*, Bombay: Longmans, Green and Co. , 1912.

17. Mya Han, *Koloniket*, *Myanmar Thamaing Abhidan*, Yangon: University Historical Research Center Press, 2000.

18. Sajal Nag, *Contesting Marginality-Ethnicity Insurgency and Sub Nationalism in Northeast India*, New Delhi: Manohar Publishers & Distributors, 2002.

19. B. Pakem, *India Burma Relations*, New Delhi: Omsons Publications, 1992.

20. Mohanan B. Pillai and L. Premashekhara, *Foreign Policy of India*, *Continuity and Change*, New Delhi: New Century Publications, 2010.

21. Planning Commission, *Integrated Energy Policy: Report of the Expert Committee*, New Delhi: Government of India, 2006.

22. Renaud Egreteau, *Wooing the Generals: India's New Burma Policy*, New Delhi: Authors Press, 2003.

23. M. C. Ricklefs, *A New History of Southeast Asia*, London: Palgrave Macmillan, 2010.

24. Mya Saw Shin, Alison Krupnick and Tom L. Wilson, *Burma or Myanmar? U. S. Policy at the Crossroads*, Seattle: National Bureau of Asian Research, 1995.

25. Atish Sinha and Madhup Mohta, ed. , *India's Foreign Policy: Challenges and Opportunities*, New Delhi: Academic Foundation, 2007.

26. David I. Steinberg, *Burma/Myanmar: What Everyone Needs to Know*, Oxford: Oxford University Press, 2010.

27. Robert H. Taylor, *The State in Myanmar*, Honolulu: University of Hawaii Press, 2008.

28. K. Thome, *India-Myanmar Relations*, (1998 – 2008), *A Decade of Redefining Bilateral Ties*, New Delhi: Observer Research Foundation, 2009.

29. Paul Wheatley, *The Golden Chersonese: Studies in the Historical Geography of the Malay Peninsula before A. D. 1500*, Kuala Lumpur: University of Malaya Press, 1961.

30. Trevor Wilson, *Myanmar' s Long Road to National Reconciliation*, Singapore & Canberra: ISEAS& Asia Pacific Press, 2006.

31. Dominic J. Nardi, *Cross-Border Chaos: A Critique of India's Attempts to Secure Its Northeast Tribal Areas through Cooperation with Myanmar*, Maryland: The Johns Hopkins Univerity Press, 2008.

（二）英文论文

1. Harvey Adamson, "Burma", *The Asiatic Review*, 1920, Vol. 16.

2. Rakhee Bhattacharya, "Does Economic Cooperation Improve Security Situation: The Case of India-Myanmar Relations", *Asia-Pacific Journal of Social Science*, 2010, Vol. 1.

3. Dennis Chapman, "U. S. Hegemony in Latin America and Beyond", *International Studies Review*, 2005, Vol. 7.

4. Shibashis Chatterijee, "Conceptions of Space in India's Look East Policy: Order, Cooperation or Community?", *South Asian Survey*, 2007, Vol. 14, No. 1.

5. Paule J. Dobriansky, "Human Rights and U. S. Foreign Policy", *The Washington Quarterly*, 1989, Vol. 12, No. 2.

6. Helen James, "Myanmar's International Relations Strategy: The Search for Security", *Contemporary Southeast Asia*, 2004, Vol. 3.

7. Vijay L. Kelkar, "Long-Term Energy Security for India", *University News*, 2003, Vol. 41, No. 33.

8. David Kirschten, "Chicken Soup Diplomacy", *National Journal*, 1997, Vol. 29, No. 1.

9. David Kirschten, "Economic Sanctions: Speaking Loudly... But Carrying Only a Small Stick", *National Journal*, 1997, Vol. 29, No. 1.

10. Marie Lall, "Indo-Myanmar Relations in the Era of Pipeline Diplomacy", *Contemporary Southeast Asia*, 2006, Vol. 28, No. 3.

11. J. Mohan Malik, "Myanmar's Role in Regional Security: Pawn or Pivot?", *Contemporary Southeast Asia*, 1997, Vol. 19, No. 1.

12. Amit Singh, "Emerging Trends in India-Myanmar Relations", *Maritime Affairs: Journal of the National Maritime Foundation of India*, 2012, Vol. 8, No. 2.

13. David I. Steinberg, "The United States and Myanmar: A 'Boutique Issue'?"

International Affairs, 2010, Vol. 86, No. 1.

（三）英文报纸

1. Peter Baker, "U. S. to Impose Sanctions on Burma for Repression", *Washington Post*, 22 April 1997.

2. Doug Bandow, "Suu kyi's Plight Prompts U. S. Sanctions against Burma", *The Guardian*, 16 July 2003.

3. Lintner Bertil, "Friend of Necessity", *Far Eastern Economic Review*, 27 December 2001.

4. Satarupa Bhattacharjya and F. J. Daniel, "India Unprepared for New Myanmar", *Reuters*, 26 February 2012.

5. Achinta Borah, "Myanmar to Help India Catch ULFA Chief Paresh Baruah", *Hindustan Times*, 24 January 2010.

6. Robert Corzine and Nancy Dunne, "U. S. Business Hits at Use of Unilateral Sanctions", *Financial Times*, 16 April 1997.

7. Steven Erlanger, "Clinton Approves New U. S. Sanctions against Burmese", *New York Times*, 22 April 1997.

8. Colin Powell, "It's Time to Turn the Tables on Burma's Thugs", *Wall Street Journal*, 12 June 2003.

9. Rodney Tasker and Bertil Lintner, "Danger: Road Works Ahead", *Far Eastern Economic Review*, 21 December 2000.

10. May Thandar Win, "Myanmar and India Sign Trade MoU", *The Myanmar Times*, 17 May 2004.

（四）英文电子文献

1. R. B. Prasad, "Myanmar and India's North-East: Border Cooperation, Better Connectivity and Economic Integration", http：//www. ipcs. org/article/india/myanmar-and-indias-northeast-border-cooperation-better-connectivity-and-economic-3788. html, 2014 年 1 月 16 日登录。

2. Barry F. Lowenkron, "Testimony on 'What Direction for Human Rights in Burma?'", http：//2001 – 2009. state. gov/g/drl/rls/rm/2006/68670. html, 2006.

3. Christopher Jasparro, "Paved with Good Intentions? China's Regional Road and Rail Connections", http：//www. apcss. org/.../SAS/ChinaDebate/ChinaDebate _ Jasparro. pdf, 2003.

4. Kimberly Ann Elliott, "Evidence on the Costs and Benefits of Economic Sanctions", http: //www. iie. com/publications/testimony/testimony. cfm? ResearchID = 29, 1997.

5. Marie Lall, "India-Myanmar Relations-Geopolitics and Energy in Light of the New Balance of Power in Asia", http: //www. burmalibrary. org/docs09/Geopolitics&Energy-Lall-red. pdf, 2008.

6. William J. Clinton, "Executive Order 13047—Prohibiting New Investment in Burma", http: //www. gpo. gov/fdsys/.../CFR-1998-title3-vol1-eo13047. html, 1997.

7. Prabir De, "Challenges to India-Myanmar Trade and Connectivity", http: //www. aic. ris. org. in/wp-content/uploads/2014/05/PrabirDe. pdf, 11 March 2014.

8. Aspen Institute India, "India's Moment with Myanmar—The Promise and Challenges of a New Relationship", http: //www. anantaaspencentre. in/pdf/India_moment_myanmar. pdf.

9. United States Geological Survey, "2005 Minerals Year Book: Burma", http: //minerals. usgs. gov/minerals/pubs/country/2005/bmmyb05. pdf, 2007.

后　记

在本书即将付梓之际，首先要特别感谢我的两位恩师。在撰写博士论文期间得到了暨南大学中印比较研究所贾海涛恩师的悉心辅导。读博期间，他为了让我成长起来，花费了巨大的心血和精力。贾教授为人正直诚信，善良睿智，在学术上严格要求学生。从一入门，他就教我如何学习，如何阅读英文文献和如何撰写论文等。在生活上，他很关心学生，嘘寒问暖，处处为学生着想。在那段我最为艰难的日子里，是先生的鼓舞与关怀让我勇敢地挺了过来。在博士论文撰写过程中，先生又给予我巨大的支持。不论是从论文选题上，还是在论文撰写过程中，我都得到了先生悉心的指导。在论文撰写的最后阶段，老师甚至逐字逐句地阅读，修改了几遍，并提出了详细的修改意见。可惜的是，鄙人不才，未能按老师的要求全部修改完。先生的份份恩情，学生自会铭记在心！

另一位恩师是我的硕士研究生导师刘稚先生。我硕士毕业于云南大学国际关系研究院，硕士生导师刘稚研究员彼时是中国东南亚研究会副会长，国内著名的跨界民族问题研究专家，云南大学国际关系研究院前院长。刘先生为人谦和博学，明智仁爱，对我的关怀总是无微不至，让人非常感动。从云南大学毕业后，我遇到学术问题和生活问题也经常向其请教，她总是能够帮我指出解决问题的良策，让学生非常感激。

其次，我要感谢暨南大学国际关系学院的老师们。党委书记陈斌老师为人诚朴谦逊，儒雅和善，让人景仰！陈老师非常关心学生。在遇到人生坎坷的时候，陈老师帮助了我；在迷茫和徘徊时，陈老师总能为我分析出一番道理。在陈老师身上我学到了很多为人处世的方法。我还要感谢暨南大学国际关系学院前院长曹云华老师。曹老师作为著名的国际问题研究专家，在百忙之中抽出时间，为我的学习和生活指点迷津，在此表示感谢！我还要感谢暨南大学国际关系学院张振江、陈奕平、吴金平、庄礼伟、潮龙起、王子昌、朱义坤、周聿娥、廖小健、邓应文等各位老师，他们或授课，或解疑答惑，或为论文提出中肯的意见。还有黄海燕和吴晓华等老师对我无微不至的关怀与帮助。在此，我深深表示谢意！

再次，我要感谢我博士期间的同学们。同门卢远、唐珊、刘粤钳、李洪刚、朱鸿飞、叶敏君和杨博雯等，虽然与他们在一起的时间不是很多，但每次相聚都会感到丝丝温暖！杨帆、葛红亮、宋敏锋、梁振杰、黄海涛、范敦强、张彦、林

逢春、王郑晨和王禹亭等博士同班同学，各有各的特点，每个人身上都有值得我学习的地方。此外，我还要感谢远在太原的李红娟，福州的陈福虽，北京的庞孟昌和孙现朴，重庆的刘力明，昆明的李涛，南宁的杨静林，还有文学院的程佩，管理学院的吴伟炯。他们都是我的朋友，虽然已经各奔东西或者即将各奔东西，但友情长存！

最后，我要感谢我工作单位南昌大学马克思主义（政治）学院的老师们。前院长胡伯项教授，党委书记曾永清老师，现院长卢忠萍教授，办公室主任刘雪岚老师，毛泽东思想和中国特色社会主义理论教研室主任刘涛老师、蒋田鹏老师、杨换宇老师、陈志兴老师和魏明老师，他们对我的工作和生活都提供了巨大的帮助。更感谢江西省大学生思想政治教育协同创新中心与南昌大学中国特色社会主义理论体系研究中心提供相关的出版资助。

最后，我要感谢我的爸爸、妈妈、哥哥和姐姐。感谢他们这么多年的养育之恩，感谢他们这么多年来的无私关心与帮助，感谢他们陪我走过的每一段日子。每当我遇到困难的时候，他们总是帮助我度过；每当我遇到迷惑的时候，他们总是帮我解答；每当我取得成绩的时候，他们总是告诉我不要骄傲。家是避风的港湾，是我启航的地方，也是我休息的地方。家人给予我的帮助实在是太多太多。我唯有以努力工作来回报了！

陈建山于南昌大学前湖校区

2017 年 4 月